SV

Andrzej Stasiuk

BESKIDEN-CHRONIK

Nachrichten aus Polen und der Welt

Aus dem Polnischen von
Renate Schmidgall

Suhrkamp

Die Originalausgabe erschien 2018 unter dem Titel *Kroniki beskidz-kie i światowe* im Verlag Czarne, Wołowiec.

Erste Auflage 2020
© Andrzej Stasiuk, 2018
© der deutschen Ausgabe Suhrkamp Verlag Berlin 2020
Satz: Satz-Offizin Hümmer GmbH, Waldbüttelbrunn
Druck: CPI – Ebner & Spiegel, Ulm
Printed in Germany
ISBN 978-3-518-42929-7

BESKIDEN-CHRONIK

Die Gesichter von Krynki

Leon Tarasewicz rief an und sagte, ich solle nach Krynki zum Trialog kommen. Den Trialog in Krynki organisierte seit Jahren Sokrat Janowicz.

Für ein paar Tage trafen sich dort Leute aus Polen, aus Weißrussland und anderen Teilen der Welt, um zu reden. Hauptsächlich über Kultur. Janowicz war letzten Winter gestorben, aber der Trialog sollte weitergehen. Also rief Tarasewicz an, ich solle kommen. Ich sage:

»Lonik, okay, sofort, aber ich hab noch nie was von Janowicz gelesen.«

»Macht nichts. Wenn du die tausend Kilometer hinter dir hast, wirst du was lesen.«

Es sind fünfhundertachtzig Kilometer in eine Richtung, die Kilometerzahl stimmte also. Ich setzte mich ins Auto und fuhr los.

Er musste es nicht zweimal sagen. In diese Richtung immer. Am östlichen Rand Polens entlang. Mit einem ordentlichen Umweg, denn zuerst musste ich nach Hrubieszów, um dort den gelben Faden der Straße Nummer 816 zu erwischen, und dann die Landkarte hoch, mit all den Namen: Husynne, Horodło, Skryhiczyn, Dorohusk, Wola Uhruska, Dołhobrody, Jabłeczna, Kodeń; der Bug zur Rechten so nah, dass man manchmal den dunkelgrünen Wasserspiegel sieht. Ab Włodawa kann man sich schon Weißrussland vorstellen – dieses unbekannte, beunruhigende Land. Das verriegelte Tor des Ostens. Das wirkt immer auf die Phantasie:

Es ist quasi zum Greifen nah, aber du kommst nicht einfach so rein, kannst keinen kurzen Abstecher machen. Das Landschaftsbild ist dasselbe, die Menschen sind ähnlich, der Bug fügt die Landschaft eher zusammen, als dass er sie spaltet; aber über der anderen Seite liegt etwas Düsteres.

Hinter Terespol wurde es dunkel. Die Halle des Grenzbahnhofs leuchtete bläulich. In Siemiatycze verwechselte ich die Straßen und fuhr Richtung Bielsk und Białystok statt Richtung Hajnówka. Vielleicht war es auch besser so, denn schon ab Supraśl ging es immer tiefer in Nacht und Wald hinein. Bisweilen glomm auf der einen oder anderen Seite etwas auf, aber es verschwand schnell wieder, wie ein Irrlicht. Um Mitternacht waren wir da, auf dem grünen Marktplatz. Man konnte im Kreis fahren, zwischen Bäumen, wie auf einem Waldweg. Im Dickicht der Blätter flackerten irgendwelche goldenen Lichtlein. Es war vollkommen still; alle waren schlafen gegangen, weil sie sicher waren, es würde nichts mehr geschehen. Denn was sollte am Ende des Landes um Mitternacht schon geschehen?

Am nächsten Tag schwänzte ich. Auf dem Sofa in der kaukasischen Synagoge saß ich meine Zeit in Gesellschaft der Schriftsteller ab, und dann machte ich mich davon. Direkt bis an die Grenze, an die Swislatsch. In den Sümpfen standen weiß-rote Pfähle. So war es nirgends mehr. Weder im Norden noch im Westen noch im Süden. Nur hier. Im Osten war das Weiß-Rot mächtig in den Schlamm gerammt. Von den Moränenhügeln über Ozierany erstreckte sich die Aussicht weit auf die andere Seite hinüber. Dort war nichts; das Gleiche wie hier, aber sie bewachten die sumpfigen Übergänge. Ich dachte nicht einmal daran, es auszuprobieren. Ich betrachtete nur die weite Landschaft. Hügel für Hügel, Kamm für Kamm, Waldstreifen für Waldstreifen blickte ich in die Tiefe des Blaus, in die Tiefe des Ostens. Sie bewachten die schöne Heide, damit niemand auf die Idee kam, sie sich näher anzusehen.

Ozierany lag friedlich in den letzten Zügen. Es träumte seinen letzten Traum. Unkraut überwucherte es. Kletten und Disteln sprengten die Höfe, die morschen Zäune plusterten sich geradezu auf. Weder ein Tier noch ein Auto. Eine alte Frau saß auf einer Bank. Auf einer anderen wiegte sich apathisch ein ausgemergelter, geistesabwesender Mann. Und gleich dahinter, hinter den Bänken, hinter den Wänden der toten Scheunen standen diese weiß-roten Pfähle.

Es gibt Orte, an denen man das Gefühl hat, am Ende angekommen zu sein. Am Ende des Landes, am Ende der Zeit. Das Gefühl, dass das Angetroffene gerade sein Dasein aushaucht, dass es sich verausgabt hat und nichts mehr kommen wird. Dass aus diesem Alten nichts Neues entstehen, dass es keine Veränderung mehr geben wird. So war es in Ozierany. Die Dorfstraße war einst aus rotem Stein gebaut worden. In den Zwischenräumen des Katzenkopfpflasters hatte sich Gras breitgemacht. Die Straße wurde immer schmaler. Die Leute konnten kaum mehr gehen, die Autos kaum mehr fahren. Ich trieb mich eine oder anderthalb Stunden in der Gegend herum und traf unterwegs auf ein einziges Auto. Darin saßen uniformierte Grenzer, aber das Nummernschild war kein amtliches. Ich fuhr auf einen Hügel und hielt Ausschau nach der Swislatsch, aber Weiden verdeckten die Sicht aufs Wasser. Manche Vögel flogen nach Weißrussland, andere kamen von dort. Die Felder zwischen dem Dorf und dem Fluss wuchsen mit Unkraut zu.

Zehn Kilometer östlich lag Grzybowszczyzna, das Dorf des Propheten Elias oder auch Ilja, der in den dreißiger Jahren des vorigen Jahrhunderts das Dorf Wierszalin gegründet hatte, ein Neues Jerusalem, und zusammen mit seinen Anhängern auf den Weltuntergang wartete. Er hatte eine orthodoxe Kirche gebaut, und die Gläubigen beteten zu Ikonen, auf denen er abgebildet war. Der Abend brach schon an, als ich versuchte, die Kirche und das Dorf Grzybowszczyzna zu finden. Ich irrte auf sandigen Wegen umher. Es wurde immer später und immer schöner. Nebel stieg über den tiefliegenden Wiesen auf, und der dunkelgoldene Schein des Sonnenuntergangs ging alchemistische Verbindungen mit dem grünen Schimmer der Erde ein. Die Holzhäuschen, die kleinen Schweine- und Kuhställe, die Weiler, die zerbrechlichen Zufluchtsorte des Urwaldvolkes – alles erstrahlte in einem übernatürlichen Licht, dick und warm wie Honig. Hat der Prophet Elias dieses Jerusalem gesehen, als er auf dem Feuerwagen in den Himmel von Podlasie aufstieg? Wer weiß. Der Weltuntergang kam am 17. September 1939 in Gestalt der sowjetischen Armee. Sie brachten Elias in ein Lager in der Nähe von Irkutsk, aber angeblich soll er im Osten bis ins hohe Alter gelebt haben. Den Weg habe ich nicht gefunden. Erst ein Traktorfahrer, dem ich begegnete, zeigte ihn mir. Aber es war schon fast Nacht, der Wald sah schwarz aus, wie verbrannt, und ich musste zurück.

Wir frühstückten im Garten von Sokrat Janowicz. In der Sonne, auf weißen Tischdecken, zwischen Hunderten von blühenden Dahlien. Presskopf, Pasteten, Blutwurst, Schinken, gefüllte Eier, vor Ort gebackenes Brot, Kuchen. Stieglitze, Grauammern, Buchfinken und Spatzen pickten die Krümel von den Tischen. Wir wärmten uns in den herbstlichen Sonnenstrahlen. Es war wie bei einem podlachischen Tschechow, einem Michalkow des Kreises Sokółka.

Um mir vor der Fahrt ein bisschen die Füße zu vertreten, machte ich mich zu einem letzten Spaziergang auf. An dem kreisrunden Marktplatz, an dem zwölf Straßen zusammenlaufen, fand ich ein Antiquariat. Es wurde von K. geführt, einem der bekanntesten, vielleicht dem bekanntesten polnischen Anarchisten. Es gab Tausende Bücher und etwa sieben Hunde. Hier wurde auch gefrühstückt. Aber nicht auf Tschechow'sche Art. Die Genossen saßen um den Schreibtisch herum, tranken Spiritus und hörten auf dem Computer anarchistische Lieder auf Russisch. Es war wie bei Babel in der Erzählung *Bei unserem Väterchen Machno*. Ach, man sollte alles hinschmeißen, alles abgeben, den Schlüssel, den Führerschein, dachte ich, sich dem Chor anschließen und in Krynki bleiben.

Kronos

Alle schreiben darüber, also werde auch ich schreiben. Schaden kann's nicht.

Umso mehr, als ich, von einer seltsamen Intuition geleitet, das Buch gekauft habe. Dabei habe ich nie zuvor »laute« Bücher gekauft, denen Gerüchte vorauseilten, die schon vorher heiß diskutiert wurden. Und wie sich in der Regel herausstellte, hatte ich damit Recht. Aber diesmal habe ich es gekauft, und ich lese. Ein bisschen von hinten, ein bisschen von vorne suche ich Seiten mit möglichst wenigen Anmerkungen aus. Das ist ungünstig, wenn man sich auf Kontinuität einstellt, auf abgeschlossene Sätze, auf in Form gebrachte Gedanken, das heißt überhaupt auf Literatur. Doch in diesem Buch stößt jemandem das Leben auf. Vielleicht ist es sogar der Versuch, das Leben eins zu eins abzubilden. Im Jahr 1938: »Im September München« und »die eine war geil, gab es zu, ihre Füße stanken«.* Ich lese halbherzig, ohne die Hoffnung, irgendetwas zu erfahren. Denn ich habe ihn nie besonders aufmerksam gelesen. Keiner der Romane ging an mich ran. Zu viele Purzelbäume, zu viele Salti Mortali und schriftstellerische Autoerotik. Mit den Tagebüchern ging es etwas besser, aber letztlich war ich bequemerweise damit einverstanden, dass er ein großer Schrift-

* Hier und im Folgenden zit. nach: Witold Gombrowicz: *Kronos. Intimes Tagebuch*. Aus dem Polnischen von Olaf Kühl. München 2015, S. 42, 284, 275.

steller war, und ich hatte meine eigenen, die mir mehr unter die Haut gingen oder am Herzen lagen. Später habe ich irgendwo die Aufzeichnung seiner Stimme gehört, wie er etwas liest oder über etwas spricht. Ein hoher, schriller Ton, schon total unmännlich und noch lange nicht weiblich. Wie mit Styropor über Glas. Ich stellte mir vor, wie er mit dieser Stimme zu mir spricht, mich zu überzeugen oder zusammenzustauchen versucht, und ich bekam Gänsehaut. Oder dass er mir vorliest, was er geschrieben hat. Danach habe ich nie wieder zu einem Buch von ihm gegriffen.

Bis jetzt; jetzt lese ich für mich selbst, und diese unerträgliche Stimme ist auf unerklärliche Weise verstummt. Ich lese die Wörter. Lautlos. Allein die Bedeutungen oder Bilder. Im Oktober 1968: »Am 18. frühmorgens, vielleicht gegen 8.00, rannte ich aufs Klo, paff, es ging daneben, und die Hose war versaut, ich ging daran, sie sauber zu machen.« Allein diese Bilder, die die Stimme übertönen. Anschaulicher als jeder Gedanke. Also? Beste Prosa? Behauen, zugerichtet, die puren Tatsachen? Stärker kann man nicht mehr schreiben? Wie er sich kratzt, weil es ihn juckt, wie es ihn beutelt, wie es ihn mit Geschwüren übersät, wie er stinkt, weil es ihn bläht, wie er ununterbrochen Pülverchen und Flüssigkeiten schluckt, weil er kaum Luft bekommt. Namen von Medikamenten werden aufgezählt, die Dosis notiert, die Ausdehnung der Ausschläge und Ekzeme beschrieben. Wen geht das etwas an? Wer mag solche Ekelhaftigkeiten? Für ihn war das sicher interessant, diese Beobachtungen: Wer er war, wer er ist und in was er sich verwandelt. Aber auch für uns ist es interessant.

Was führt uns zum Tod? Mit Sicherheit die Biologie. Doch was umfasst sie? Woraus besteht ihre menschliche Variante? Aus Ereignissen, scheint der Autor zu sagen. Daher erinnert dieses Tagebuch in der Tat an ein Verzeichnis. Wäre es ein ideales Werk, kämen darin alle Begegnungen, Personen, Honorare, Krankheiten, Medikamente, Einkäufe, Besuche, Interviews, Konflikte, jeder Betrug und jede Niederlage vor. Zum Glück retten Gedächtnis und Faulheit uns vor solchen Aufgaben. Uns – die Leser, und sie – die Autoren. Außer der reinen Buchhaltung und Statistik ist alles, was aufgeschrieben wurde, auf irgendeine Weise eine Konzession an die Literatur. Immer liebäugelt er ein bisschen mit ihr. Ein Jahr vor der Verunreinigung der Hose notiert er: »Ich werde unter den ersten sechs für den Nobelpreis genannt, bekommen hat ihn Asturias.«

Das ist es, was am meisten berührt, was irritiert und lächerlich wirkt: diese pingelige Buchhalterei der Karriere, die unablässige Aufzeichnung der Schwankungen an der literarischen Börse, so pedantisch wie das Verzeichnis der Temperatur, abgelesen vom Thermometer unter der Achsel. Er saß im *Göttlichen Buenos* und später in Vence und lauschte seinem Gedärm und dem Medienrummel. Er horchte auf Symptome der Krankheit und auf den eigenen Namen. (Stellen wir uns bloß vor, wie sein Leben und Horchen im Zeitalter des Internets ausgesehen hätte.) Immer neue Siege, Erfolge, Ausgaben, Notizen und Rüffel, wie Perlen auf den unsichtbaren Lebensfaden gereiht. Ein Abzählreim, dank dem das herbeigesehnte Prestige zunimmt und die Zeit und die Kraft abnehmen. Register. Bilanz. Null Illusion. Es gibt kein Multiplizieren oder Dividieren, nur Addieren und Subtrahieren. Namen von Liebhabern und Liebhaberinnen, Summen in Dollar, Franc und Peso – nichts davon steigt in einen höheren Rang auf. Es ist geschehen und wurde notiert. Wir blättern weitere Seiten um in dem seltsamen Gefühl von Vergänglichkeit, das jedoch nichts mit Veränderung zu tun hat. Vielleicht ist es ein Resultat der Methode – denn dies ist kein Tagebuch, sondern ein Verzeichnis aus zeitlicher Perspektive, ein rückwärts geschriebenes Tagebuch. Daher scheint es, dass der Autor (der Erzähler, der Held) fast ebenso alt geboren wird, wie er stirbt. In anderen Worten, sein Leben erscheint vollkommen uninteressant. Nicht nur für ihn selbst, als er gelebt hat, sondern auch für uns, wenn wir sein Leben betrachten.

Aber vielleicht ist das der tiefere Sinn dieses überaus seltsamen Werkes: Macht euch keine Illusionen, was das Leben anbelangt. Es besteht nur aus Ereignissen, die ihr immer wieder addieren könnt. Doch es gibt keine Summe und keine Summa. Es gibt nur den Tod. Und die einzige Aufgabe der Ereignisse ist es gewesen, diesen aufzuschieben.

Witold Gombrowicz: *Kronos*. Kraków 2013.

Topol

Ach, dieser Jáchym. Er kam irgendwann mit drei anderen zu uns. Abgerissen, verdreckt, mit museumsreifen Rucksäcken auf dem Rücken. Sie blieben vor der Gartentür stehen und sagten: »Wir sind die Trottel aus Prag.«

Er und seine drei Freunde, darunter ein Bulgare. Die Grenzen waren damals noch bewacht, an den Übergängen standen auf der einen wie auf der anderen Seite die gleichen finsteren Grenzschützer, aber die »Trottel aus Prag« kamen über die grüne Grenze. Durch die Wälder, über die Berge, vom slowakischen Regetovka aus zu dem roten Grenzpfad, und auf der polnischen Seite kamen sie zwischen Konieczna und Zdynia auf die Asphaltstraße. Das jedenfalls erzählten sie. Wir machten eine riesige Pfanne Rührei. Dann entzündeten wir ein Lagerfeuer unweit des Hauses. Wir tranken slowakischen Borovička, Wacholderschnaps (ich habe ihn seither nicht mehr in den Mund genommen und weiß, dass ich das nie wieder tun werde), und hörten die ganze Nacht Musik von rumänischen Zigeunern. Die Morgendämmerung fand uns neben dem erloschenen Feuer im nassen Gras schlafend. Wir machten ein zweites Mal eine große Pfanne Rührei, und die »Trottel aus Prag« traten zu Fuß den Rückweg in ihre Heimat an.

Oder eines Abends irgendwo in Deutschland auf einem Festival. Wir freuten uns so sehr über unser Wiedersehen, dass Jáchym seine schon ein halbes Jahr während Abstinenz unterbrach. Ein ähnliches Geschenk konnte ich ihm nicht machen, und so nahm ich ihn nur in mein Apartment mit (es war ein Schloss, ich glaube, in Sachsen), das an die tausend Quadratmeter und fünf Bäder hatte, und wir spielten Verstecken. Mitten in der Nacht beschlossen wir, uns zwecks Auffüllung der Vorräte in die Küche zu schleichen, aber wir wurden erwischt, und die Schlosswache geleitete uns zurück zu unseren Betten unter goldenen Baldachinen.

Dieser Topol … Als ich seine *Schwester* las, hatte ich den Eindruck, ich träumte einen verrückten Traum. Aber ich wusste, dass es sein Traum war, nicht meiner. Ich durfte nur daran teilhaben. Mit anderen Worten, ich beneidete ihn um *Die Schwester* in dieser süßen Art und Weise, die an Liebe erinnert. Ich war ganz einfach in *Die Schwester* verliebt. In ihre wilde Schönheit, ihre unbändige Energie. Verliebt in den Paroxysmus, der es erlaubte, eine mächtige und verrückte Geschichte in einem Atemzug zu erzählen. Auf den Spuren dieser Geschichte fuhr ich nach Ubl'a, wo sich der slowakisch-ukrainische Grenzübergang befand. Ubl'a stellte, Topols Vision zufolge, eine Mischung aus Hölle und Vergnügungspark dar. Doch dort war so gut wie nichts. Kurz gestutzte Gärtchen, schläfrige Nachmittagshitze und ein paar Autos in der Schlange.

»Weißt du, ich war nie dort«, sagte er mir später. »Ich habe einfach das östlichste Kaff der Tschechoslowakei auf der Karte gesucht.«

Und dann *Die Teufelswerkstatt*. Sie ist – ich glaube im Frühjahr [2013] – bei W. A. B. erschienen. Das Buch hat 190 Seiten. Die Handlung spielt in der Gegenwart im tschechischen Theresienstadt, das heißt, in Terezín, und in Weißrussland, und wie das bei Topol so ist: Buffo, Karikatur, eine Achterbahn der Groteske, unterfüttert mit dem schwärzesten Schwarz, direkt aus der Wirklichkeit entlehnt. Eine Gruppe von hauptsächlich jungen Leuten – einige aus dem Westen angereist, einige Einheimische – verwandelt das Museum des Konzentrationslagers in eine Popkultur-Maschine zum Geldverdienen. Da gibt es bedruckte T-Shirts, Ghetto-pizza, da gibt es »therapeutische Sitzungen« für die Nachfahren der ermordeten Juden ... Auf den T-Shirts ist ein Porträt von Kafka mit der Aufschrift: »Wenn Kafka länger gelebt hätte, wäre er hier ermordet worden.« Aus der ganzen Welt kommen Journalisten und Rucksacktouristen, denen in Nepal und Goa langweilig geworden ist. Daraus entsteht eine Art Woodstock der postmodernen Gegenkultur. Die Klientel raucht Gras, liegt auf den Pritschen herum, auf denen einst die Gefangenen gestorben sind, und unternimmt eine Reise ins eigene Innere und in die Geschichte. Es sieht ganz so aus, als ob die *holocaust holidays* ewig währen würden, doch nein: Die Steuerbehörde greift ein, weil sich das Ganze in einer Grauzone abspielt. Der Protagonist und Erzähler muss nach Weißrussland abhauen.

All das klingt nach einem üblen Spaß, aber es ist todernst. Und zweideutig. Die Popkultur hat uns bis ins Mark durchdrungen. Wie ein Tumor greift sie unsere Identität und unser Gedächtnis an. Natürlich können wir uns von ihr abwenden und in einem Elfenbeinturm leben. Aber wenn wir dann der Welt etwas zu sagen haben, wenn wir ein Quäntchen Erinnerung retten wollen, wird sie uns nicht verstehen. Damit sie uns zuhört, müssen wir schwafeln, müssen uns das Gelaber der Popkultur aneignen, ein Geschwätz, das auch den Dümmsten zugänglich ist. Davon erzählt Topol.

In Weißrussland ist es kalt und öde. Das Land hat sein Los noch nicht gezogen. Im 20. Jahrhundert musste es von allen europäischen Ländern den größten Bevölkerungsverlust hinnehmen, und es hat nichts davon. Russland hat Stalin und den Sieg, Holland hat seine Holzschuhe, sogar das trostlose Polen hat sich berappelt und hat sein Auschwitz mit ein paar Millionen Besuchern jährlich. Und so wird unser tschechischer Erzähler als Koordinator des Programms »Weißrussland Horror Trip« eingestellt – ein weißrussischer Jurassic-Horrorpark. Er soll die titelgebende *Teufelswerkstatt* einrichten, in der Ortschaft Chatyn (dort, wo auch *Komm und sieh* von Elem Klimow spielt, der größte Kriegsfilm, den ich je gesehen habe). Die Leichen sollen ausgegraben, konserviert und mit Hilfe moderner Technologien teilweise belebt werden. Sie sollen den Besuchern ihre Geschichte erzählen. Tausende, zig Tausende von Geschichten, Hunderttausende von Leichen, um die weite Welt in die touristische Wüste Weißrussland zu locken … Das Ende gebe ich natürlich nicht preis. Topol ist ein Visionär. Er sieht das Schlimmste und das Wahrste voraus: Wir werden alles verraten, einschließlich der Erinnerung, nur um uns zu amüsieren, denn Langeweile ist schlimmer als der Tod.

Ich denke nicht, dass die einheimischen Liebhaber historischer Rekonstruktionen Topol lesen. Ich glaube, sie lesen außerhalb des eigenen rekonstruierten Gebiets eher wenig. Ein Radymno mit einer Imitation des Massakers von Wolhynien muss nicht gleich eine Teufelswerkstatt sein, aber auch bei Topol beginnt es mit einer unschuldigen Ghettopizza. Erst später folgt die Auferweckung der Toten mit technologischer Hilfe – einfach, damit der weltweite Pöbel sich nicht langweilt. Seien wir wachsam: Die Zeit, da unsere Toten, in Zombies verwandelt, uns retten werden, ist nicht mehr fern.

Mariusz Kargul

Ich erinnere mich nicht mehr, wann ich ihn kennengelernt habe.

Vor sechs oder sieben Jahren. Er lud mich zu einer Lesung in einer Buchhandlung in Krasnystaw ein. Ich fuhr hin, obwohl ich nicht wusste, wer er war, um was für eine Buchhandlung es ging und überhaupt. Sicher hat mich Krasnystaw gereizt, das ich zwar nur von der Molkerei her kannte, aber es liegt im Osten – und wie man weiß, verheißt der Osten Abenteuer.

Es gab tatsächlich eine Buchhandlung. Außer Büchern verkauften sie dort Spielzeug, Schulbedarf, Kugelschreiber und Papier. Wir standen hinter der Theke und plauderten. Ein paar von seinen Bekannten kamen. Wir plauderten weiter. Vielleicht fünf Leute. Jemand kam herein, um Buntstifte zu kaufen. Jemand kam herein und ging gleich wieder, offenbar eingeschüchtert durch unsere Anwesenheit. Ich unterschrieb ein Blatt Papier, und wir gingen los, um ein bisschen durch diese Stadt zu laufen, die am Rande des Bekannten lag. Vielleicht war es im Herbst? Oder vielleicht bewirkte dieser Rand, dass die Dunkelheit so früh anbrach und man nur gehen und reden, in Gedanken woandershin aufbrechen konnte. Hin und wieder setzten wir uns an warme Orte, denn es war nicht nur dunkel in dieser Stadt, sondern auch kalt. Zum Beispiel in einen Keller oder auch ins Souterrain eines normalen Wohnblocks, der zu einem – sagen wir – Kulturklub umgestaltet worden war. Mit stylishen Tischen, einer Bar wie eine Kredenz, mit Bildern an den Wänden und allem Möglichen, das ganz anders war als Krasnystaw in einer kalten Herbstnacht.

Danach kam ich immer wieder mal nach Krasnystaw und zu Mariusz. Ich glaube, ich war mindestens noch dreimal dort. Wenn mir der Vorwand ausreichend erschien, aber auch einfach, um mich mit ihm zu treffen, denn er imponierte mir irgendwie. Groß, beleibt, stämmig, außer Atem, wie er war, hatte er sich in den Kopf gesetzt, dass in der Stadt, in der Milch, Kefir und Bier fließen, während des Oktoberfests von Krasnystaw etwas los sein sollte. Im kulturellen Sinn. Er hatte eine außergewöhnliche Gestalt ausgegraben und entstaubt, den aus der Krasnystawer Gegend stammenden Bauerndichter Stanisław Bojarczuk: ein wirkliches, absolutes Ausnahmetalent, das die Grenzen der sogenannten Bauern- oder Volksdichtung entschieden sprengte. Bojarczuk stand im Verdacht, eine Art verkanntes Genie gewesen zu sein. Und Mariusz hatte sich darauf versteift, aus dem »Bauern-Petrarca« ein Markenzeichen zu machen, das neue Wappen der Stadt Krasnystaw, das wie ein Stern am kulturellen Firmament Polens leuchten sollte. Er keuchte, schwitzte und brachte seine und Bojarczuks Sache allmählich voran.

Ich war auf dem ersten Festival der Schönen Künste. Es war Mariusz sogar gelungen, Juri Andruchowytsch herzuholen. Die Veranstaltungen fanden im Innenhof des ehemaligen Jesuitenkollegs statt. Wir lasen Bojarczuk. Andruchowytsch trat mit der Gruppe Karbido auf. Der Hof war riesig, das Häufchen Publikum sah unscheinbar aus. Als seien die Leute zufällig gekommen oder suchten Schutz vor einem Unwetter. Ein paar Dutzend. Die laute, schwere Musik von Karbido lockte die Jungs von Krasnystaw an, aber bald kehrten sie wieder zu ihren Dingen zurück, machten sich auf die Suche nach Bier, quatschten miteinander, hockten sich auf die Böschung des Wieprz, um in die Gegend zu starren.

Damals kam Mariusz Kargul mir einsam und heldenhaft vor in dieser Stadt des Kefirs, des Käses und des Hopfens. Wie Bojarczuk mit seinen tausend klassischen Sonetten, die er geschrieben hatte, während er die Kühe hütete. Auf einem an einen Stock genagelten Brettchen, das ihm als Tisch diente.

Später zog Mariusz nach Warschau, und unsere Treffen hatten ein Ende. Krasnystaw war ja etwas ganz anderes als die Hauptstadt. Hätten wir durch die Krakowskie Przedmieście flanieren sollen und über Bojarczuk reden? Ein ziemlich lächerliches Bild. Manchmal stellte ich ihn mir in dieser barbarischen Stadt vor: wie er kämpft, wie er versucht, sich über Wasser zu halten, außer Atem, müde, aber immer mit diesem schüchternen, uneigennützigen Lächeln auf dem runden Gesicht. Er schrieb Rezensionen für Zeitungen, moderierte Lesungen mit Schriftstellern, wollte eine Literaturagentur gründen. In Gedanken wünschte ich ihm alles Gute, aber ich hatte auch etwas Angst um ihn. Warschau ist keine Stadt für Menschen, die schnell außer Atem kommen und aufrichtig lächeln. Wir verständigten uns per SMS. In der vorletzten schrieb er, er sei im Krankenhaus. Ich fragte, ob es etwas Ernstes sei. Er schrieb, es sei dies und jenes, aber schon besser, sie hätten ihn auf die Normalstation verlegt, und es sei »wie im Hotel«. Dann bekam ich noch eine Nachricht, aber ich schob die Antwort hinaus, weil ich unterwegs war, von Stadt zu Stadt: Auto, Lesung, Schlafen. Irgendwo zwischen Katowice und Rybnik erfuhr ich, dass er gestorben war.

Jetzt sitze ich in einem Hotel am Stadtrand von Prudnik und schreibe diesen Text. In der Ferne sieht man die Góry

Opawskie, das Oppagebirge. Abwechselnd regnet es und die Sonne scheint. Im Schwimmbad des Hotels ist ein Rest Wasser. Ein paar Enten versuchen zu tauchen. Der Wind wirbelt goldene Blätter auf. Mariusz Kargul lebt nicht mehr. Warum bleibt die Welt die gleiche, wenn jemand stirbt? Wind weht, Enten schwimmen, über die Hänge sieht man Wolkenschatten ziehen. Warum bemerken nur wir, dass jemand fehlt? Als wären wir etwas Seltsames und Fremdes auf dieser Erde, denn niemand außer uns begleitet die Toten.

Im Dezember wäre er siebenunddreißig geworden.

Lichter

Der Wind weht von Osten und führt tiefhängende Nebelschwaden mit.

Alles ist nackt, wie abgeschält. Zwischen den Zweigen sieht man verlassene Vogelnester. Sie erinnern an schwarze Misteln. Das Landschaftsbild ist einfacher geworden. Geblieben sind Striche und wenige gedämpfte Farben. Damit werden wir fünf Monate lang leben müssen. Im Schatten. Unter dem tiefhängenden Himmel wie unter einem grauen Dach.

Gestern war der 2. November, also bin ich zu meiner Totenfeier gefahren. Nach Nieznajowa, nach Czarne, nach Radocyna, nach Długie und nach Grab.

Um ein oder zwei Uhr nachmittags brach die Dämmerung an. Als hätten die Winde alle Nebel und Wolken aus diesem Teil der Welt über die Wasserscheide in den Karpaten getrieben. Es wurde dunkel. Gut, dachte ich – schließlich ist heute der Tag der Seelen im Fegefeuer. Und was könnte mehr an das Fegefeuer erinnern als ein Novembertag in den Beskiden, wenn sich über die dunklen Täler, in denen es einst bevölkerungsreiche Dörfer gab, der Nebel legt? Wenn schwarze Feuchtigkeit in Holz, Stein und in den Boden eindringt und bis zum Frühjahr dort verbleibt. Wenn ein Wind weht, der den Himmel nicht reinigt, sondern ein kaltes Leichentuch von Sibirien oder gar vom Nordpol mit herschleppt. Die Grablichter sind schwer anzuzünden. Man muss sich krümmen, in die Hocke gehen, die Flamme abschirmen. Streichholz um Streichholz in Nieznajowa. Von dem großen Dorf ist nur der Friedhof übrig geblieben. Kalt zieht es vom Himmel her, von der Erde, vom steinernen Flussbett der Zawoja. Zwielicht und Kälte, das heißt Fegefeuer, also Totenfeier. Wie eine Heimsuchung aus dem Traum: Wir irren herum, unter einem schwarzen Dach, wir sehen alles grau und nur ein paar Schritte weit. Wir wissen nicht, woher wir kommen und wohin wir gehen. Alles ist halb: halbe Sicht, halbes Gehör, und auch der Körper ist nur halb, denn er hat wie ein Reptil die Temperatur der Umgebung. Das ist mein Traum vom Fegefeuer. Er ist weder angenehm noch schlimm. Er ist genau halb. Also zünde ich ein Licht für das nicht mehr existierende Dorf an und schaue, wie das rote Flämmchen im Halbdunkel flackert.

Totenfeier, das ist die Erinnerung an die Seelen, die den Weg nicht finden können. Zum Beispiel die Seele von Otto Hausbaum. Die Seele von Anton Nemec. Die Seele von Alois Abram. Die Seele von Zlatek Podlegar und Georg Cencelj, von Pjotr Andrejewitsch Bessarabow sowie Hunderte andere Seelen von Soldaten, die am 28. Januar 1915 im Kampf um die Karpatenpässe gefallen sind, als eine österreichisch-ungarische Offensive die Russen aus Ungarn und von den Südhängen der Karpaten vertrieb. Für sie zünde ich auch auf dem Friedhof in Czarne Kerzen an. Hier ist es etwas stiller, die Gräber sind von einem Viereck aus einigen Dutzend Buchen umgeben. Sie wurden gepflanzt, als der Friedhof angelegt wurde, wahrscheinlich 1916, also sind sie etwa hundert Jahre alt. Zwar haben sie keine Blätter mehr, doch sie wachsen so dicht, dass kaum Wind weht und man die Lichter mit dem ersten Streichholz anzünden kann.

Mir kommt in den Sinn, dass eine Zigarette hier wohl angebrachter wäre, aber das ist leider vorbei, und die Jungs müssen sich mit dem roten Licht begnügen. Vielleicht ist das sogar besser als eine Zigarette, weil es sie an glückliche Stunden im Bordell erinnert, da die Todesangst wich und das Leben zurückkehrte. Wer kann das wissen? Wie wir auch nicht wissen, welchen Sinn all diese Lichter wirklich haben. Sind die Seelen wie Falter und wir zünden einmal im Jahr Lichter an, damit sie – irrend und halb blind – den Weg zu ihrem feuchten Zuhause finden? Wir zünden diese Lichter auf schamlose und heidnische Weise unter Kreuzen an, statt den Toten das Begraben der Toten zu überlassen. Wir kommen mit farbigen Gläschen, weil wir glauben, dass sie immer noch dort sind, dass sie nirgends hingegangen sind, dass niemand sie gerufen oder berufen hat, dass sie für immer bei uns bleiben werden, jedenfalls so lange, wie wir die Kraft haben, Lichter anzuzünden.

Später fahre ich noch nach Grab zum Friedhof Nr. 4. Er liegt auf einer Anhöhe. Der Ort heißt Wilcze Jamy. An heiteren Tagen hat man hier einen weiten Blick nach Nordosten, auf Czumak, Wysokie und Czerteż. Dort würde ich irgendwann auch gern liegen, ich weiß nur noch nicht, womit ich das verdienen werde. Giovanni Delamarna vom fünften Schützenregiment fiel am 18. Dezember 1914. Man kann sich vorstellen: Winter, Schnee, vermischt mit Blut und Erde. Und Gräben, voll von Lebenden und Toten, und den Gestank verfaulender Leichen, wenn Tauwetter einsetzte. Oder einen mühseligen Angriff im hüfthohen Schnee, bergauf, ohne jede Deckung, und die Kälte, die bis in die Knochen dringt, während in der Ferne die Dörfer der Lemken brennen und es dort, zwischen den Bränden, warm ist wie am Ofen.

Also gehe ich in diesem nebligen Tag umher und stelle mir vor, wie Grab, Ożenna, Ciechania und Żydowskie brennen, obwohl ich kaum hundert Schritte weit sehen kann. Und die Jungs stelle ich mir vor: aus halb Europa, vielleicht sogar aus Sibirien zusammengetrieben auf dem Rücken der Karpaten, der rot ist von ihrem Blut. Karl Cortečka, Anton Berdok, Emil Gepich, Wilhelm Winter, Johan Szliaszki, Adalbert Pokorny, Gottfried Huber und hundertsiebenundzwanzig mit der Inschrift *unbekannt*. Denn nur das können wir tun: herkommen und ihre Namen aussprechen, immer wieder, wissend, dass sie am Ende doch vergessen werden. Und keine besonderen Illusionen hegen, dass uns jemand hört.

Alte Männer

Manchmal stelle ich mir verschiedene Dinge vor. Gestern zum Beispiel kam mir in den Sinn, dass aus den Zeitungen, aus dem Fernsehen, aus dem Internet allmählich die alten Männer verschwinden könnten.

Konkret ging es um die Bischöfe der katholischen Kirche, deren mediale Überpräsenz in letzter Zeit deutlich festzustellen ist. Alle sind alt und haben in der Regel einen ernsten, also im Grunde genommen finsteren Gesichtsausdruck. Ihre Ansprachen sind würdevoll und langweilig. In der Regel nehmen sie irgendetwas übel. In der Regel anderen, nicht sich selbst. Selten findet man in ihren Worten Zustimmung – zum Leben, zur Welt, zu Gefühlen, zur Menschheit, überhaupt zu Gottes Schöpfung. Die Bischöfe haben saure Mienen. Sie sind verbittert. Alte Männer, von ihren Kräften verlassen.

Gestern schloss ich die Augen, und anstelle der alten Männer sah ich junge Frauen. Jedenfalls mit Sicherheit jünger als diese Männer. Ich weiß, das ist eine ketzerische Vision. Nichtsdestotrotz attraktiv. Außerdem bringt diese Vision eine Hoffnung auf Belebung mit sich, auf die Wiederbelebung, die Auferstehung dieser Institution, die aussieht, als würde sie unter dem eigenen Gewicht zerfallen, zerkrümeln, zerbröseln wie ein verkalktes Skelett. Es ist so einfach: das Gesicht, die Gestalt einer Frau zu sehen an einer Stelle, wo wir seit tausend Jahren säuerliche alte Männer gewohnt sind. Alte Männer, die Macht besitzen und unser Leben, unsere Gefühle, unsere Welt bestimmen.

Mein Instinkt sagt mir, Frauen würden das besser machen. Sie sind dem Leben und den Gefühlen näher. Schließlich ist es ziemlich irrational, dass über Familie, Sexualität, Liebe und allgemein über das Leben sich ausgerechnet jene äußern, die durch ihr Amt, durch das Zölibat und durch ihr Alter von diesen Dingen am weitesten entfernt sind. Mein Gott, was versteht ein Bischof, der eingeschlossen in seinem Palast lebt, von Familie, Liebe, Mutterschaft oder Vaterschaft? Was versteht ein alter Mann, der von ebenso alten Untergebenen und Schmeichlern umgeben ist, von Gefühlen? Er kann allenfalls etwas verstehen von Gefühlen, die er nie erlebt hat, von unbefriedigten Gefühlen und von solchen, die erloschen sind, bevor sie überhaupt entstanden. Alte Männer an der Macht – das ist keine gute Idee. Sie verlieren ihre Kraft, also fühlen sie sich ständig bedroht. Ans Befehlen gewöhnt, glauben sie an ihre Unfehlbarkeit. Zur Einsamkeit verurteilt, verstehen sie das Leben anderer Menschen nicht. In einem anachronistischen Patriarchalismus gefangen, sagen sie immer wieder, Gott sei der Vater, also ein Mann. Und wenn dem nicht so ist?

Ich betrachte die Gesichter alter Männer auf Fotografien. Keiner von ihnen lächelt. Sie scheinen so griesgrämig, als wären sie übersäuert. Das sind sie wahrscheinlich auch. Sie blicken aus der Tiefe ihrer schwächer werdenden Körper heraus. Sie sehen aus, als sorgten sie sich um das Schicksal ihrer Herde und der Welt. Aber ich wette, am meisten beschäftigt sie der Gedanke an die immer schneller verfliegenden Tage. Deshalb sprechen sie nicht über wichtige Dinge, sondern wiederholen die alte Leier: von Verschwörung, von Hetze, vom Feind, von dunklen Mächten, von Verteidigung, von … und so weiter. Weil die Kräfte sie verlassen haben, weil sie nur noch die Tür schließen und sich vor der Welt schützen möchten.

Ich weiß, was ich sage, weil ich selbst ein älter werdender Mann bin und häufiger als früher einen bitteren Geschmack im Mund habe. Aber ich habe keine Macht, und ich bin kein Bischof. Deshalb kann ich mir die häretische Vision erlauben, in der schöne junge Frauen an die Stelle alter, nicht besonders anziehender Männer treten. Die Frauen können verheiratet oder unverheiratet sein, in eingetragenen oder nicht eingetragenen Partnerschaften leben, sie können geschieden oder auch alleinerziehend sein. Wenn Gott die Liebe ist, wie die alten Männer hartnäckig behaupten, hat der Familienstand keine Bedeutung. Wichtig ist schließlich nur die Liebe. Und Intuition sowie Erfahrung sagen mir, dass die Frauen sich damit besser auskennen. Dass sie dazu berufen sind, auf diesem Gebiet die Entscheidungen zu treffen. Nicht ausgeschlossen, dass sie die einzige Chance für diese halbtote Institution sind, in die sich die Kirche vor unseren Augen verwandelt.

Ist ein einsamer alter Mann, eingeschlossen in seinem leeren Palast, imstande, irgendjemandem Leben einzuhauchen, von der Gemeinschaft der Gläubigen ganz zu schweigen? Wenn wir die Ansprachen der Hierarchen hören, kommen uns Wörter wie »Liebe«, »Leben«, »Geist« eher nicht in den Sinn. Ehrlich gesagt, wenn wir sie hören, kommt uns nichts in den Sinn, außer dem Wunsch, dass sie bald fertig sein und damit aufhören mögen, sich mit der polnischen Sprache abzumühen.

Wir brauchen eine andere Stimme, eine andere Gegenwart. Was bisher funktioniert hat, geht jetzt nicht mehr. Alte Männer können sich mit Politik befassen, manche kommen damit ja ganz gut zurecht. Doch die Seele des Menschen ist zu fragil, als dass man sie deren Obhut anvertrauen könnte. Ich denke, nur das Weibliche ist in der Lage, uns durch diese dürftige Zeit zu führen. Ich glaube daran, dass es den Weg kennt. Und selbst wenn nicht, so ist es leichter, dem Weiblichen zu folgen als alten Männern.

1999 drehte Kevin Smith den Film *Dogma*. Der Film ist bilderstürmerisch, spöttisch und total witzig. Da treten böse gefallene Engel auf, zwei Junkies, Lumpen und Erotomanen, ein schwarzer Apostel, der aus rassistischen Gründen in der Bibel nicht vorkommt, sowie eine Nachfahrin der Schwester Jesu. Der Film gibt sich als wilde, frevlerische Komödie. Doch in der letzten Szene erscheint der liebe Gott persönlich – in Gestalt einer schönen Frau in einem weißen Ballettkleid. Die Gottfrau dreht Pirouetten im grünen Gras. Die Schönheit und Kraft dieses Bildes ist erschütternd. Und es geht ein großer Trost von ihr aus: Gott ist in der Tat allmächtig. Was für ein Problem sollte es also für ihn sein, den alten Männern ein wenig Ruhe zu gönnen.

Kälte

Wieder stehen sie in Frost und Finsternis.

An kurzen Wintertagen, den kürzesten Tagen des Jahres. So hat es sich ergeben. Sie stehen da und frieren. Der Tee wird schnell kalt. In der Dunkelheit lauert das Böse. Jetzt (Dienstag, 10. Dezember, eine Stunde vor Mitternacht) hat es minus neun Grad. Die Temperatur soll auf minus sechzehn fallen. Der Himmel ist klar, also wahrscheinlich wenigstens kein Wind, nur dieser unbewegte Frost, der aus dem Norden oder Osten kommt. Morgen soll es etwas wärmer werden, aber es soll schneien. Ich denke an die Kälte, den Frost, den Schnee, weil man schlecht laufen kann, wenn es glatt ist, und schlecht fliehen. In der Kälte kann man überhaupt schlecht kämpfen, auch wenn dieser Kampf ganz friedlich ist. Dass sie dick angezogen sind, ist ein Trost. Das bietet immerhin Schutz vor Schlagstöcken oder Gummigeschossen. Aber wenn es dich an einer unbedeckten Stelle trifft, ist der Schmerz dreimal so groß wie im Sommer.

Es liegt etwas Düsteres in der Verbindung von Winter und Revolution. So etwas sollte im Frühling stattfinden, bei Sonnenschein. Dann kann man in Zelten wohnen, mit Schlafsäcken, und muss sich nicht von der Stelle rühren. Die anderen warten nur darauf, dass die Menschenmenge sich zerstreut, dass die Kräfte schwinden. Fünfzehn Stunden Dunkelheit und Kälte arbeiten für die Machthaber. Ist es vielleicht ein abgekartetes Spiel? Wenn die Leute schon auf die Straße gehen müssen, dann provoziert man sie am besten im Dezember, im Januar, damit die Kräfte sie schnell verlassen. Damit sie frieren, auskühlen, erstarren.

Am Vormittag schrieb mir Juri Andruchowytsch: »Heute Nacht wollten sie ein Massaker auf dem Maidan veranstalten, das heißt, den Platz *säubern*. Wir haben es nicht zugelassen. Es kamen immer mehr Leute, und schließlich haben wir sie vertrieben. Ich bin um 8.30 nach Hause gekommen, ganz glücklich, und habe ein bisschen geschlafen.«

Ich schaue mir Fotos vom Maidan an. Aus zusammengekehrtem Schnee haben sie Barrikaden gebaut, zwei bis drei Meter hoch. Die Leute bringen Wasser in Eimern, in Fünfliterflaschen. Sie übergießen den Schneewall, das Wasser gefriert, und das Ganze wird hart wie eine Mauer. Also nützen Schnee und Frost doch nicht nur den Machthabern. Aber aus bestimmten Gründen assoziiert man in diesem Teil der Welt schlechte Machthaber mit Kälte. Sicher wegen Sibirien, diesem Abgrund des Nordens, in dem Millionen spurlos verschwunden sind. Die unmenschliche Staatsgewalt ist wie Nordwind oder Nordostwind. Als ich das erste Mal an die Adria fuhr, nach Kroatien, konnte ich ganz einfach nicht glauben, dass dort der Kommunismus geherrscht hat. Unter Palmen? Zwischen Ligustern? Derselbe wie bei uns?

In zwei Tagen ist der Jahrestag des 13. Dezembers. Ich saß damals im Gefängnis. Das waren noch ehemalige deutsche Baracken, ein früheres Arbeitslager. Aus Backstein gebaut, verputzt und ohne Isolierung. Es war eisig dort. Die Heizkörper wurden warm, aber die Wärme ging irgendwo verloren, sickerte in die Wände ein, ohne eine Spur zu hinterlassen. Am Abend gingen wir durch knirschenden Schnee von der Arbeit nach Hause, unter Neonlampen, zwischen Stacheldraht. Ich stellte mir den Gulag vor. Als wir an jenem Sonntagmorgen über Funk das Dekret hörten, verstanden wir so gut wie nichts, aber wir waren fast sicher, dass sie uns als schädliche und nutzlose Elemente weit in den dunklen und zugleich frostweißen Osten deportieren würden. Aber sie knüppelten uns nur prophylaktisch nieder. Der Reihe nach, systematisch, Zelle für Zelle. Und sie warnten uns, dass sie uns erschießen würden, falls wir ihre Befehle nicht befolgten.

Ich erinnere mich daran, weil wieder Dezember ist, aber auch, weil ich an die Einsamkeit im Gefängnis denken muss und zugleich an die Einsamkeit der Menschen auf dem Maidan. Gefangen innerhalb des eigenen Staates, umgeben von feindlichen Machthabern, unsicher, was der kommende Tag bringen mag. Auf der einen Seite Russland – überaus interessiert an der Entwicklung der Ereignisse. Auf der anderen Europa, das die Ukraine am liebsten vergessen und sich um die Vermehrung des eigenen Wohlstands sowie die Verteidigung des Friedens kümmern würde. Früher erzählte man sich den Witz: »An wen grenzt die UdSSR? An wen sie will.« Ähnlich ist es mit dem heutigen Europa, das launisch und beliebig seine Grenzen festlegt. Immer noch stoßen ihm Bulgarien und Rumänien sauer auf, aber auch Polen bewirkt manchmal Sodbrennen und Übelkeit. Kroatien wird vermutlich noch irgendwie verdaut, aber Kroatien, das bedeutet auch tausend Kilometer Adriaküste, Palmen, Weinberge und am Ende noch Dubrovnik, außerdem ist es da billiger als in Spanien. Die Ukraine ist noch billiger, aber sie hat kein Dubrovnik, sie hat zwar Palmen auf der Krim, aber die Krim ist für einen Europäer schon Asien. Also – Kroatien geht klar, denn einen Kurort kann man immer brauchen. Aber ein Stück Russland oder Asien? (Ich weiß, wovon ich rede, denn Polen spielte vor dem westlichen Publikum jahrelang die Rolle eines kleineren und schlechteren Russlands sowie des Grenzgebiets zu Asien.) Das überfordert die Kraft, den Appetit, den Magen des sogenannten echten Europas. Es würde ihm einfach schlecht werden. Deshalb denke ich an die Einsamkeit der Menschen auf dem Maidan.

Und das alles sicher wegen der Dunkelheit und Kälte. Deshalb diese Gedanken. Im Dezember, an den kürzesten Tagen des Jahres. Um die Düsterkeit zu vertreiben, erinnere ich mich an Podolien im Sommer. An den aufgeheizten weißen Stein an den Steilhängen des Dnjestr. An das dichte, tiefe Grün zu beiden Seiten der Straße, als wir nach Ulaschkiwzi fuhren. Salischtschyky, wo sogar die Baumschatten vor Hitze dampften. Das Licht floss vom Himmel wie heißer Honig. Es schien, als werde die Erde sich auftun, bersten, um all die Pflanzen zu befreien, die in den Gräben, an den Zäunen und auf den Triften schäumten, sprudelten, brodelten. Man konnte kaum gehen in dieser von Düften getränkten Luft im Juni in Podolien.

Ja, ich erinnere mich an Podolien, um einen Moment auszuruhen von den Gedanken an den Maidan, die mir eigentlich die ganze Zeit durch den Kopf gehen.

Nach den Feiertagen

Die Straße geht unweit der Brücke über den Bug in Tonkiele von der 62 ab. Sie verläuft zwischen den feuchten Wiesen des rechten Ufers, pfeilgerade, ungeachtet der mäandernden Strömung.

Ich fuhr dort einen Tag nach Weihnachten und betrachtete die rotbraune Landschaft. Sie war fast unberührt. Zu einigen Dörfern und Weilern führten unbefestigte, sandige Sträßchen. Man kann sagen: eine arme Gegend. Deshalb sahen die Häuser diskret aus und massakrierten nicht die Landschaft. Ich war hierhergekommen, um mir das linke, höhere Flussufer anzusehen, an dem ich einst die Monate der Sommerferien verbracht hatte. Ich wollte sozusagen von der anderen Seite auf meine Vergangenheit blicken. Zwischen den blattlosen Bäumen waren die weißen Mauern eines ehemaligen orthodoxen Klosters zu sehen. Ein paar Kilometer flussabwärts, auf einer Böschung, konnte man das Türmchen der ehemaligen unierten Kirche ausmachen, die zuvor eine orthodoxe Kirche gewesen war, um schließlich zu einer katholischen zu werden. Der Bug war graublau, das Schilf hellrotbraun, die Wiesen blassgrün und überschwemmt. Ich blickte auf die andere Seite und sicher auch auf mich selbst, den Jungen von vor vierzig Jahren. Damals saß ich oft an dieser Böschung unweit der Kirche und schaute mit vager Sehnsucht zum Ufer hinüber, an dem ich jetzt stand.

Ich kehrte auf die leere Landstraße zurück. Kurz darauf

holte ich zwei Radfahrer ein. Es waren Jungen von zwölf, dreizehn Jahren. Sie fuhren alte Fahrräder. Schwarzbraun von Schmiere und Rost. Gebeugt radelten sie mühsam gegen den Wind, unterbrachen aber nicht ihr Gespräch. Die Straße lag schnurgerade vor uns, stieg leicht an und verschwand hinter dem Horizont. Einer der Jungen, der linke, hatte etwas in der Hand. Ich fuhr näher heran. Es war der Stern von Bethlehem, ein Stern an einem Stock. Nur, dass er noch roh war, nicht angemalt, aus Karton.

Wohin fuhren die beiden kleinen Sternsinger? In die Tiefe dieser monochromatischen und hypnotischen Landschaft? In die Tiefe dieser gerade mal skizzierten, kaum abgegrenzten, kaum aus der Urmaterie herausgelösten Welt? Denn da war nur braunes Holz, nur diese Wand aus Erde, ein Satteldach in der Farbe des tiefhängenden Himmels und ringsum der von Wasser getränkte Boden, Nebel und das Schwarz der Winterbäume. Wohin? Sie fuhren zu den Schätzen, zu Myrrhe, Weihrauch und Gold! Nach Bużyski! Nach Arbasy! Um den Stern von Bethlehem zu vergolden vor dem Singen. Und ich stellte mir vor, wie sie zurückkommen, wie der Stern glänzt, wundersam und unwirklich in der feuchten Dämmerung; glänzt, als wäre er gerade vom Himmel gefallen.

Am nächsten Tag fuhr ich nach Süden, nach Hause. Ich fuhr auf der 19, dann auf der 811 und der 812. In Siemiatycze begann es dunkel zu werden. Überall brannte irgendein Licht. Blau, rot, gelb, nervös. Es blinkte, drehte sich, wirbelte vorbei, pulsierte. Dunkel, dunkel, dunkel, plötzlich fängt das Menschengemachte an, und gleich beginnt das elektrische Karussell. Mit Strom betriebener Ramsch. Tausende Kilometer Flitterkram aus China. Aufgeblähte Nikoläuse mit einer Birne im Bauch. Schnörkel auf Balkonen, an Zäunen, an unschuldigen Bäumen. Karikaturen von Rentieren

aus Leuchtröhren. Sogenannte Markets, die Fassaden zuge-
schissen mit Leuchtkram vom Dach bis zum Fundament.
Ich fuhr durch eine Art Luziferiade für Arme. Es leuchtete und blinkte rot, grün, gelb, das heißt, die Sache war gefährlich, denn die Lichter sahen ähnlich aus wie die Ampeln
in diesen Käffern. Ich kam an einer Kirche vorbei, die geschmückt war wie die Einkaufsmärkte. Von den Armen der
Kreuze hing phosphoreszierendes Zeug wie Wedel oder See-
tang, und neurotische Funken sprangen im Kreis um dieses
Gestrüpp herum. Im Radio beklagte sich der Bürgermeister
von Zakopane, der Föhn habe ihm den »Weihnachtsschmuck«
und die »Reklame« zerstört. »Ehre sei Gott in der Höhe«,
sagte ich leise.

In Łomazy hielt ich am Biedronka-Markt an, weil ich noch
ein gutes Stück zu fahren hatte und mir einen Kefir kaufen wollte. Es war kurz nach Weihnachten, aber die Leute
schoben schon wieder volle Wagen. Vielleicht für Silvester?
Zwei ältere Frauen berieten sich auf Ukrainisch, es ging um
Sekt. Ein junges Paar mit Kind (er offensichtlich »aus Eng-
land«) legte die Waren vom Wagen aufs Band und plauder-
te gemütlich mit der Kassiererin, was es Neues gibt. Ins-
gesamt herrschte eine angenehme Atmosphäre in diesem
Biedronka-Markt: sozusagen demokratisch, denn eigentlich konnten sich alle oder die meisten hier Dinge kaufen,
die es früher für sie nicht gab. Alles war im Prinzip – in ver-
nünftigen Grenzen – für alle da. Sogar hundertfünfzig Gramm
Litschis.

Und da sah ich sie; sie standen dicht vor mir. Ich hatte gedacht, sie seien zusammen mit dem Paar mit Kind da, das
den Wagen auslud. Aber die zwei Frauen gehörten nicht dazu, und sie hatten nur eine Flasche Bier der Marke Żubr.
Klein, etwas dicklich, finster. Ich weiß nicht, ob sie beide
schon achtzehn waren, aber die Kassiererin kannte sie of-

fensichtlich und verzog bei dem Bier keine Miene. Schweigend, reglos standen sie da. Die eine hatte drei Piercings
in ihrem unschönen Gesicht, die andere zwei, das Gesicht
ausdruckslos. In den Brauen, im Kinn, in der Nase. Sie zahl-
ten mit einem Zehn-Zloty-Schein und nahmen das Bier.
Dann noch je einen Biedronka-Prospekt, der an der Kasse
auslag. In einer traurigen, verlassenen Aura gingen sie zum
Ausgang. Mit diesen Prospekten in der Hand, mit den Piercings im Gesicht, mit einer Flasche Bier für zwei in der Tasche. Im grellen Licht des Biedronka-Markts. Dort draußen, jenseits der Tür, begann die Dunkelheit, und nur das
paranoide Licht der chinesischen Weihnachtsbeleuchtung
erhellte sie ein wenig.

JK

Im Grochów der siebziger Jahre stand er auf einer Stufe mit Bob Dylan.

Er war in gewisser Weise sogar wichtiger, denn erstens sang er auf Polnisch, und zweitens gab es keine Platten oder Aufnahmen von ihm. Wir mussten selbst singen und selbst spielen. Durch Mundpropaganda gaben wir einander seine Stücke weiter. Keiner kannte das Original. Die Lieder existierten irgendwo im Raum, wanderten in hundert musikalischen Versionen und mit hundert verschiedenen Texten umher. Fast wie die sogenannten Volkslieder: Jeder konnte sich eins aussuchen und spielen, einen Takt hinzufügen oder wegnehmen, den Text ändern oder ergänzen, wenn das Gedächtnis versagte. Er war wie Bob Dylan, wie Wyssozki, wie Joan Baez oder die Bitschewskaja. Wichtiger sogar, denn da wir das Original nicht kannten, wurden seine Lieder zu unseren. Außerdem handelten sie von uns, von diesem surrealistischen, absurden Land in der Zeit des untergehenden Kommunismus. Wir wanderten durch die Straßen auf der Suche nach schwarz-weißen Plakaten mit Anzeigen der Machthaber über irgendwelche neuen Entscheidungen. Vor dem Hintergrund dieser Plakate fotografierten wir uns gegenseitig, um für einen Moment zu Helden des unsterblichen Satzes zu werden: »Seine Frau erinnert ein wenig ans Radio, und er – wie direkt vom Plakat.«

JK war also eine Legende, mit der wir uns identifizierten. Und dann der Name, der sofort ins Ohr ging: ein wenig fremd scheinbar, aber klangvoll und leicht: Kleyff. Hätte er beispielsweise Cieślak oder Maciąg geheißen, hätte er es schwerer gehabt.

Klar, natürlich drang hin und wieder das Original eines Liedes von Jacek Kleyff zu uns durch. Von einer Kassette, von einem schäbigen alten, Dutzende Male überspielten Tonband, deformiert und mit einem Firnis von Geräuschen und Geknister überzogen wie Stimmen aus dem Kosmos. Und man wusste nicht einmal, ob er selbst oder einer seiner Nachahmer sang. Aber auch so waren wir beruhigt, dass es ihn irgendwo gab, dass er wachsam war, dass er kämpfte, spottete und die Dinge beim Namen nannte. Und wir mit ihm, zum Beispiel:»Im Fernsehen haben sie gezeigt, und die Gelehrten haben bestätigt, dass man in Asien einem Hund den Schädel eines Schweins annähen kann.« Wir waren uns damals natürlich nicht im Klaren, welche prophetische Kraft diese Worte hatten. Denn sie sollten erst in zukünftiger Zeit (die wir so sehr herbeisehnten) ihre eigentliche, schreckliche Bedeutung erhalten.

Vor wenigen Jahren fuhr eines Sommertages ein grünes Auto bei uns vor, und eine stattliche Gestalt stieg aus. Sie hinkte leicht und hatte eine weite blaukarierte Hose an. Die Hose hatte zwar Taschen, aber ich wunderte mich trotzdem, denn solche zog ich nachts zum Schlafen an.

»Ich bin Kleyff«, sagte die Gestalt.»In einem Interview habe ich gelesen, dass du meine Stücke hörst. Ich war in der Nähe, deshalb bin ich vorbeigekommen.«

In der Tat, ich hatte irgendwo gesagt, dass ich, wenn ich lange im Ausland bin, gern Kleyff einlege, um Polnisch zu hören. Denn bei ihm hat die polnische Sprache etwas Anziehendes, Dankbares. Er macht keine großen Umstände mit ihr, und sie fügt sich ihm auf angenehme Weise. Der Gesang, die Phrasierung, das unverbindliche Verhältnis zum

Rhythmus, manchmal auch zur Syntax, haben mich immer an Stanisław Grzesiuk erinnert. Auch Kleyffs Poetik nimmt sich aus dem Städtisch-Volkstümlichen des Polnischen das Beste: Kürze, Ironie und diese schwer zu fassende Art, die uns einerseits zum Lachen und andererseits zum Weinen bringt.

»Ja, die höre ich«, sagte ich zu dem massigen Typ in der karierten Unterhose, und wir gingen ins Haus und redeten bis zum nächsten Morgen.

Und so ist es tatsächlich und unablässig. Im Dezember trieb ich mich ein paar Tage an der sogenannten Ostwand herum, ein bisschen zwecks Erinnerung, ein bisschen zwecks Planung. In einer Landschaft, die einen hohen Prozentsatz Melancholie enthält, legte ich dies und jenes ein, und zum Schluss, auf den tiefliegenden Wiesen um Drohiczyn, hörte ich die letzte Platte von Jacek, das heißt *Znalezienie*, Finden, um mich bis zur Heimkehr nicht mehr davon zu trennen. Sie pulsierte, dröhnte in gutem elektroakustischem Klang und wiegte mich. Absolut Old School und zugleich eine Energie wie bei einem Zwanzigjährigen (nur dass es solche Zwanzigjährigen unter den Musikern heute kaum mehr gibt). Keine Suche nach neuen Klängen, nach Moden, tollen elektrokosmischen Lauten oder einer neoabsoluten Technologie. Nichts dergleichen. Als hätten sich die Zeiten nicht geändert, als würde die Zeit gar nicht vergehen.

Denn in der Tat spielt die Zeit für einen wirklichen Künstler keine Rolle. Ein wirklicher Künstler steht außerhalb der Zeit. Ich lauschte also diesem Falsett, diesem Krächzen, diesen Attacken an der Grenze von Kitsch und Erhabenheit, und es ist gut, dass die Ostwand nicht üppig motorisiert ist, denn ich musste abwechselnd lachen und dann wieder – wie man so sagt – eine Träne vergießen.

Irgendwo fand ich einen sumpfigen Weg und fuhr direkt

an den Fluss, an den grünen Bug. Das Wasser stand hoch, die Strömung war stark. Ich öffnete alle Türen im Auto und drehte wie ein Wochenend-Grill-Typ die Anlage voll auf. Ich schaute und lauschte, wie Schlagzeug, Bass und Kleyffs Stimme über dem Fluss schwebten und die Strömung sie ergriff und mit sich nahm.

So war es. Ich habe nichts erfunden.

Karibik

Auf der Straße Nummer 871 kann man von Süden nach Tarnobrzeg fahren. Bevor die Stadt beginnt, kommt man auf der rechten Seite an einem – für diesen Teil des Landes – recht großen See vorbei.

Vor vielen Jahren, als es den See noch nicht gab, arbeiteten da unten gigantische Maschinen. Dort war ein Schwefeltagebau. Die Bagger und die Transportbänder waren riesig. Ich weiß nicht, ob ich jemals im Leben größere Maschinen gesehen habe. Sie fraßen sich in die Erde hinein. Über der Gegend schwebte der säuerliche, beißende Gestank von Schwefelwasserstoff. Ein schöner und verfluchter Ort. Jetzt bedeckt ihn ein unbewegter Wasserspiegel.

Vor kurzem bin ich dort vorbeigefahren. Es war im schmuddeligen polnischen Winter. Hinter den Autos wallte ein schwarzer Nebel auf und setzte sich auf der Scheibe ab. Im Sommer hatten auf dem improvisierten Strand einige Buden mit gebratenem Fisch und Pommes gestanden, und eine Menge halbnackter Leute hatte sich herumgetrieben. Aber im Januar war dort keine Menschenseele. Manchmal hielten Fahrer an, ruhten sich ein bisschen aus und starrten in die braune Landschaft. Auch ich tat das.

Über die Jahre sind ein paar Bier- und Fischbuden hinzugekommen. Ein kleiner Steg ist entstanden. In letzter Zeit – vor ein oder vielleicht zwei Jahren – hat an der Ausfahrt der zweispurigen Straße jemand drei Plastikpalmen annähernd in Naturgröße aufgestellt. Sie stehen auf dem Streifen, der die Fahrbahnen trennt. Unten braun, oben grün. Kokospalmen, vielleicht auch Dattelpalmen. Daneben fahren Lastwagen aus Włodawa, Pińczów oder Końskie. Aus Włocławek oder Zamość. Sie fahren in Wolken aus Dreck. Es hat drei Grad plus, schwarze Pfützen bilden sich, und gleich daneben stehen diese Kokos- oder Dattelpalmen von goldenen Stränden und blauen Lagunen. Und hier gibt es nur klebrige Dieselschwaden in der Luft und Schwefelsäure, die von den Plastikwurzeln über den Stamm bis zu der Polymerkrone wandert.

Aber andererseits, denke ich mir – warum nicht das ganze Land mit Palmen überziehen, um die Aussicht auf die permanent gemäßigte Zone, auf den ewigen Vorfrühling zu verdecken, auf »Mäuse, Regen und Polen«, wie ein Dichter sagt. Mit Dattelpalmen, Kokospalmen, Raphia, Syagrus und so weiter. Das Land mit einem anderen Land verbauen, es mit irgendeinem Manhattan aufbrezeln. Ich schaue gleich nach, und es kommt gar nicht teuer: Eine »gebrauchte kanarische Palme, 5 m hoch, 4 m breit« kann man schon für 3400 Zloty erwerben.

Anderswo kann man eine »individuell für jeden Kunden handgefertigte« bekommen, »aus verschiedenen Materialien hergestellt, oft aus den entferntesten Winkeln der Erde«. Und wenn der Kunde sich keine eigene leisten kann, dann gibt es die Möglichkeit, den »Verleih von Hawaii-Dekorationen, 2200 Zl. für 24 Stunden« zu nutzen. Eine Garnitur umfasst: »10 Palmen à 3m, 1 Palme à 5m, Hawaii-Dach, 10 natürliche Kokosnüsse, 50 m Fischernetz, 1 Flagge von Kuba (sicherlich schon den USA einverleibt), Schnüre und Seile, 1 Eichenfass, Koffer und Kisten ... «

Zwei zwei für vierundzwanzig Stunden, das ist nicht teuer. Man könnte Ende Oktober das Land der Länge und Breite nach damit zustellen. Stellt euch nur vor, wie viel das win-

45

terliche Schlesien gewinnen könnte, wenn man ihm ein Hawaii-Dach verpassen würde. Oder Zakopane, wenn man es rund ums Jahr in ein »Fischernetz« hüllen und ein »Eichenfass« aufstellen würde. Denn was die Palmen betrifft, so bin ich seltsam beruhigt, dass es sie dort schon gibt …

Ja, das lässt sich alles machen, denn die Zeit der fließenden Identität ist da, und jeder kann heute sein, wer er will. Er kann sich verkleiden, sich ein paar Sachen dazukaufen, sich einen Nickname ausdenken und eine plastische Operation machen lassen. Warum sollte Tarnobrzeg also nicht ein wenig wie Las Palmas aussehen? Der Mensch lebt nicht von Schwefel und Erinnerungen allein. Vorläufig haben wir die bescheidenen drei Dattel- oder Kokospalmen, aber man könnte ja nach und nach die ganze zweispurige Straße bestücken, ab Siedleszczany, wo sie beginnt. Man könnte dort Kletterpflanzen installieren, Lianen, Papyrusstauden, Agaven, Kakteen, Hibisken, Krokusse, Baobabs, man könnte Affen loslassen, Seile aufhängen, quer dazu Koffer aufstellen und Zugewanderte in Kleidern aus Gras anstellen. Und alles natürlich mit einem Hawaii-Dach bedecken, damit es nicht nass wird. Damit endlich Schluss ist mit diesem schwarzen polnischen Januarregen, der nie trocknet, sondern höchstens friert, und dann gibt es kein Erbarmen auf der Straße 871. Auf keiner der Landesstraßen, Woiwodschaftsstraßen, Kreisstraßen oder Gemeindestraßen. Und unter einer Palme friert er nicht, weil es dort nie regnet.

Das mag alles ein Scherz sein, aber vielleicht auch nicht. Denn wer kann den Orten und Städten verbieten, angesichts der Globalisierung an ihrem Aussehen zu arbeiten? Schließlich setzt dem modernen Menschen nichts so sehr zu wie die Langeweile des Alltags, die Eintönigkeit des Klimas und des Geburtsortes. Wenn die Chinesen ihr kleines Venedig oder Paris bauen können, können wir auch unsere

Karibik bauen. Aber im Gegensatz zu den Chinesen werden wir dort nicht zum Besichtigen hinfahren. Wir werden in oder auch auf unseren Karibischen Inseln leben.

Die Tochter der Angst

Ich bin viele Male in den postsowjetischen Osten gefahren. Mehrmals nach Russland, viele Male in die Ukraine, in Moldawien habe ich zwei Monate verbracht.

Der vieldeutige Reiz jener Länder ist anziehend und wirkt auf die Phantasie. Eine Art Reisen auf der Suche nach dem verachteten Erbe. So kann man es nennen. Das ist immer interessanter als die Suche nach dem imaginierten Erbe.

Ich fahre also mit Hingabe. Ich fühle mich wohl dort. Das Einzige, was mich stört, ist die unablässige, düstere Gegenwart der Machthaber. Vor allem derjenigen in Uniform. Einmal bin ich auf dem Tschuja-Trakt von Kosch-Agatsch nach Ongudaj gefahren. Das ist im russischen Altai, in der Nähe der mongolischen und der kasachischen Grenze. Von Zeit zu Zeit hielt der Bus an, damit man sich die Füße vertreten und eine rauchen konnte. Eine der Haltestationen lag an einer zerstörten und verlassenen Kiesgrube. Aber dort gab es auch einen kleinen Springbrunnen aus himmelblauem Beton und einen Gasthof für die Fahrer. Es kamen gerade fünf Militärs heraus, deren UAZ ein Stück weiter parkte. Vier Schützen und ein Feldwebel, von einer Landetruppe. Sie trugen blaue Baskenmützen und gestreifte Unterhemden unter der Tarnkleidung. Alle schauten dem schnurrbärtigen Feldwebel zu. Er warf mit einem Messer auf einen zehn Schritte entfernten Holzzaun. Dann ging er zum Zaun, zog das Messer heraus, ging zurück auf seinen Platz und warf erneut. Jedes Mal schlug das Messer in den mit der

Klinge markierten Kreis ein. Alle sahen zu. Der halbe Bus horchte auf das dumpfe Geräusch, mit dem der Stahl ins Holz drang. Der Feldwebel zeigte seinen Jungs, wie man tötet, und auf dem Brett hätte eigentlich ein Herz eingezeichnet sein müssen.

Ein Jahr zuvor war ich in Tschita in Transbaikalien. Tschita ist eine Militärstadt. Früher der Sitz des Militärbezirks Transbaikalien. Jetzt befindet sich, neben anderen Armeeeinheiten, unweit der Stadt der Luftstützpunkt Domna. Dort ist eine Brigade der Streitkräfte der Luft-Weltraum-Verteidigung stationiert. Es war der 3. August, und die WDW, die Wosduschno-Dessantnyje Woiska, das heißt die Luftlandetruppen, begingen ihren Feiertag. An den Ecken des Lenin-Platzes standen Krankenwagen.

Junge Männer in Uniformen badeten im Springbrunnen, gingen in Umarmungen zu zweit, zu dritt, zu viert auf dem Platz umher und rühmten immer wieder mit lautem Geschrei ihre Formation. Das tiefstehende, grelle Nachmittagslicht fiel auf diesen seltsamen Karneval, an dem nur Uniformierte teilnahmen. Die normalen Bürger huschten verstohlen vorbei.

Ein bisschen wie bei uns, wenn sich aus dem Stadion die Masse der Fans ergießt. Oder wie früher, wenn die sogenannte Reserve die Tore der Kasernen verließ, mit malerisch bunten Tüchern wie mit barbarischen Schabracken bedeckt. Nach einem ungeschriebenen Gesetz waren sie bis zu ihrer Heimkehr unantastbar.

Aber die in Tschita hatten immer noch ihre Uniformen an, und sie waren wirklich viele. Hier und da standen diskret im Schatten Offiziere. Doch es war schwer zu sagen, ob es ihnen darum ging, die Fallschirmjäger im Zaum zu halten, wenn sie eine Grenze überschritten, oder eher darum, aufzupassen, dass sie sich nicht gegenseitig verletzten.

Der Lärm, der Gesang und das Klirren zerschlagener Flaschen prallten vom roten Himmel des Fernen Ostens ab wie ein Echo früherer Zeiten, wenn die Eroberer der Städte Zeit für Raub und Vergewaltigung bekamen. Für einen Tag, für eine Woche – je nachdem, wie großzügig der Anführer war.

In Moldawien ist es nicht so malerisch. Als ich das erste Mal dort war, reiste ich mit *marschrutki*, kleinen Bussen für zehn, zwanzig Leute. Sie fuhren schnell, fast überallhin, hielten auf Wunsch an und nahmen jeden mit, solange noch eine Stecknadel zwischen die Leute passte. Ohne sie würde Moldawien einfach stillstehen. Die Fahrer sahen in der Regel nach zynischen Spöttern aus. Sie hatten einen sicheren Fahrstil und grüßten sich durch Hupen. Wenn sie rauchten, öffneten sie das Fenster einen Spalt. Nur in einer Situation verloren sie ihre Ruhe: beim Anblick von Militärpatrouillen. Aber das durften sie nicht zeigen, also wurden ihre Gesichter noch undurchdringlicher.

Während einer Dreistundenfahrt wurden wir durchschnittlich zwei- bis dreimal angehalten, manchmal auch öfter. Eigentlich in jeder Ortschaft mit städtischem Charakter. Das Ritual war immer das gleiche. Der Milizionär hob den gestreiften Stab, der Fahrer hielt an, öffnete das Fenster und reichte, meistens, ohne etwas zu sagen, die Geldscheine hinaus. Manchmal wechselten sie auch halblaut ein paar Worte. Das alles fand vor den Augen der Fahrgäste statt, mitten auf der Straße. Die Vertreter der Staatsmacht nahmen sich das Recht, alles zu tun, und mussten nichts verschleiern.

In diesem armen Land, wo am Straßenrand tote Esel lagen, einem landwirtschaftlich autarken Land (eine Tatsache, die die Menschen vor Hunger bewahrte), traten die Bullen wie Aggressoren auf. Sie plünderten ganz einfach die Bevölkerung.

Sie sahen furchtbar aus. Ihre Gesichter waren rot und aufgedunsen, die Körper mit Fett gepolstert. Sogar Dreißigjährige sahen aus, als würde sie demnächst der Schlag treffen.

Sie aßen fett, bis nichts mehr reinpasste, und tranken ordentlich dazu. Wie echte Machthaber. Sie bewegten sich langsam, als würden ihre Genitalien im Schritt stören. Doch diese scheinbare Trägheit war nur eine Demonstration der Verachtung. Sie sollte zeigen, dass sie dastanden und der Rest zu ihnen kommen sollte. Ich stellte mir ihren Geruch vor, und mir wurde schlecht. Es war der Geruch von Alphamännchen, der Geruch von Stillstand, Langeweile und Zersetzung.

Einer der Fahrer hatte die nächsten Schutzgeldportionen – armselige Banknoten mit dem Bildnis Stefans des Großen – zusammengerollt und in das Gebläsegitter gesteckt, damit sie jederzeit zur Hand waren.

Ein paar Jahre später saß ich in Moldawien selbst am Steuer. Ich hatte keine Verpflichtungen, also nahm ich die kleinen Straßen, oft Schotterstraßen oder Feldwege. Trotzdem zahlte ich innerhalb von drei Wochen viermal Schmiergeld. Ich weiß, das ist unmoralisch, aber ich war nicht nach Moldawien gekommen, um seine Gepflogenheiten zu ändern, sondern um zu beobachten. Ich machte sogar Experimente: Wenn sie mich anhielten, gab ich ihnen einfach ein paar Geldscheine. Wie die Fahrer der Marschrutkas. Es funktionierte immer. Sie taten mir leid. Vor allem die Polizisten auf dem Land. Sie sahen etwas abgerissen aus und nicht so gemästet wie ihre Kollegen in den Städten. Sie standen im Staub und versuchten irgendwie zu überleben. Im Süden, in einem kleinen Kaff hinter Cahul, standen sie ein paar Schritte von einem toten Hund entfernt. Das Tier war groß und trug eine Kette. Dort hielten sie mich nicht an. Zwei Tage später fuhr ich denselben Weg zurück. Der Hund lag immer noch am Straßenrand, aufgebläht, riesig, immer noch mit der Kette. Die Bullen taten mir leid.

Einmal nahm ich einen mit, weil er winkte. Er stieg ein, aber er hatte das fremde Nummernschild nicht gesehen. Als er bemerkte, dass ich kein Einheimischer war, erstarrte er, und es kam kein Gespräch mehr zustande.

Bevor ich ausreiste, hielt mich vor der Grenze ein einzelner Polizist mit einem Radargerät an. In ärmlich und nicht allzu dicht bebautem Gebiet hatte ich siebzig auf dem Tacho. Ich setzte mich neben ihn in den Streifenwagen und fragte: »Wie viel?«

Er nannte eine ziemlich hohe Summe. Ich schüttelte den Kopf.

»Das ist die offizielle Strafe«, sagte er auf Russisch.

»Und die nichtoffizielle?«, fragte ich.

Die war um die Hälfte kleiner.

Nun ja. Ich wollte einen Text über die Kreuzung von Gewalt, Macht und Verbrechen schreiben, im letzten Teil etwas theoretischer, aber es gelingt mir nicht.

Heute habe ich im Netz ein Foto von Serhij Zhadan gefunden, einem Freund und Autor unseres Verlags. Auf dem Foto erkennt man ihn kaum, weil sein Gesicht blutüberströmt ist. Zwei Milizionäre führen ihn. Das Bild wurde auf dem Maidan in Charkiw aufgenommen. Die Milizionäre haben ihn aus den Fängen einer prorussischen Kampftruppe befreit.

Gleich daneben finden sich Fotos grüner Militärlastwagen ohne Nummernschilder, ohne jegliches Kennzeichen. Ringsum stehen uniformierte Männer. Aber die Uniformen haben keine Rangabzeichen, keine Hoheitsabzeichen. Die Soldaten sind maskiert und mit Kalaschnikows und SWD, das heißt Scharfschützengewehren, bewaffnet. Die Fotografien wirken feindselig und symbolisch. Wir sehen hier die reine, leibhaftige Gewalt. Die nicht gekennzeichnete Gewalt. Ihre Existenz ist so offensichtlich, dass sie keine Zeichen, keine Abzeichen braucht, weder Zugehörigkeit noch Form, denn sie versteht sich von selbst. Die Mitteilung ist folgende: Wir müssen uns nach nichts richten, aber wir selbst dürfen alles. Das Foto ist aus Simferopol.

Ich denke, die Anwesenheit von namenlosen, maskierten Soldaten ist eine Manifestation der Macht, die größeren Eindruck hinterlässt als Panzer und Transporter.

Außerdem scheint mir diese Demonstration eher an den Westen gerichtet zu sein als an die unmittelbar Betroffenen.

Echte Gewalt bricht alle Regeln, deshalb siegt sie. Vor den Augen normaler Menschen zeigt sie, wie man jemanden ums Leben bringt. Sie verwandelt die Bevölkerung, die sie eigentlich schützen sollte, in Sklaven. Und die Straflosigkeit macht sie schamlos. Je »westlicher« wir sind, desto weniger begreifen wir die Natur von Gewalt und die daraus resultierende Macht. Weil wir uns daran gewöhnt haben, Regeln zu befolgen, die wir selbst definiert haben, können wir nicht mehr verstehen, dass Regeln unbeständig, wechselhaft sind und nur denjenigen dienen, die sie ändern.

Juri Andruchowytsch hat in einer Mail geschrieben, dass für die Ukraine vielleicht ein Jahr 1956 oder 1968 anbricht. Damals schlug die Sowjetunion die Unabhängigkeitsbestrebungen Ungarns und der Tschechoslowakei blutig nieder. Europa war damals nicht vereinigt, und die UdSSR schien ewig währen zu wollen. Aber es ist nicht sicher, ob Europa alles getan hat, was in seiner Macht stand, um diesen europäischen Nationen zu helfen. Eher nicht. Es trippelte am Eisernen Vorhang entlang und horchte ängstlich, wahrscheinlich ganz froh über die Existenz des Vorhangs. Schließlich ist es nicht angenehm, einem Blutvergießen zuzusehen, auch wenn es sich um fremdes Blut handelt. Aber ich will Europa nicht irgendeine alte Schuld vorhalten. Es ist nur wichtig, sich daran zu erinnern, wenn wir die Ukraine betrachten. Umso mehr, weil wir sie viel klarer sehen als damals die Tschechoslowakei und Ungarn und uns nicht herausreden können, weder mit der fatalistischen Überzeugung, die UdSSR würde ewig bestehen, noch damit, von nichts zu wissen.

Serhij Zhadan hat sich aus dem Krankenhaus in Charkiw gemeldet. Er hat auf seiner Homepage geschrieben: »Freunde, mit mir ist alles in Ordnung. Zwei Schnittwunden am Kopf, eine geplatzte Augenbraue, Gehirnerschütterung und Verdacht auf eine gebrochene Nase ... Ihr Leute in Charkiw, ich liebe euch. Fürchtet euch nicht vor ihnen – wer sich nicht fürchtet, den kann man nicht brechen. Zusammen, bis zum Schluss.«

Serhij ist nicht groß, schlank, und er sieht sehr jung, um nicht zu sagen, kindlich aus. Aber ich kann mir mühelos vorstellen, wie er der namenlosen, maskierten Armee gegenübersteht, um sein Charkiw und den Rest seines Landes zu verteidigen. Denn die Gewalt siegt tatsächlich dann, wenn wir uns vor ihr fürchten. Ist sie doch selbst eine Tochter der Angst.

Schiffe aus Beton

Eine schöne Jahreszeit. Noch keine Blätter an den Bäumen, die Landschaft weit und durchsichtig. An sonnigen Tagen wird die Welt doppelt so groß. Nichts verstellt die Sicht. Es ist ein bisschen, als würden wir in die Unendlichkeit blicken.

In dieser Zeit ist es gut, zwischen Hügeln, Tälern und menschlichen Siedlungen durch Małopolska, Kleinpolen, und Podkarpacie, das Karpatenvorland, zu fahren und sie in vollem Licht zu sehen. Die Siedlungen sind, wie sie sind, mal schöner, mal hässlicher, reicher oder ärmer, neuer oder älter, aber die Landschaft hat damit kein Problem. Sie neutralisiert sie. Glättet scharfe Formen, dämpft zu grelle Farben. Zu guter Letzt erstreckt sich über allem das unendliche Blau und schafft die richtigen Proportionen.

Nur mit einem kommt die Natur in meiner ländlichen Heimat nicht zurecht: mit den meisten »modernen« Kirchen.

Sie stehen völlig vereinsamt in der Landschaft und wecken keinerlei Erinnerungen, kommen wie aus dem Nichts. Als wären sie anderswo hergestellt, in der Nacht transportiert und dann dem Gedächtnis zum Trotz mit List und Gewalt hier untergebracht worden. Der Anblick ist besonders erschütternd, wenn sie neben jahrhundertealten, meist aus Holz gebauten Kirchen stehen. Ich könnte Dutzende solch unglücklicher Paare als Beispiele anführen, aber es geht mir nicht darum, über den Geschmack und die Bildung der Pfarrer, über die Fähigkeiten der Architekten und die naive oder erzwungene Freigebigkeit der Gläubigen zu spotten. Ich frage mich nur, was mit unserer Religiosität, was mit der Sprache geschehen ist, durch die wir unsere Religiosität ausdrücken. Wessen Ausdruck sind diese in Dörfern und Kleinstädten verstreuten Betonmonster? Die meisten sind gegen Ende des Kommunismus entstanden und teilen auf perfide Weise seine katastrophale Unförmigkeit und Hässlichkeit. Als hätte die sakrale Architektur jener Jahre mit Hilfe von Gigantismus, mit Hilfe von brutaler Gewalt gegen den Raum den hochmütigen Sieg über den Feind demonstrieren wollen, was sie aber zugleich zu dessen Bastard machte. Denn was ist da entstanden? Fabriken des lieben Gottes? Hangars der Religion? Lagerhallen des Glaubens? Reparaturwerkstätten der Heiligen Dreifaltigkeit?

Diese Konstruktionen strahlen eine erschütternde Trauer aus. Ihre Herkunft ist unklar. Wie Waisen stehen sie in der Landschaft. Lauter Gullivers im Reich der Liliputaner. Fassaden, die mit gelbem Steingut getäfelt sind. Fenster aus metallverstärktem Sicherheitsglas. Auf den Dächern Trapezblech. Glockentürme wie Minarette. Phallische Türme. Vordergiebel mit einer Muttergottes aus Gips, mit einem Papst aus Gott weiß was. Glasbausteine. Ein Kreuz auf der Spitze, das heißt, am Bug, denn die Arche ist ja die populärste Assoziation. Und die tiefgründigste Metapher: ein Schiff aus Beton. Wohin geht die Reise mit diesem Schiff?

Was ist mit uns geschehen? Wir sind nicht imstande, Gotteshäuser zu bauen, die nicht die Augen und die Vergangenheit verletzen würden. Wir sind nicht imstande, über Gott zu sprechen. Es genügt uns, in provinziellen Kirchen Predigten zu hören, die ungelenk, künstlich und anachronistisch sind. Sie erzählen dümmliche Legenden aus dem 19. Jahrhundert für ein leibeigenes Volk. Man muss nur den Radiosender aus Toruń einschalten und den Chef reden hören, der sich durch die polnische Sprache quält und sie zu einer Karikatur ihrer selbst macht. Er benutzt sie wie einen Stock gegen den Rücken der Herde, die er führen will. Man muss nur die unsterbliche »Barke« hören, um sich zu überzeugen, dass der Gesang, das religiöse Lied, zum Kitsch, zur Popkultur verkommen ist. Oder – ebenfalls in dem erwähnten Sender – zeitgenössische Musik, die den Herrn lobt. Das sind plastikartige, synthetische Laute aus dem Computer, Melodien, flach wie Sperrholz, und unsere Ohren erstarren in der peinlichen Erwartung eines Textes über Mariechens Arsch in Disco-Polo-Manier. Und die Erwartung liegt gar nicht weit daneben, denn wir erhalten eine Portion pathetischer Graphomanie, die an die Übersetzungen von Google Translate erinnert. Es bleibt die Hoffnung, dass der Herr unendlich barmherzig oder taub ist.

Wohin führen uns die Betonschiffe? Was ist geschehen? Liegt es daran, dass das Volk endlich die Freiheit errungen hat? Und auch die Pfarrer frei sind? Daran, dass wir alle frei sind? »Und sie sprachen untereinander: Wohlauf, lasst uns Ziegel streichen und brennen! Und sie nahmen Ziegel als Stein und Erdharz als Mörtel und sprachen: Wohlauf, lasst uns eine Stadt und einen Turm bauen, dessen Spitze bis an den Himmel reiche, damit wir uns einen Namen machen; denn wir werden sonst zerstreut in alle Länder.«

Diese Türme stehen da, und man weiß nicht, woher sie kommen. Zikkurate aus Kleinpolen und dem Karpatenvorland. Mesopotamisch-aztekisch. Manchmal versuchen sie verzweifelt, an das Frühere anzuknüpfen, an die schindelgedeckten Holzkirchen der Gegend. Dann entstehen gigantische gemauerte Scheunen für tausend Personen, die über einem stillen Dorf thronen wie Godzilla.

Aber meistens knüpfen sie an gar nichts an. Wir können keinerlei Kontinuität feststellen, wir hören keinerlei Erzählung. Was durchdringt zu uns, ist eine Art Gestammel, eine babylonische Sprachverwirrung. Wenn etwas diese Gotteshäuser verbindet, dann ist es die Person dieses oder jenes Architekten, dessen Hand wir in mehreren benachbarten Dörfern erkennen können.

Ich weiß nicht, was geschehen ist, dass wir die Dreistigkeit haben, immer wieder so einen Gargamel neben einer alten Kirche zu errichten, solch ein Ungetüm des Glaubens. Als wären wir blind. Oder durch und durch zynisch. Oder einfach nur dumm? Wie Hohn und Spott ankern diese Zementschiffe neben den alten, edlen und schönen Konstruktionen, die aussehen, als würden sie gleichsam natürlich, geradezu pflanzenartig der Landschaft entspringen. Leicht, bescheiden, bar jeden Hochmuts erinnern diese Formen an wirkliche Schiffe, die uns ans andere Ufer bringen könnten. Doch sie fristen den Rest ihrer Tage als Touristenattraktionen und Kulissen für Hochzeiten. Dabei sollten sie Gegenstand der Kontemplation sein für Pfarrer und Architekten, bevor diese überhaupt daran denken, etwas Neues in Angriff zu nehmen.

Natürlich werden die an dem Thema Interessierten sagen, dass die Leute aus dem Dorf oder der Stadt in der alten Kirche irgendwann keinen Platz mehr gefunden haben. Aber was ist, wenn eines Tages weder Dorf noch Stadt kommen wollen? Was wird dann sein? Was wird dann mit dieser großen, eisigen Leere? Und wenn selbst der Herr nicht mehr kommen will? Was dann? Setzen wir uns dann in die Betonschiffe, um uns auf die Suche nach ihm zu machen?

Für Romek Raczek

Es ist ein seltsames Gefühl, wenn wir zu jemandem kommen und wissen, dass es ihn bald nicht mehr geben wird.

Wir schauen ihn an, und statt einer Person sehen wir die Leere. Unwillkürlich, unabsichtlich. Die Leere erscheint wider Willen, zum Trotz, denn schließlich ist der Mensch ja noch hier. Wir sitzen da, unterhalten uns, erinnern uns an Geschichten, an die wir in einer anderen Situation nicht denken würden. Wir wollen das Leben anhalten. Wollen bewirken, dass das Vergangene noch einmal zurückkehrt und das hinausschiebt, was kommen wird. Wir sind vorsichtig und schlau genug, dieses Zukünftige nicht zu erwähnen oder zu benennen. Wir verstummen auf halbem Wort, halten inne, beißen uns auf die Zunge.

Es ist schwer, mit diesem Gefühl zurechtzukommen. Niemand hat es uns beigebracht. Wir reden, dann gehen wir, etwas verstohlen, weil wir uns schuldig fühlen. Dafür, dass es nicht uns trifft, dafür, dass wir keine Worte finden. Schuldig auch, weil wir nicht imstande sind, die Leere zu vertreiben. Weil wir hilflos sind und nur zuschauen können, weil wir nur vergangene Geschichten ins Gedächtnis rufen können, um den Lauf der Zeit zu verlangsamen. Die alte Art des Trostes gibt es nicht mehr, und eine neue haben wir noch nicht gefunden. Sicher gibt es sie, aber wir kennen die Sprache nicht, in der man sie ausdrücken könnte.

Also sitzen wir einander gegenüber und sehen uns an: der eine, der gehen, und der andere, der noch eine Weile bleiben wird. Schwer zu sagen, ob wir zusammen da sitzen oder schon getrennt sind, schon zu verschiedenen Gattungen der Menschheit gehören. Deshalb wählen wir so hartnäckig die Vergangenheit – weil nur sie fähig ist, uns noch zu verbinden. Die Zukunft taucht nicht auf, als würden wir nicht an sie glauben. Und doch wird sie kommen. Sie kommt mit jedem Tag. Man nimmt ab, wird blass, wird still, die Bewegungen werden schwach, eingeschränkt. Die Zukunft ist im Anmarsch. Schon ist sie bei uns. Sie sitzt still in der Ecke, wir kennen ihren Namen. Doch wir können ihn nicht aussprechen. Es fehlt uns der Mut. Dabei ist er in aller Munde: im Fernsehen, in den Zeitungen, im Kino, im Netz, er war auf VHS und DVD, jetzt ist er auf WMF und MP4. Er spielt sich auf, und kein Schauspiel, keine Vorstellung kommt ohne ihn aus. Er dominiert. Wir geben Millionen aus, um ihn zu sehen. Er ist jeden Tag bei uns. Wir stehen mit ihm auf vertrautem Fuß. Vom Erwachen bis zum Einschlafen. Vom Säuglingsalter bis zu dem Moment, da wir nichts mehr sehen und hören. Wenn er eine Zeitlang nicht da ist, wechseln wir automatisch den Kanal, denn nur ihm verdanken wir, dass wir uns lebendig fühlen. Wir leben dank des Todes anderer. Fast jede Geschichte, die wir hören oder sehen, muss mit ihm enden. Ohne ihn ist es fade. Ohne Geschmack. Wie auf einer Hochzeit ohne die Braut.

Doch wenn er zu uns kommt und in der Ecke Platz nimmt, tun wir so, als gäbe es ihn nicht.

Es ist ein seltsames Gefühl, wenn wir zu jemandem kommen und wissen, dass es ihn bald nicht mehr geben wird. Wir sollten ihn nach Dingen fragen, die nur er weiß. Zum Beispiel, wie es ist, wenn man es schon weiß. Wie es mit diesem Wissen aussieht. Glauben wir daran? Oder taucht dieses letzte Wort vielleicht bis zum Schluss nicht einmal in unseren Gedanken auf? Oder wie es um die Kräfte steht. Erlöschen sie in der Seele ebenso wie im Körper? Verlassen sie uns, damit es uns leichter fällt zu gehen? Ohne Widerstand? Woran denkt man? Und was sieht man, was weiß man von den Dingen, die man früher nicht gesehen und nicht gekannt hat? Gibt es Worte, die dafür geeignet sind, in diesen letzten Tagen zu sprechen? Und was bedeutet die Einsamkeit in den Augenblicken, da wir nicht mehr hier und noch nicht dort sind?

Denn wen soll man nach diesen Dingen fragen? Die Toten schweigen. Die Pfarrer sprechen zu uns wie zu kleinen Kindern. Im Übrigen können wir selbst nur über das Leben quatschen, und wenn jemand das Thema wechseln will, winken wir ungeduldig ab. Deshalb schweigen wir später oder reden über die Vergangenheit, in der wir glücklich und lebendig waren.

Ich weiß nicht, ob es Scham ist oder Angst. Scham, dass wir wie Kinder sind und über Dinge reden wollen, die es nicht mehr gibt. Darüber, dass wir auf etwas warten, obwohl wir nicht daran glauben. Oder vielleicht gibt es zu wenig von diesem Glauben, vielleicht reicht er nicht aus für ein Gespräch, reicht nicht aus für zwei. Vielleicht hüten wir ein Flämmchen tief in der Dunkelheit, aber es ist so schwach, dass ein Wort oder auch nur ein Gedanke es auslöschen können. Unsere Angst und unsere Scham. Dass wir nicht imstande sind, die Sterbenden zu begleiten, und die Sterbenden nicht imstande, uns den Weg zu zeigen.

Wir sitzen einander gegenüber, sehen uns an, und dann wieder meiden wir den Blick. Als wollten wir uns nicht gegenseitig verletzen. Getrennt, aber gemeinsam nach Zeichen dessen Ausschau haltend, was kommen wird. Verbunden durch die kindliche Magie, nach der das Unausgesprochene – wie der Wolf aus dem Wald – nicht kommen oder zumindest das Tempo verlangsamen und warten wird.

Nur das können wir tun: gemeinsam warten. Das ist nicht viel, aber nicht ausgeschlossen, dass es vorläufig alles ist.

Unsterblichkeit

Und was ist, wenn es so weit kommt? Was ist, wenn die großen russischen Visionäre – Nikolaj Fjodorow, Aleksandr Bogdanow sowie ihr genialer literarischer Schüler Andrej Platonow – Recht hatten?

Schon an der Schwelle zum 20. Jahrhundert waren sie entsetzt über die Technifizierung der Welt, über den fortschreitenden Individualismus, der nur ein anderer Name für Egoismus war, über den eigenartigen Totentanz, in dem die Menschheit begriffen war. Denn sie waren der Meinung, die oberste Pflicht des Menschen sei die Auferweckung aller Toten, die bisher gestorben waren. Die Idee des Supramoralismus, so glaubten sie, gebiete die Rückzahlung der Schulden, die wir bei unseren Vorfahren gemacht haben. Sie haben uns das Leben geschenkt, sich vollkommen aufgeopfert und dafür nichts als den Tod erhalten. Daher sollten wir alle Kräfte sowie die stetig wachsenden technischen Möglichkeiten dieser vom ethischen Gesichtspunkt aus wichtigsten Aufgabe unterordnen: In langen Reihen sollten unsere Väter, unsere Mütter, unsere Vorväter und Vormütter aus den Gräbern auferstehen.

Sie waren keine verblendeten Träumer. Sie waren ernstzunehmende Menschen, die wussten, wovon sie sprachen. Bogdanow lag im Streit mit Lenin, und die GPU, die damalige Geheimpolizei, sperrte ihn für fünf Jahre weg. Fjodorows Denken inspirierte Konstantin Ziolkowski und seine Überlegungen zur Kosmonautik. Platonow war Ingenieur.

Er elektrifizierte und meliorierte Dörfer in der russischen Provinz.

Schön und beunruhigend ist das Bild, in dem sich der älteste Kult der Menschheit, der Ahnenkult, mit der großen utopischen Hoffnung verbindet, welche die technologische Entwicklung mit sich brachte.

Die Erde wäre natürlich zu klein, also müssten wir unsere Auferstandenen in den Kosmos schicken. Sind sie nicht schön und beunruhigend, die Anfänge des Nachdenkens über die Eroberung des Alls? Traurig der Gedanke, dass es bei dem technologischen Wettlauf zweier Großmächte um die Weltherrschaft stehengeblieben ist.

Doch Prophezeiungen werden wahr. Oft auf höhnische Art und Weise. Wir haben nie aufgehört, von der Unsterblichkeit zu träumen. Wenn auch nicht mehr von der Auferstehung unserer Toten oder so etwas wie einem menschlichen, sanften Jüngsten Gericht, sondern von unserer persönlichen, egoistischen Unsterblichkeit.

Darum geht es schließlich in der biotechnologischen und medizinischen Erzählung der letzten Jahre. Nicht mehr um die Heilung, sondern um die Verlängerung des Lebens. Niemand formuliert es geradeheraus, aber es ist nur natürlich, dass wir die Sache zu Ende bringen wollen. Diese Gattung ist nicht aufzuhalten, weder in ihrem Selbstzerstörungs- noch in ihrem Überlebensdrang. Man kann uns alles nachsagen, nur eins nicht: Maß halten. Also werden wir im Wunder des Lebens herumwühlen und herumstochern, bis es kein Wunder mehr ist. In den Organismen, in den Zellen, im Blut, in Flüssigkeiten und Membranen, wir werden sie mischen, kleben, stimulieren, beleben, züchten. Bis sie selbst zu wachsen beginnen.

Und es kommt uns nicht in den Sinn, unseren Toten Dankbarkeit zu erweisen und diejenigen zu klonen, von denen wir die Welt (über deren Qualität man natürlich streiten kann) erhalten haben, in der wir leben. Das nun nicht. Eher lassen wir ein Monstrum auferstehen, um damit Geld zu verdienen. Eher rekonstruieren wir einen Hitler, um ihm im globalisierten Fernsehen einen mustergültigen Prozess zu machen. Uns selbst werden wir endlos vervielfältigen, damit uns das Leben beim soundsovielten Mal endlich Befriedigung bringt.

In der Abgeschiedenheit meines erst spät elektrifizierten Dorfes denke ich darüber ganz ernsthaft nach. Über den Moment, da die Reichsten sich die Unsterblichkeit werden kaufen können. Vielleicht nicht buchstäblich die Ewigkeit, aber doch einen Zustand völliger Erschöpfung allen irdischen Verlangens. Das heißt, jeder – vorausgesetzt, er kann es sich leisten – erhält die unbegrenzte Möglichkeit, sein Leben zu erneuern, und tritt erst auf eigenen Wunsch ab, wenn ihn die Langeweile endgültig plattmacht. Ich betrachte meine Schafe (letzte Nacht sind zwei schwarze auf die Welt gekommen), die zwölf, vielleicht dreizehn Jahre alt werden und eine gewisse Chance haben, mich zu überleben. Gleichzeitig denke ich an die gigantische Industrie, die gerade in Gang kommt. An die Züchtung von Körpern, denen man künftig Teile entnehmen kann. Nur der Teufel weiß, ob das noch echte Körper sein werden oder künstliche. Und ich versuche zu erraten: Wie viele solcher Hüllen wird ein unersättlicher Reicher für die Transplantation seines Geistes verbrauchen? Für die Transplantation seiner Identität? Seiner Erinnerung? Wer weiß, wie das aussehen wird, aber es wird wohl kein Weg daran vorbeiführen.

Und was wird dann der Herr tun? Wird er, so wie einst, der Herr der Armen sein, damit das Wort wieder Fleisch wird? Ich glaube, wir sind überhaupt nicht darauf vorbereitet, dass wir die alte Ewigkeit oder Unsterblichkeit durch eine neue, eigene ersetzen werden. Wir werden ganz einfach nichts mit ihr anzufangen wissen. Ich hoffe insgeheim, dass wir heulen werden vor Sehnsucht nach Sterblichkeit. Denn wie sollen wir hier ewig leben ohne unsere Toten? Wenn wir sie nicht mitnehmen, werden wir zu ihnen zurückkehren müssen.

Verlängern

Ich bin mit dem Redakteur übereingekommen, dass das alles ein bisschen zu ernst klingt in letzter Zeit. In meinen
Feuilletons, meine ich. Es dreht sich zu viel um fundamenta-
le Dinge, es gibt da eine verdächtige Mystik, manchmal sogar Obskurantismus.

Das haben wir gemeinsam festgestellt, und ich musste zu-
stimmen. In der Tat darf die Gattung des Feuilletons nicht
einer heimlichen Metaphysik oder dilettantischen Eschato-
logie zum Opfer fallen. Das darf nicht sein, denn das Feuilleton muss frisch und intelligent auf die laufenden Ereignisse
reagieren, über die letzten Dinge kann man ja im Krankenhaus nachdenken.

Bolesław Prus zum Beispiel hat regelmäßig über steigen-
de Preise, die Kanalisation, den jüdischen Handel, über Hygiene und Straßenbahnen geschrieben. Jahrzehntelang. Dicke braune Wälzer. Dabei ist ja im Vergleich zu dem, was
heute los ist, damals fast nichts passiert, und trotzdem hat
Prus geschrieben.

Ständig ist etwas los, permanent, aber gleich ist es wieder
vorbei. Eins geschieht nach dem anderen. Man würde ja
gern, aber bevor man etwas notieren kann, ist schon das
Nächste dran. Jetzt hat man was, will Word öffnen, schon
ist es wieder verschwunden und hat dem Nächsten Platz
gemacht. Man schaut weiter, da stehen schon Neue Schlange.
Sie drängeln, treten sich auf die Füße, schubsen, zwängen
sich durch, verpassen ihrem Nachbarn einen Stoß, quet-

schen sich zusammen wie in früheren Zeiten. Die armen Ereignisse. Die bedauernswerten Fakten. Könnten sie sich nur eine Masche weiter zwängen, damit wir sie mit dem Blick streifen, wenigstens für einen Moment. Wir: die Zuschauer, die Wählerschaft, die Zeugen, die Lebensspender, die Verwalter der Unsterblichkeit, die Herrscher über die Einschaltquote. Und wie sie herumscharwenzeln, sich in Pose werfen, Purzelbäume schlagen wie auf alten Jahrmärkten. Nur dass die Konkurrenz größer ist, die Fülle gargantuesk, sowohl an Ereignissen als auch an Gestalten. Eigentlich steht hier die ganze Welt Schlange, ganz wie in der Prophezeiung von Andy Warhol, dass die Zeit kommen wird, da jeder seine fünf Minuten Ruhm erlebt. Und wenn du über Satellit achthundert Programme kriegst und jedes vierundzwanzig Stunden läuft, dann passen diese Milliarden Ereignisse und Bürger vielleicht sogar hinein.

Aber was kann ich, ein armer Feuilletonist auf dem Land, ohne ein einziges TV-Programm, ohne die Gewohnheit, Zeitungen zu kaufen, und – ehrlich gesagt – auch ohne besonderes Interesse, was kann ich gegen diesen apokalyptischen Ansturm der Wirklichkeit ausrichten? Wie kann ich das Wichtige vom weniger Wichtigen unterscheiden? Wie die Spreu vom Weizen trennen? Wie kann ich entscheiden, was überleben und was untergehen wird, wem oder was soll ich meine viertausend Zeichen widmen, um sie nicht zu vergeuden? Der Abgeordneten Pawłowicz oder unserer berühmten Schwimmerin? Schließlich hätten es beide verdient, die Armen. Den Linken oder den Rechten? Dem Sport oder der Kultur? Der lichten Zukunft, der Befreiung der menschlichen sowie der tierischen Gattung oder der schwarzen Nacht der Vergangenheit, da wir alle in den Fesseln der Beschränktheit und der klar definierten Geschlechter ächzten? Ich weiß es nicht, mein lieber Redakteur. In welche Richtung ich mich auch wende, überall lauert ein Thema oder taucht eine Person auf. Wie kann ich der Welt Gerechtigkeit widerfahren lassen, ohne etwas zu übergehen? Ununterbrochen schreiben, ohne Schlaf, ohne Essen, nonstop Texte produzieren wie ein wahnsinniger Feuilleton-Apparat? Wenn alles gleich wichtig ist oder zumindest gleich viel Aufmerksamkeit fordert? Wenn ich über Männer schreibe, tue ich den Frauen Unrecht. Widme ich den Hunden ein paar Sätze, fühlen die Katzen sich ausgeschlossen. Erwähne ich wohlwollend einen Kahlköpfigen, stimmen sofort die Behaarten ihr Lamento an. Alles in allem ist das kein Wunder, auch ich suche in Texten nur nach meinem Namen, und alles andere interessiert mich eher weniger.

Was machen wir nun also, mein lieber Redakteur? Mit dieser Welt, die herandrängt und nach Rettung verlangt. Sie verlangt nach Verlängerung der Lebenszeit, und sei es nur um einen Augenblick, um ein paar Zeichen, eine oder zwei Zeilen im Text. Sollen wir wirklich unermüdlich, im Schweiße unseres Angesichts und bis wir ins Grab sinken, das Leben der Fakten und Minifakten, der Figuren und Figürchen auf dieser verrückten Bühne der Welt verlängern, auf die sieben Milliarden Auftrittswillige drängen? Sind wir doch selbst mit unserem Schreiben, Redigieren und Publizieren nur ein unmerkliches Detail. Oder etwa nicht, lieber Redakteur?

Wie leicht war es doch früher. Es war so gut wie nichts los. Und wenn schon etwas geschah, dann erlangte es automatisch Bedeutung. Man musste unablässig denken und die Phantasie in Gang setzen, um die Stille und Leere auszufüllen. Heute können wir uns kaum retten, müssen uns all das vom Leib halten, was uns anspringt und an uns zerrt. Privates Denken, die eigene Phantasie werden zum Luxus wie sauberes Wasser und unverschmutzte Luft.

Na gut – ich gestehe, ich rechtfertige mich dafür, dass ich nicht mit der Geschwindigkeit einer Kobra auf die aktuellen Ereignisse reagieren möchte. Ich gelobe Besserung und verspreche, dass ich die Gegenwart an der Gurgel packen, sie dadurch ein wenig reanimieren und ihr Leben verlängern werde. Das wünsche ich ihr und mir selbst und auch Ihnen, liebe Leser.

Maillart

Ella Maillart war neunundzwanzig, als sie nach Zentral-
asien aufbrach.

Sie war eine Schweizer Reisende und Schriftstellerin. Ge-
langweilt von dem wohlhabenden Leben in Westeuropa, be-
schloss sie, nach echten Nomaden zu suchen. »Das Leben
kennenlernen. Das Leben wahrhaft leben lernen, indem
man es vor allem moralisch und physisch vereinfacht. Nur
so kann man seine gesunde Würze schmecken. Man muss
alles von Grund auf neu lernen, um es schätzen zu können.
[…] Aber im Umgang mit einfachen Menschen, Gebirglern,
Seeleuten und Nomaden, kommen einem die elementaren
Gesetze wieder zu Bewusstsein. Das Leben kommt wieder
ins Gleichgewicht.«* So spricht sie in Gedanken zu einem
Kasachen, der vom Studium in Moskau in seine Heimat zurückkehrt. Der Kasache äußert seine Bedenken gegen ihre
Reisepläne.

Wahrlich eine seltsame Zeit und ein seltsamer Ort, um
nach echten, vergessenen Werten zu suchen. In den ländlichen Gebieten der Sowjetunion war gerade die Entkulaki-
sierung und Kollektivierung zu Ende gegangen. Der große
Hunger hielt Einzug. Die bisherige Welt, das bisherige Leben war zum Untergang verurteilt.

* Hier und im Folgenden zit. nach: Ella Maillart: *Turkestan solo*. Aus
dem Französischen von Hans Reisinger. München 2001, S. 50 und
67.

In Maillarts Erzählungen finden wir nur Spuren der apokalyptischen Ereignisse: Die Geheimpolizei GPU requiriert ihre Leica (gibt sie aber zurück), auf einer Brücke über die Wolga jagt ein Schaffner sie ungeniert vom Fenster weg, in Samarkand verfolgt sie einen öffentlichen Prozess der Basmatschi, in dem nach einigen Stunden die Hälfte (neunzehn) der Angeklagten zum Tode verurteilt wird. In Frunse (dem heutigen Bischkek) besucht sie heimlich einen verbannten Trotzkisten. In Taschkent – einen verbannten Anarchisten.

Mit der GPU wird sie übrigens in ständigem Kontakt stehen, denn sie wird bei ihr Hilfe, Unterstützung und Protektion in der durch und durch bürokratisierten Wirklichkeit suchen müssen.

Mit der Naivität der Schweizerin konnte nur noch ihr Enthusiasmus konkurrieren. Um in den Tienschan zu gelangen, entwickelt sie einen unglaublichen Einfallsreichtum. Sie läuft von Behörde zu Behörde. Sie bezirzt die Typen von der GPU. Sie umgarnt, verspricht, fleht, stellt den Fuß in die Tür. Nur Bestechung kommt nicht in Frage, denn die Schweizerin hat nicht viel Geld. Aber schließlich ist sie in Sowjetrussland, also kann von individuellen Reisen keine Rede sein! Für alles braucht man einen Wisch. Für die Ausreise, für die Fahrkarte, für den Proviant, für den Aufenthalt, für jeden Krimskrams. Wie durch ein Wunder erledigt sie das alles, bekommt ihre Papiere und startet in letzter Minute zur letzten Fahrt jenes Jahres mit dem Zug von Moskau nach Frunse. Das werden die letzten sechs Tage relativer Bequemlichkeit sein. Dann steigt sie aus, und es beginnt eine Zeit in Hitze, Staub, Schmutz, Gestank, mit Wanzen, Flöhen, schrecklichem Essen, das nicht satt macht, Fieber, Durchfall und was es sonst noch gibt. Im zweiten Teil der Reise verlässt sie ihre Gefährten und den Tienschan, um allein in die Kysylkum und nach Buchara und Samarkand aufzubrechen. In Chiwa erwischt sie der Winter. Auf dem Amu-Darja fährt sie nach Norden. Der Fluss friert langsam zu. Die letzten fünfhundert Kilometer legt sie bei Frost auf dem Kamel zurück. Bei unter minus zehn Grad.

Auf den dreihundert Seiten ihres Buches *Von den Himmelsbergen zum Roten Sand* finden wir jedoch nur Affirmation. Maillart vergisst sehr schnell, dass sie zu den Nomaden wollte, um das »wahre Leben« zu finden. Kamelkarawanen beschreibt sie mit demselben Enthusiasmus wie Frauen, die Lastwagen fahren. In ihrer Erfahrung gibt es keine Grenze zwischen dem alten Samarkand und dem modernen Projekt der Bewässerung der Wüste – damit die Baumwolle immer höher und weiter wachsen kann. Stalin ist der neue Dschingis Khan, doch sie schreibt auch: »Die Bedürfnisanstalten von Tokmak, einer mohammedanischen Ortschaft, sind, obwohl einfach, die saubersten und angenehmsten, die ich kenne. Nahe der mit dem Halbmond gekrönten Moschee, am Ende eines von schwankenden Pappeln beschatteten Gartens, erhebt sich auf Pfählen ein Haus, das in zehn türlose Zellen eingeteilt ist, jede mit zwei Planken für die Füße zu beiden Seiten einer Öffnung im Fußboden ... Das Klima hier zu Lande trocknet alles rasch und verwandelt es in Staub, wobei es gleichzeitig keimtötend wirkt; und da die Luft freien Zugang hat, gibt es keinen Geruch. Die Russen hingegen sind darauf versessen, Gruben mit geschlossenen Klosetts darüber anzulegen, mit dem Ergebnis, dass die Grube in diesem feuchten Boden alsbald zu einem solchen Pestherd wird, dass man vorzieht, seine Notdurft irgendwo im Freien zu verrichten.«

Wenn ich diese Reiseprosa lese, kommen mir verschiedene Wörter in den Sinn. Leidenschaft. Hingabe. Demut. Sie klingen recht hochtrabend. Aber mir scheint, die Schriftstellerin liebte einfach die Welt, in der zu leben ihr bestimmt war. Vielleicht war ihre Naivität der Preis für die absolute Affirmation, die auch nach vielen Jahren noch großen Eindruck macht. Ich finde, das Buch ist eine gute Lektüre für Leute, die sich einbilden, sie seien in diesem Jammertal erschienen, um für Gerechtigkeit zu sorgen. Eine hervorragende Lektüre für diejenigen, die in ferne Länder aufbrechen und dann zurückkommen, um denen, die es hören wollen, zu erzählen, dass man alles besser machen könnte. Aber das ist eher ein frommer Wunsch.

Ella Maillart wurde vierundneunzig Jahre alt. Das ist wohl ein Beweis dafür, dass man besser lebt, wenn man mit dem Ort seiner Geburt im Reinen ist.

Ella Maillart: Von den Himmelsbergen zum Roten Sand. Warszawa 2007.

Russisch

Ich habe Russisch gesprochen. Anderthalb Monate lang habe ich Russisch gesprochen. In fünf Ländern. Ich fuhr und fuhr, und immer sprach ich Russisch. Ich überquerte die nächste Grenze – und auch hier wieder Russisch.

Immer wieder erinnerte ich mich an die Langeweile des Russischunterrichts in der Grundschule, im Lyzeum, in der Berufsschule. Unbeschreibliche Langeweile. Die unerträgliche Last dieser fünfundvierzig Minuten zweimal die Woche. Wir schliefen alle. Oder verfielen in Lethargie. Die russischen Wörter perlten an uns ab wie das Wasser an der Ente. Sie kamen uns irgendwie idiotisch vor mit diesem ländlichen, östlichen, singenden Akzent. Einfach peinlich kamen sie uns vor. Wer will im Alter von dreizehn oder sechzehn Jahren schon an etwas Peinlichem teilnehmen? Da ist selbst der Tod besser. Zu einer Antwort aufgerufen, murmelten wir mit bodenloser Scham krumme Wörter und schiefe Sätze. Zu Hause schlug ich nie das Russischbuch auf. Die Hausaufgaben schrieb ich vor dem Unterricht auf den Knien ab. Ich kritzelte die kyrillischen Buchstaben, ohne sie mit irgendeinem Laut oder irgendeinem Sinn zu verbinden. Ich zeichnete sie einfach nach. Die Lehrerinnen spürten diese Einstellung und gaben nach ein paar Monaten auf. Ich glaube, sie verloren sogar ihren singenden Ton.

Und jetzt habe ich anderthalb Monate lang Russisch gesprochen. Natürlich schlecht, aber immerhin. Ohne Russisch zu sprechen, wäre ich gar nirgends hingekommen. So wie die armen Menschen aus dem Westen, die mit ihrem Englisch in den Abgründen des früheren Imperiums herumirrten. Zum Beispiel in Murgob im Pamir in einem Hotel an der Straße. Sie gingen barfuß über das grüne Linoleum, mit dem die *Stolowaja*, die Kantine, ausgelegt war, und hauten die Köchinnen in Kopftüchern an: *beer, potatoes, beer, potatoes* … Die Frauen betrachteten sie mit misstrauischen Blicken. Mitfühlend erklärte ich ihnen, dass die großen Blonden Kartoffeln essen und Bier trinken wollten.

Wie sehr bedauerte ich, dass ich damals kein fleißigerer Schüler gewesen bin. Zum Beispiel am Grenzübergang in Tschaldowar: Ein kirgisischer Grenzer mit schönem Gesicht und nussbraunen Augen behauptete, er könne mich nicht reinlassen, weil ich keinen Stempel für die Ausreise im Jahr zuvor hatte. Den hatte ich tatsächlich nicht. Irgendein Tölpel auf dem Flughafen Manas hatte mir bei der Ausreise keinen Stempel gegeben. Fünf Uniformierte liefen zusammen, blätterten in meinem armen Pass, durchleuchteten ihn mit Ultraviolett und schüttelten die Köpfe. An die zwei Stunden dauerte das. Ich wand mich wie ein Aal, ich fluchte, bat, versuchte sie zu überzeugen. Die nussbraunen Augen schauten sich meine Vorstellung zweifelnd an. Ich sagte:

»Ich bin kein Spion, kein Schmuggler und kein Terrorist. Ich liebe Kirgistan.«

»Und wer bist du dann?«

»Ich bin ein einfacher Schriftsteller.«

»Soo? Na, dann sag mir mal: Wie hieß die Verlobte von Kmicic?«

Mir blieb die Spucke weg. Basieńka? Maleńka? Gosieńka? *Die Sintflut* hatte ich schließlich nicht gelesen, vage kam mir der Film in den Sinn, Jesus, sie würden mich nicht reinlassen …

»Oleńka!«, rief ich in singendem östlichem Tonfall aus.
Der Grenzer lächelte diskret und etwas spöttisch, hob die
Hand mit dem Stempel, hielt einen Moment inne und drückte ihn schließlich seufzend auf den Pass, wobei er mir in die
Augen sah. Und alles auf Russisch. Ich segnete die Reste, die
ich noch im Kopf hatte. Ich segnete meine Russischlehre-
rinnen, die ich, um ehrlich zu sein, nicht hatte ausstehen
können.

Von dem abgeschossenen Flugzeug erfuhr ich in der Nähe von Kursk. SMS trudelten ein. Über der endlosen Steppe
brach die Dämmerung an. Der Himmel war rotgolden. Das
Licht vermischte sich mit dem Grün der Erde. Ich verirrte
mich. Der Fahrer eines alten Lastwagens half mir, mich
im Gewirr der nicht gekennzeichneten Kreuzungen zurecht-
zufinden. Ich bekam Angst. Ich wollte so schnell wie möglich in die Ukraine. Aber es war Nacht geworden, und ich
fuhr schon vierzehn Stunden. Im Radio lief nationalpatrio-
tische Discomusik, kein Wort von dem Abschuss. Zwei Kilometer vor der Grenze hielt ich bei einem kleinen Hotel an.
Eigentlich hatten sie kein Zimmer mehr, aber das nette
Mädchen von der Rezeption gab mir eine Art Apartment
mit Sauna. Für wenig Geld. Morgens, während ich Kaffee
trank, sah ich Panzer Richtung Grenze fahren. Nicht solche mit Geschützen, sondern Brückenlegepanzer, mit denen
man schnell ein Hindernis überqueren kann. Am Grenzübergang in Sudscha war mein Auto das einzige. Die Beam-
tin in dem Häuschen lächelte sympathisch. Wir scherzten
ein bisschen. Die Zöllner sahen sich mit freundlichem Er-
staunen den Inhalt meines Autos an. Alles war mit kasachi-
schem Staub bedeckt.

»Waffen, Rauschgift?«

»Ach, irgendwo muss die Kalaschnikow sein, aber ich
weiß nicht mehr wo, da müsst ihr selber suchen.«

Sie lachten, und die Kontrolle war vorbei. Dann fragten sie, woher ich komme.

»Aus Tadschikistan«, erwiderte ich.

Bewundernd schauten sie mich an:

»*Molodez*, alle Achtung, gute Fahrt!«

Alles auf Russisch.

In Junakiwka auf der ukrainischen Seite standen junge Typen in voller Montur am Schlagbaum. Aber sie fühlten sich offensichtlich verloren. Die Uniformen hingen an ihnen, als hätten sie sie gestern erst angezogen. Ein paar Frauen vom Grenzübergang trugen ebenfalls Kalaschnikows über den Schultern, aber ohne Magazine. Nach der Abfertigung fragte ich den Zöllner:

»Und – was wird hier werden?«

»*Pisdez*«, antwortete er, »Scheiße«.

Zufluchtsorte

Eine Bekannte von mir hatte einen kleinen Unfall.

Aus einer Nebenstraße kam ein Mann und fuhr ihr seitlich rein. Mit einem museumsreifen Wartburg. Er hatte seine alte Mutter dabei (selber war er auch nicht mehr jung). Beiden war es sehr unangenehm. Sie baten vielmals um Entschuldigung und erklärten, sie seien auf dem Weg zu Ikea, um an einem hellen und warmen Ort zu sitzen. Die Mutter sei krank gewesen. Sie machten das öfter: im Warmen sitzen und in die hellen, farbigen Innenräume schauen.

Was ist mit der Welt passiert? Die Armen, Alten und Kranken suchen Unterschlupf im kläglichen Schatten von Konsumstätten. Sie machen sichs gemütlich wie bei der Stiefmutter. Niemand will sie hier, weil sie ja nichts kaufen. Ich gehe in Kaufhäuser und Einkaufszentren und sehe dort Obdachlose oder Alleinstehende, die einfach auf den Bänken sitzen. Sie tun nicht einmal so, als wären sie hier, um etwas zu kaufen. Sie betrachten reglos die vorbeiziehenden Bilder: die tote Masse von Menschen, die ihre Wagen vor sich herschieben, die Stapel von Dingen, die sie sich nie werden leisten können. Wahrscheinlich wissen sie nicht einmal, wozu die meisten Dinge gut sind. Niemand will sie hier, aber nur hierher können sie kommen. Ein düsteres Bild: Leute, die nichts haben, suchen Zuflucht an einem Ort, wo es alles gibt. Wie irgendwo am Ende der Welt, in Somalia oder in der Sahara, wo die armen Schlucker sich im Fernsehen den unermesslichen, in seiner Schamlosigkeit pornografischen Reichtum des Westens ansehen.

Früher suchten sie Schutz in den Kirchen, in deren Eingangsbereich sie um Unterstützung baten. Dort hatten sie ihren Platz, ihre Anwesenheit war ganz natürlich. Ähnlich wie auf den Märkten, wo das Leben brodelte. Heute ist es nur noch im Osten und im Süden so. Dort sind die Bettler ein natürlicher Bestandteil der menschlichen Landschaft. Sie sind nicht vereinsamt, sie gehören noch zur Gesellschaft.

Bei uns verbringen die Alten, in der Regel auf verzweifelte Weise ordentlich gekleidet, ihre Tage zwischen Glasflächen und Kunstmarmor, in diesen Pseudopalästen. In einem Reich der Illusion. Bisweilen finden sich da ein Brunnen und ein paar Pflanzen, Parfümduft und Essensgeruch liegen in der Luft. Döner, Hähnchen. Die grausame Güte solcher Orte. Man kann kurz nach Öffnung kommen und muss gehen, wenn sie zumachen. Elf bis zwölf Stunden Leben. Danach wird es dunkel.

Neben Alten, Armen und Einsamen fallen ganz deutlich auch junge Menschen auf. Immer in der Gruppe, zusammen mit anderen. Sie sehen aus, als wären sie dort schon heimisch geworden. Es ist ja auch ihr zweites Zuhause (wenn nicht das erste). Sie bewegen sich in diesen großen Aquarien wie Fische in Schwärmen: von einer Glaswand zur nächsten. Bisweilen halten sie einen Augenblick an, ohne ihr Gequatsche zu unterbrechen. Offensichtlich fühlen sie sich dort wohl. Sicher glauben sie, dass ihnen das ganze Zeug – Klamotten, Düfte, iPhones und alles andere – später einmal gehören wird. Vorläufig schauen sie nur sehnsüchtig, aber ihnen wurde ja versprochen, dass jeder sich seine Wünsche erfüllen kann – weil ihm das zusteht. Also lecken sie sich die Lippen, begehren, verschlingen all das mit ihrem Blick und zweifeln eher nicht daran, dass sie diese Dinge irgendwann besitzen werden. Sie werden all ihre Kräfte und Möglichkeiten nutzen, um die Stände, die Stangen, die Schaufenster, die Lager zu leeren; ganze Fernlaster, Züge und Schiffe werden sie kraft ihrer Träume ausladen. Vorläufig probieren sie an, riechen, betasten, testen aus. Niemand vertreibt sie, obwohl sie nicht viel kaufen. Sie unterziehen sich einem Training oder auch einer sanften Dressur im Fach Begehren. Noch kommt ihnen nicht in den Sinn (werden sie überhaupt darüber nachdenken, bevor es so weit ist?), dass viele von ihnen später einmal die Plätze der ordentlichen alten Leutchen einnehmen und dort die Stunden bis zur Schließung absitzen werden.

Seltsame Dinge passieren mit der Welt, nicht wahr? Noch vor kurzem gingen wir schlicht einkaufen. Mehr nicht. Es gab größere und kleinere, teurere und billigere Läden. Wir nahmen unsere Einkäufe mit und kehrten in unser normales Leben zurück. Heute deutet alles darauf hin, dass wir unser Leben demnächst im Innern dieser hypertrophen Bastarde früherer Läden beginnen und beenden werden. Wir werden dort zur Welt kommen und auch sterben. Weil wir keinen anderen Ort mehr finden, wo wir uns aufhalten können.

Der Pilger

Er stand mitten in der Wüstensteppe. Ringsum nichts, nur ein kaum sichtbarer Weg, der aus der Tiefe des Sandes zur Hauptstraße führte. Es war irgendwo hinter Zhangakorgan.

In der Ferne fuhr ein Zug, der ein gutes Dutzend Zisternen hinter sich herzog, und der Mann stand am Seitenstreifen und winkte. Er trug eine dunkle Brille und eine nicht besonders große Tasche. Ich hielt an. Er stieg ein und gab mir die Hand. Er war schlank und dunkelhäutig und trug ein kurzärmliges Hemd, Jeans und Adidas. Ich fragte ihn, wohin er fahre. Er sagte, nur etwa fünfzig Kilometer. Ich fragte, ob er nach Kysylorda wolle. Nein, sagte er, so weit nicht, davor. Aber davor gab es eigentlich gar nichts.

Er fragte, ob ich nicht ein wenig Wasser für ihn hätte. Weiß Gott, wie lange er in dieser Vierzig-Grad-Hitze gestanden hatte, wo es am ganzen Horizont keine Spur von Schatten gab. Er trank die Hälfte der Plastikflasche aus, ohne abzusetzen. Ich schaute auf die löchrige Straße. Der Wind trieb Schwaden von Sand vor sich her und legte schüttere Wehen auf den Asphalt. Aus dem Augenwinkel sah ich, dass der Mann mich unter seinen schwarzen Gläsern hervor betrachtete. Er mochte fünfunddreißig sein. Er lutschte kleine Pastillen und trank dazu mein Wasser. Das ist guter *kajf*, sagte er. *Kajf* könnte man mit Droge übersetzen; etwas, das high macht. Die Pastillen waren dunkel, sehr klein, und ich befürchtete, er könnte eine fallen lassen, die dann in dem unmenschlichen Chaos des Autos unterginge. In drei bis vier Tagen würde ich an der Grenze ankommen. Die kasa-chischen Grenzschützer setzten Spaniel ein, um nach Dro-gen zu fahnden. Ich sah schon, wie mich einer der rötlichen Hunde in einen kasachischen Knast bringen würde.

Er erzählte mir, er besuche seit einem Monat heilige Stät-ten. Gräber, Mausoleen, Moscheen. Noch vor kurzem habe er ein leichtfertiges Leben geführt. Vergnügungen, Frauen, sogar Alkohol; aber eines Nachts sei ihm im Traum Gott er-schienen und habe ihm befohlen, seine Gewohnheiten zu ändern. Seither wandere er durchs Land. In diesem Sommer sei er schon einen Monat unterwegs. Im Moment sei gerade Ramadan, und er werde erst danach nach Hause zurück-kehren, irgendwo im Norden. Ich bot ihm von dem Brot an, das ich dabeihatte, aber er bedankte sich höflich und sagte, bis zum Einbruch der Dämmerung werde er nur Was-ser trinken. Und sein *kajf* lutschen, dachte ich.

Die Träume, die ihn neuerdings heimsuchten, versprachen ihm bis 2030 die Macht über Kasachstan, später über die ganze Welt. Er hatte dem Präsidenten Nursultan Nasarba-jew davon geschrieben, aber keine Antwort erhalten. Dar-über sprach er ganz ruhig, wie über eine zu erledigende An-gelegenheit. In seiner Stimme lag die Gewissheit, letztlich werde alles gelingen, es sei nur eine Frage der Zeit. Er sagte, der Islam werde schließlich den Sieg davontragen. Im Weg stehen würden nur die Juden, die die Welt beherrschten, und Amerika, das sie unterstütze. Ich fragte, was mit den Chris-ten sei. Er meinte, auch sie stünden im Weg, weil auch sie die Juden unterstützten. Ich sagte ihm, ich sei Christ, und frag-te, wie es dann mit mir aussehe. Er erwiderte, ich hätte ihn in der Wüste mitgenommen, während viele Muslime nicht einmal das Tempo gedrosselt hätten, und das werde mir an-gerechnet. Dann fragte er nach meinem Beruf. Ich wusste nicht, was ich sagen sollte, also sagte ich die Wahrheit:

»Ich bin Schriftsteller.«

Er betrachtete mich eine Zeitlang hinter den schwarzen Gläsern hervor und sagte:

»Du siehst nicht aus wie ein Schriftsteller. Du siehst aus wie jemand, der viel gesehen und einiges erlebt hat.«

Ich dankte ihm in Gedanken. Dann fragte er, wie viel ich verdiene. Darauf hatte ich eigentlich keine Antwort, ich murmelte irgendetwas und lenkte das Gespräch auf die Chinesen. Was wird mit den Chinesen passieren, wenn die Sache mit den Juden, Amerikanern und Christen erledigt ist? Doch wir waren an der Stelle angekommen, wo er aussteigen wollte. Hier war es noch öder und leerer als da, wo er gestanden und gewartet hatte. Sogar die entfernte Bahnlinie war nicht mehr zu sehen. Er zeigte auf einen Punkt am fernen, flachen Horizont. Irgendwas war da. Ein dunklerer Fleck in all dem Sand. Wahrscheinlich ein Grabmal oder Mausoleum. Als er ausgestiegen war und schon die Tür schließen wollte, sagte er:

»Es wird nichts passieren, wenn alle Chinesen umkommen, das ist jetzt kein Scherz.«

Im letzten Moment fiel mir das Wasser ein, und ich gab ihm eine Flasche. Er nahm sie und nickte.

Ich sah ihm eine Weile nach, wie er durch den Sand ging, leicht gebeugt, um sich gegen den Wind zu schützen, durch diese Gegend, wo es keinen Schatten und auch sonst nichts gab.

Die Grenze überquerte ich ein paar Tage später. Der falbe Spaniel würdigte mein Auto keines Blickes. Er keuchte unter dem Blechdach. Sein Herrchen in Uniform aß ein Eis. Hin und wieder spuckte der Mann ein Stückchen aus. Zementstaub legte sich auf das weiße Bröckchen, und der Hund fraß es sofort auf.

Tief ins Land

In letzter Zeit fahre ich ein bisschen herum. Morgens packe ich das Auto. Ein paar Klamotten, Landkarten, dann stelle ich das Navi ein, das ich eigentlich nur in Städten benutze, aber es ist gut, wenn sich ab und zu eine menschliche Stimme meldet.

Ich lade die App für die Warnung vor Radar- und Polizeikontrollen. Sie heißt Yanosik und ist recht nützlich.

Um sieben ist es in meiner Gegend noch verlassen. Ich tanke, nehme einen doppelten Espresso mit ins Auto und starte in die blaue Weite meines Landes. Es ist ein sonniger, trockener Herbsttag, und ich freue mich auf die lange Fahrt. Weil ich mir gerne mein Land anschaue. Weil ich mir gerne anschaue, wie das Bekannte unmerklich zum Unbekannten wird. Das ist das Schönste an meiner Existenz als handelsreisender Schriftsteller: dass man dort hinfährt, wo man sonst nie hinfahren würde. In all die Städte und Städtchen, die irgendwo abseits der Landkarte liegen, am Rande der Geographie, nicht auf dem Weg. Es ist ein bisschen wie in einem fremden Land, wenn man nachmittags ankommt. Ich fahre um den Marktplatz, parke, um kurz darauf dem Echo meiner Schritte zu lauschen, in Gassen, wo vielleicht seit Jahren kein Fremder mehr war. Man kann sehen, wie die Feuchtigkeit, Pflanzensäften gleich, von der Erde aus unter den grauen Putz kriecht und die Mauern hochwandert. Jemand schiebt einen Karren, vollgestapelt mit Pappe. Ein junger Mann in ausgetretenen Schuhen durchmisst mit schnellem Schritt wie in Hypnose die Sträßchen und liest laut in einem zerfledderten Gebetbuch. Auf den Fenstersimsen wärmen sich Katzen in der Sonne. Das Leben spielt abseits, denn den Marktplatz und die Promenade haben Banken, Telefonie und Internet verschlungen.

Dann muss ich das Hotel finden, ein wenig zu mir kommen, etwas Leichtes essen, zwei Kaffee trinken – und los geht's zur Lesung in einem hellen Saal mit Stühlen in gleichmäßigen Reihen, wo sich gleich darauf die Leser einfinden oder einfach Leute, die neugierig sind auf den Fremden in ihrer Stadt. Das ist meine Arbeit, sage ich mir in Gedanken immer wieder und tue, was ich kann. Ich rede, antworte, zügle meine Egozentrik. Ich vollführe schlaue Ausweichmanöver und spiele den Ehrlichen. Die Organisatoren machen Überstunden, also versuche ich, die Sache nicht in die Länge zu ziehen. »Und wen von den Gegenwartsautoren schätzen Sie?«, fragt jemand, der sicher eine Bestätigung seiner eigenen Vorlieben oder irgendein sensationelles Urteil erwartet. Ich antworte, dass ich nur Tote lese, dass die Lebenden noch nicht fertig sind und man ihnen eine Chance geben muss. Ich sage, dass die Stadt mir gefällt, dass ich noch nie hier war, aber gern wiederkommen würde. Wie ich es in Hunderten anderer Städte gesagt habe, in denen ich dann nie wieder aufgetaucht bin. Ich lüge, denn in Gedanken bin ich schon woanders, schon weiter, im Auto, in der Landschaft, die sich auftut und nie aufhört. Ich möchte wie die Katzen in einem Flecken Sonnenlicht sitzen und schauen, wie die Zeit vorbeizieht und die Schatten immer länger werden. Aber das Garn der Zeit ist mit dem Faden der Langeweile durchwirkt, und so besteht das Dasitzen zum großen Teil aus der Erwartung, bald weiterzufahren.

Denn ich bekomme nie genug von diesem Land. Wäre nicht die Nacht, wäre nicht die Müdigkeit, ich könnte es endlos durchmessen. Getrieben von Langeweile und Verlangen. Ich könnte schauen, wie es sich öffnet, Seite für Seite umblätternd, Bild für Bild. In die Tiefe der Materie fahren, in immer neue Ringe, durch Schichten der Existenz und des Nichts. Racibórz, Kędzierzyn, Oleśnica, Leszno, weiter, auf den Horizont zu, in der vagen Hoffnung, dass das Land plötzlich aufhören, dass es bersten, am Rande des Horizonts abbrechen und in die Leere des Alls fliegen möge. Damit ich es nicht mehr durchmessen muss, damit ich mir nicht mehr vorstellen muss, was sich hinter dem Vorhang der Landschaft, hinter dem Trugbild meiner Erinnerung verbirgt, hinter der Vorstellung, dass der Sinn zu begreifen sei, dass ich endlich die Antwort finden würde auf die Frage: Was, zum Teufel, mache ich hier? In Chojnice, in Sztum, in Wejherowo? Was mache ich in diesem Land? Im goldenen und dichten Licht des Oktobers. Wie ein Insekt, gefangen im Spinnennetz der National-, der Woiwodschafts-, der Kreis- und der Gemeindestraßen.

Manchmal lasse ich mich kurz irgendwo nieder, um mich danach nur noch tiefer und hoffnungsloser hineinziehen zu lassen. Getrieben von Langeweile und Verlangen. In Sosnowiec, in Opole, in Oświęcim, in meine eigene Lüge verstrickt, dass ich extra hierhergekommen sei, um zu reden, dass ich mich erinnern und wiederkommen würde. Von wegen. Ich werde nie wiederkommen, wie ich eigentlich auch nie dort war. Weil das Garn der Zeit mit dem Faden der Langeweile durchwirkt ist, und ich, bevor ich irgendwo wirklich angekommen bin, schon wieder wegfahren will. In die Ferne, tief in das Land hinein, von dem ich nie genug bekomme.

De profundis

Wenn ich fahre, höre ich Radio.

Ich höre auch CDs. Abwechselnd. Aber Radio wohl öfter. Es interessiert mich immer, mit welcher Stimme das Land spricht, was es beschäftigt, was es quält. In der Regel ist da vom frühen Morgen an ein fröhliches Gequieke, das aus verschiedenen RFM-Klonen kommt. Als hätten sich alle mit einem Gartenschlauch weißes Pulver reingezogen. So eine Begeisterung und Kreativität! Und Quizfragen: »Geben Sie bitte den Namen des dritten Monats des Jahres an, man darf sich um zwei irren. Bravo, Frau Agnieszka! Sie haben eine Reise nach Kuala Lumpur mit dem Ballon unserer Redaktion gewonnen, eventuell eine Garnitur Keramikbesteck, das man bei den bulgarischen Verkäufern entlang der A2 erwerben kann!«

Später kommen die Politiker. Mein Idol ist der frühere Anführer der Linken, der jedem Wort ein dramatisches Stöhnen vorausschickt, als sollte mindestens eine Maus einen Berg gebären oder der Berg zu Mohammed kommen. Danach folgen weitere Helden des Rundum-Gequassels, Champions der Logorrhö, und man spürt durch den Äther, wie sie fast platzen vor Stolz, dass sie so viele Wörter auswendig gelernt haben. Die Erde wird sich auftun, der Iwan wird einmarschieren, das Jüngste Gericht wird beginnen, doch sie werden ihren goldenen Faden zu Ende spinnen, sie werden die Erde, den Iwan und den Richter anschreien: »Unterbrecht mich nicht!«

Und danach läuft die Lobhudelei auf den weltweiten Schrott, Ramsch und Striezel, und das Geschwätz, dass wir uns, wenn wir nicht »goldene Slips mit Reißverschluss« kaufen, von der Vorstellung verabschieden können, Menschen zu sein. Und »Schweinekamm zu 9,99« und »du verdienst es, dir deine Wünsche zu erfüllen« und »wenn du Blähungen hast, dann hilft kein (hier bitte dein Lieblingswort einsetzen), sondern kauf dir das Mittel, das deinem Leben und deinem (hier bitte ein Wort einsetzen) neue Qualität verleiht«. Und all das mit einer Stimme, dass einem unwillkürlich das Bild einer Katze in ihrem Katzenklo vor Augen steht, die schnell ihr Geschäft macht, denn am Horizont taucht schon ein Tsunami auf, Hurrikan Katrina zieht herauf, die Ostsee tritt über die Ufer, und man muss es um jeden Preis vorher noch schaffen.

Und dazwischen – Kleister, damit nicht alles zerfällt. Musik, so nennen sie es, die Schamanen der Ultrakurzwellen. Sie sagen nicht einmal mehr, wie früher, was sie spielen, denn es läuft in Endlosschleife, ohne Anfang, ohne Schluss, es zieht sich wie Edamer auf einer Pizza, wie Kaugummi, den man weder runterschlucken noch ausspucken kann. Ja.

Deshalb schalte ich schließlich, auf der Suche nach etwas, das sich wie Leben anfühlt, den Radiosender aus Toruń ein. Um eine menschliche Stimme zu hören, um auf eine Geschichte zu treffen, die in der Welt spielt, die da draußen am Fenster vorbeizieht. Eine Erzählung aus den Dörfern und Städtchen, an denen ich vorbeifahre. Einen Menschen, der sich anvertraut. Jadwiga aus dem Karpatenvorland. Wiesław aus dem Kreis Kielce. Zdzisława aus dem Dobriner Land. Maria aus dem Kreis Białystok. Um diese ungeübten, unsicheren Stimmen zu hören: »Hallo, bin ich schon auf Sendung, hallo, kann ich schon sprechen?« Um den brüchigen, abgerissenen Sätzen zu lauschen, die sonst keiner hören will. Aus der Tiefe der Einsamkeit, aus der Tiefe des Vergessens, de profundis. Aus dem Abgrund einer Welt, die nur die Kreischenden hört und nur die gut Gekleideten sieht. Genowefa aus der Woiwodschaft Lebus, Lubuskie, Marian aus Pommern, Pomorze. Sie sind ein bisschen wie Sauerstoff in diesem giftigen Äther, diese Stimmen. Man muss nicht mit ihnen einverstanden sein, aber sie machen einem nichts vor. Sie können irritierend sein, aber sie sind wahrhaftiger als die Stimmen all der gemieteten Experten für die Wahrheit. Bolesław aus Tarnów. Zenon aus dem Ermland. »Gelobt sei Jesus Christus und die Jungfrau Maria, hört man mich schon?« Zitternd, ergriffen, glücklich, unbeholfen. Lebendig. Vor allem in Anbetracht des aalglatten Geschwafels der Pfarrer, die die Sendung moderieren. Auch ihnen höre ich zu, obwohl ich automatisch den Knopf zum Weiterdrehen suche. Damit sie sie in Ruhe lassen. Janina aus Poznań. Jerzy aus Lubartów. Damit sie ihnen zu sprechen erlauben, damit sie nicht Antworten geben, bevor die Fragen gestellt werden. Damit sie still sind. Damit sie die großen Erzählungen vom menschlichen Schicksal nicht kaputtmachen, damit sie ihnen nicht ihre überflüssigen Regieanweisungen zum Drama des Lebens unterjubeln. Nun, aber auch ihnen höre ich zu und erkenne manche schon an der Diktion oder dem unkonventionellen Umgang mit meiner Muttersprache. Aber was soll's, denke ich: in Ewigkeit amen.

Manchmal nehme ich jemanden mit. Er oder sie steigt ein, wir schweigen eine Weile, und dann kommt die Frage:

»Sie hören das?«

»Ja«, sage ich. »Vor allem die Stundengebete um 8.10 Uhr. Sie nicht?«

Trocken

Es ist trocken.

Alles ist rötlich und grau geworden. Der Wind weht von Südost und jagt leichte Wolken. Ganz und gar nicht wie im November: die Welt mit trockenem Wind unterfüttert. So könnte es bleiben. Damit es schließlich wird wie in der Steppe im Mittsommer. Rötlich, windig, trocken. Man muss dann eine Vertiefung, eine Mulde oder einen Hügel suchen, um das Zelt aufschlagen zu können. Zum Beispiel irgendwo am Fluss Naryn oder an einem seiner Nebenflüsse. Aber der Wind findet trotzdem seinen Weg, und man muss die Heringe mit Steinen hineindrücken, man muss zusätzliche Seile spannen und das Auto als Schutz aufstellen, der allerdings sowieso nichts nützt. Und so kann man nur in den Schlafsack schlüpfen und auf die große Dunkelheit horchen, die mit Getöse über die Erde kommt, man kann nur darüber nachdenken, woher sie kommt, wo ihr Anfang ist.

Solche Gedanken kommen mir in Polen Anfang November, wenn es so trocken, schön und windig ist. Ich horche auf den Wind hinter der Holzwand und breche in Gedanken zum Naryn auf, zum Chojd Cencher und zu anderen Flüssen, an denen ich das Zelt aufgeschlagen habe. Denn wir denken oft an etwas anderes und brechen in Gedanken anderswohin auf. Sicherlich dachte ich am Fluss Naryn an unser Holzhaus und am Syr-Darja an unsere schöne, ferne Heimat. Deshalb denke ich jetzt gewissermaßen in die andere Richtung, ich denke und begleiche damit eine Art Schuld.

Ich erinnere mich an die kalte Morgendämmerung, wenn der Wind schon nachgelassen hatte und die silberne Luft sich im Band der Gewässer spiegelte. Ich räumte das Lager so zusammen, dass keine Spuren blieben. Nur ein paar Fleischrestchen ließ ich übrig, für Mäuse und Ameisen. Am Fluss Onon dachte ich an den Kreis Gorlice, also habe ich jetzt wohl das Recht, in Gedanken in diese baumlose Gegend zurückzukehren und mich an die Schatten der Wolken zu erinnern, die über die unendliche Hochebene glitten. Anfang November, einen Tag nach Vollmond, in der trockenen Luft aus Südost.

Wer weiß, ob es nicht das einzige Ziel einer Reise ist, das Gedächtnis aufzufüllen, um etwas für später zu haben. Während wir unterwegs sind, geschieht eigentlich nichts. Fahren, Pause machen, ausruhen, wieder fahren, dann schlafen und danach die Spuren beseitigen oder verwischen und wieder fahren. Eigentlich ist keine Zeit, sich an dem zu freuen, was ist. Jedenfalls nicht genug. Der Hintern tut weh, es ist heiß, von der trockenen Luft wird die Haut an den Händen rau, wie bei Frost. Die Stunden der Langeweile in der eintönigen Landschaft, das monotone Brummen des Motors, tagelang bekommt man im Radio keinen Sender rein. Eigentlich kein Grund zur Freude. Eigentlich gibt es nichts, was man in Erinnerung behalten möchte, also muss man den Geist seinem Schicksal überlassen. Soll er doch allein zurechtkommen in dieser mit trockenem Wind unterfütterten Leere. Soll er dem Nichts Widerstand leisten und sich schließlich geschlagen geben. Um dann später, Anfang November, zu horchen, wie die Dunkelheit sich an der Holzwand des Hauses reibt und wie in ihrem Inneren, mitten in der Finsternis, all die Bilder von den Flüssen im Hochland und den baumlosen Ebenen erklingen.

Manchmal konnte man ein Feuer machen. Das Wasser

spuckte immer wieder graue, ausgewaschene Holzstücke aus. Sie glichen länglichen Steinen. Gott weiß, woher sie kamen. Sie genügten für ein kleines Lagerfeuer. Es brannte niedrig, dicht an der Erde, vom Wind niedergedrückt. Funken flogen einem in die Augen wie feiner roter Sand. Man konnte sich in die Steppe zurückziehen und schauen, wie das Feuer in der dunklen Unendlichkeit kleiner und kleiner wurde. Außer ihm und dem dunkelblauen Glänzen des Flusses war nichts zu sehen. Vielleicht war es die Selenga, vielleicht der Delger Mörön, vielleicht hatte er auch gar keinen Namen. Dort war es ebenfalls kalt am Morgen, und es schien, als bildete sich in der Stille der Dämmerung Raureif.

Es ist ein trockener November, und ich stelle mir vor, dass über den Gipfeln von Mareszka, Żydówska Góra und Uherec derselbe Wind weht, der damals über der Hochebene wehte. Dass es einfach derselbe ist. Es kann ja gar nicht anders sein. Ich stelle mir vor, dass er schließlich den Kreis Gorlice verlässt, unser Tal verlässt, dass er unser Holzhaus aufgibt und weiter um die Welt zieht, um an die Selenga oder den Fluss ohne Namen zu gelangen und dort das erloschene Feuer wieder zu entfachen.

Dürftige Zeit

Ein Krieg müsste her, eine Besatzung.

Das Volk sehnt sich nach Krieg wie die Bäume nach Regen. Es sehnt sich nach einem Besatzer. Nach einem Feind hält es Ausschau in dürftiger Zeit. Es strömt auf die Straßen und will kämpfen, denn es ist schon lange nicht mehr ausgeblutet, und das Blut wallt. Es hat hohen Blutdruck, das Volk. Vor allem das jüngere und das eher männliche. Schließlich kann es nicht endlos bei Fußballspielen ausbluten; beim Fußball – das ist kein richtiges Ausbluten. Das ist eine Imitation des Ausblutens, die chinesische Fälschung einer echten Blutspende. Deshalb braucht es einen richtigen Krieg, mit Leichen, Helden und Begräbnissen in Begleitung von Salven. Denn wie lange kann man diese T-Shirts mit den fabrikmäßig aufgetragenen Wunden anziehen? Wie lange kann man sich heldenhafte Symbole tätowieren? Wie oft kann man schreien: »Katyn! Wir erinnern uns!«? Da kann man am Ende das Gedächtnis verlieren, bevor endlich ein neues Katyn am Horizont auftaucht, bevor endlich wieder ein Aufstand beginnt. Arterienverkalkung kann man da bekommen.

Also braucht es einen Krieg, Barrikaden und Partisanen, Erschießungen, Deportationen, am besten in den Osten; all das ist notwendig wie Sauerstoff. In dieser dürftigen Zeit, da man für echtes Heldentum höchstens mit dem Stock auf den Arsch oder eine Geldstrafe kriegt oder (im Falle einer sehr ehrenhaften Tat) anderthalb Jahre in einer Zelle mit Fernseher, täglichem Spaziergang und Fitness-Studio. Nicht dafür sind ganze Generationen gestorben, ganze Jahrgänge unter die Erde gekommen, damit man jetzt als Strafe anderthalb Jahre TVN schauen muss. Wenn doch wenigstens irgendein Kommunismus wiederkäme, denn wie lange kann man das hochmütige und souveräne »Nehmt eine Sichel, nehmt einen Hammer und zerstört das rote Gesindel« singen, ohne in den Gulag gesteckt zu werden – nur Grippe kriegt man und Halsweh, und die verräterische Polizei steht ein Stück entfernt und passt auf, dass keinem ein Haar gekrümmt wird. Das ist doch Hohn und Spott! Eine Beleidigung ist das, reiner Zynismus, wenn du fürs Vaterland sterben willst. Es gibt nichts Grausameres als eine dürftige Zeit, wenn du das Schicksal auf den Scheiterhaufen werfen willst, und die Verräter dich allenfalls einen Moment lang in einem TV-Spot zeigen, und das noch mit verdecktem Gesicht. Davon kann man wirklich so hohen Blutdruck kriegen, dass das Blut von ganz allein fließt, auch ohne Barbier.

Oder das hehre Gejammer, das aus der geistigen Hauptstadt der Woiwodschaft Kujawien-Pommern zu uns dringt: »Martyrium! Martyrium! Ein dreifaches Martyrium! Scheiterhaufen und Verfolgungen! Lemberg! Flammen! Eine heidnische Soldateska! Feueröfen! Nägel, Scheren, Zangen! Oder wenigstens der NKWD, wenigstens der Verband der Kämpfenden Gottlosen!«

Von wegen. Fünfzigtausend Zloty Strafe … Eine Ohrfeige. Denn was sind fünfzigtausend Zloty für die geistige Hauptstadt von Kujawien-Pommern für die Verteidigung von Wahrheit, Heiligkeit und Glauben? Das ist schließlich nichts. Das ist, als würde man auf den heiligen Sebastian mit einer Wasserpistole schießen oder auch gar nicht schießen. Aber ehrlich gesagt, ich verstehe das Gejammer, und ich verstehe diese Sehnsucht nach jemandem vom Schlage eines gegenderten, liberalen Nero, die aus der geistigen Hauptstadt kommt. Wenn so ein Nero erschiene, er würde der dürftigen Zeit endlich einen Sinn verleihen, er würde endlich die Existenz und den Kampf der Hauptstadt rechtfertigen. Aber doch nicht fünfzigtausend Zloty …

Ich verstehe das alles, weil ich selbst in einer dürftigen Zeit lebe und mich erinnere, dass es früher besser war, denn da gab es Nero, die Gestapo, den NKWD, die SS, den UB, und heute gibt es nur den TVN. Ich verstehe, ich weiß das, aber ich habe gelernt, damit zu leben. Ich weiß, das ist schwer, wenn man für die Wahrheit sterben und sein Blut vergießen möchte. Für den TVN oder für Newsweek kann man schließlich kein Blut vergießen. Man kann nicht für das dritte Programm des polnischen Radios sterben. Überhaupt ist es heute schwierig, so zu sterben, wie man es möchte. Zum Beispiel »in Ehre fallen und auf dem Grund des Meeres liegen«, wie es in der Hymne der Kriegsmarine heißt. Deshalb habe ich gelernt, damit zu leben.

Aber vielleicht wäre es eine Überlegung wert, da so viele so lauthals zum siegreichen Tod und zum Martyrium drängen, eine Art Megahyperrekonstruktion der guten alten Zeit im Maßstab eins zu eins zu erschaffen? Etwas wie die Schlacht an der Bzura oder das Massaker in Wolhynien. Dann haben wir Nero, UB und SS. Dann verschwindet die dürftige Zeit wie ein schlechter Traum, und jeder, der Interesse hat, kann mitmachen und ausbluten. Man könnte eine der ärmeren Woiwodschaften dafür opfern, die den Haushalt etwas aufstocken möchte. Oder aber ein Gebiet von einem anderen Staat pachten. Das könnte beispielsweise Madagaskar sein.

Und dort könnte man dann die glückliche Zeit rekonstruieren.

Ich habe von Kultur geträumt

Die ganze Nacht habe ich von Kultur geträumt.

Ich wälzte mich von einer Seite auf die andere, und nichts als Kultur. Von Literatur träumte ich und ihren Errungenschaften. Von Werken und ihren Autoren. Sie kamen und nahmen – sozusagen – an meinem Kopfende Platz. Sie flüsterten mir ins Ohr oder sprachen mit erhobener Stimme. Wecken wollten sie mich, aber ich rollte mich zusammen und verscheuchte sie unwillkürlich. Sie belästigten mich mit Zitaten, mit Kapiteln, ein ganz Kühner trug sogar eine Strophe vor. Die Jüngeren holten die eine oder andere Rezension aus der Geistertasche, stupsten mich mit dem Ellbogen und forderten: »Hören Sie her.« Ich drehte mich zur Wand, weil ich nicht wusste, welcher oder welchem ich mich zuwenden sollte, denn ich wollte niemanden verletzen, andererseits aber war ich auch nicht besonders neugierig, denn wie das im Traum so ist: Man überlässt sich dem Fortgang des Traums, von der idyllischen Hoffnung geleitet, dass es noch schöner wird.

Und so war es auch. Ich träumte von langen Filmen, die raffiniert und gnadenlos waren mit unserer Realität. Ihre Schöpfer kauerten am Fußende des Bettes und erzählten mit traumhaftem Elan, was ihnen so vorschwebte. In der Finsternis des Zimmers entfalteten sie ihre albtraumartigen Visionen: »Schauen Sie, sehen Sie, ich lasse die komplette CD hier auf dem Fensterbrett.«

Auch das Theater, die zeitgenössische Musik und das

Ballett fanden sich ein. Und die Meister der Videoinstallation und der Performance. Staffelei- und Wandmalerei. Mit Kulturgut überschüttet, hatte ich kaum noch Platz im Bett, und immer wieder fiel ein Erzeugnis mit leisem Plopp auf den Boden. Die Schlaueren versuchten ihre Präsentationen unter die Decke zu schmuggeln. Das Atmen fiel mir schwer, denn sowohl mit ihrem Gewicht als auch im Umfang erinnerten die Produkte an die Tafeln von Moses. Mein Gott, irgendwie muss ich bis zum Morgen durchhalten – solche Gedanken träumte ich.

Doch was sind schon individuelle Kunstschaffende mit ihren einzelnen Werken! Globale Trends, Herausforderungen unserer ganzen Zivilisation, Zukunftsprojekte, Fragen nach dem Sein oder Nichtsein drängten sich im dunklen Flur und warteten, bis sie an die Reihe kamen. Wird die zukünftige Kultur des Menschen männlich oder weiblich sein, oder ist Unbestimmtheit vielleicht ihr Schicksal? Bringt das Lokale die Rettung oder das Globale? Techno oder Porno? Die Niederungen des Materiell-Körperlichen oder die postkybernetische Sublimation? Das heißt, hü oder hott mit der Gattung, die bisher so heldenhaft ihre Geschichte gemeistert hat. Wahrlich, mein Bett war in dieser Nacht Prokrustesbett und Folterbank in einem.

Und all das, weil sich unerbittlich der Termin der Abgabe meines Feuilletons näherte, das in einer – wie dem auch sei – Zeitschrift für Gesellschaft und Kultur erscheint.

Aber dann erwachte ich. Auch die Sonne ging gerade erst auf. Die Erde war grau von Raureif. Die Helligkeit sammelte sich noch weiter oben, und das Grau unten war dunkelblau. Doch der Rand des Lichtscheins erfasste allmählich den Reif. Ich schaute und zählte die Sekunden. Eins, zwei, drei, vier. Grashalme, Maulwurfhügel, junge Fichten, wild wachsende Erlen, nicht abgemähte Grasbüschel erhielten

Augenblick um Augenblick ihre Farben zurück. Unerbittlich. Das Licht ließ sich nicht aufhalten. Es kam von Osten, sagen wir, aus der Mandschurei, aus Harbin, aus Chanty-Mansijsk, es kam aus Nischni Nowgorod, um über den Kreis Krosno und den Kreis Jasło zu mir nach Hause zu gelangen. Und es kam jeden Tag. Sogar an bewölkten Tagen brachte es irgendwie noch Formen und Farben hervor. Ein bisschen anders, aber immerhin. Darüber wollte ich weiter meditieren, doch ich spürte, das überstieg meine Kraft, und so ging ich zu den Schafen.

Sie lagen im Schatten, im feuchten Grau unter den Fichten. Das Vlies auf ihrem Rücken war silbrig vom Reif. Sie hätten an einen geschützten Ort, in den kleinen Stall gehen können, aber nein: Sie wollten lieber draußen sein. In aller Ruhe kauten sie und betrachteten ihren Hirten. Sicher überlegten sie, warum er heute so früh kam.

»Ich habe von der Kultur geträumt«, sagte ich entschuldigend.

Verständnisvoll nickten sie und standen auf. Sieben grüne, vor Wärme dampfende Flecken blieben zurück. Ich öffnete das Tor und ließ sie auf die Wiese. Sechs schwarze und ein weißes. Sie gingen über den Bach. Das weiße blieb stehen und trank ein paar Schluck. Sie gingen den Hang hoch, dorthin, wo der Raureif schon verschwunden war.

Jetzt weiden sie eng beieinander, Schnauze an Schnauze. Fünf-, sechsmal rupfen, dann ein Schritt. Vier-, fünfmal und wieder ein Schritt. Als sie schon weit weg sind, direkt am Waldrand, nehme ich das Fernglas und sehe mir ihr Schafleben an. Immer mal wieder hebt eines den Kopf und sichtet die Umgebung. Wenn es dunkel wird, kehren sie von selbst ans Tor zurück. Mit der Dunkelheit kommt der Bodenfrost, aber sie legen sich trotzdem draußen hin, unter den Himmel.

Hin und wieder sehe ich nach ihnen. Sie schauen mich erwartungsvoll an. Dann sage ich:

»Ganz ruhig. Träume sind Schäume. Morgen werdet ihr länger schlafen.«

Gequatsche

Und was wird aus dem Wort, was wird aus unserer Überlieferung, aus all dem, das – so scheint es uns – andere Menschen hören sollten? Am besten alle. Was wird aus unserem Gequatsche, ohne das wir nicht mehr leben können?

Morgens stehen wir auf, und schon beginnt es. Wir schalten ein, klicken, gehen einen Moment raus, um die Zeitung zu holen, oder schnipsen mit der Fernbedienung, um die über die halbe Wand reichende Fata Morgana zu starten, wo die Vertreter unserer Gattung sich seit dem Morgengrauen zum Schicksal der Welt sowie ihren eigenen Problemen äußern, und zwar mit einer solchen Überzeugung, als hätten sie sich ein Kilo Amphetamin reingezogen. Es gibt kein Entkommen, Flucht ist sinnlos, es sei denn, du wirst blind und taub. Aber dann werden sie dir vermutlich irgendwelche Elektroden ins Hirn pflanzen, damit du auf dem Laufenden bleibst.

Flucht ist also sinnlos. Du sollst hören, was sie dir zu sagen haben. Im Bus, im Zug, in der Straßenbahn, in der U-Bahn. Und wenn sie für einen Moment verstummen, dann zeigen sie Bilder. Wohin du auch schaust – Gequatsche. Die einen überreden die anderen. Aufgeblasen von ihrer Wahrheit, mit Schnurrbart oder ohne, Frauen, Männer, Tiere mit menschlicher Stimme, Haushaltsgeräte sprechen zu dir, das Waschmittel biedert sich an, Politiker quatschen, stundenlange Reden ohne Punkt und Komma, eventuell mit kurzen Atempausen. Keine Chance auf Stille, kein Moment, um selbst nachzudenken, es sei denn, du stirbst. Und dann stell dir zu alldem noch die Druckmaschinen der alten Schule vor, die dem elektronischen Nebel zum Trotz heroisch Seite um Seite auswerfen, Ausgabe um Ausgabe, Auflage um Auflage. Und all das vermehrt um das Geschwätz der Leser, die das Megagequatsche von Angesicht zu Angesicht multiplizieren, auf der Straße, in den Läden, auf den Märkten, an den Haltestellen, in Fernsehzimmern, Wartehallen, Abteilen, vervielfältigt durch das Echo im leeren Kosmos.

Und eines Tages kommt jemand und sagt: »Ich werde das prüfen.« Eines Tages erscheint jemand und sagt: »Ja, ich glaube, was du gesagt hast, und nehme es ernst.«

Ach – ernst? Das war doch ein Scherz! Ein Scherz? Du bist doch ein gebildeter Mensch, Bewohner einer Großstadt, sicher hast du berühmte, darunter auch französische Anthropologen gelesen und solltest wissen, dass die Menschen verschieden sind und nicht alle über die gleichen Dinge lachen.

Aber die Freiheit des Wortes! Die einen erkennen sie an, die anderen eher nicht. Alle sollten sie anerkennen. Doch auch wenn sie sollten – nicht alle tun es. Außerdem ist da noch die Globalisierung, die ihr euch übrigens selbst ausgedacht habt. Ihr verkauft uns eure Waren, Dienstleistungen und Ideen, nebenbei bemerkt: von sehr unterschiedlicher Qualität. Jedenfalls seid ihr Anhänger der freien Warenströme. In diesem Rahmen haben wir unseren Mangel an Humor exportiert. Wie auch den Glauben, dass Worte noch etwas bedeuten. Für Letzteres solltet ihr uns dankbar sein. Jedenfalls eure Schriftsteller.

Natürlich bin ich nicht dafür, auf Leute zu schießen, die Zeichnungen mit Bildunterschriften publizieren. Selbst wenn die Zeichnungen und Texte grauenhaft dumm und überhaupt nicht witzig sind. Sie sollten weiterhin leben und publizieren dürfen. Sicher hat der Schöpfer mit seinem Humor einen Ort für sie vorgesehen. Zum Beispiel im Fegefeuer, wo sie – sagen wir – tausend Jahre lang über ihre eigenen Witze lachen müssen.

Aber sie zu »Märtyrern für die Freiheit des Wortes« zu erklären, scheint mir ein Missverständnis zu sein, wenn nicht gar eine Dreistigkeit. Sie sind eher arrogante Schnösel, denen jede Phantasie fehlt und die einfach raushauen, was ihnen gerade durch den Kopf geistert. Die Kundgebungen von Tausenden verteidigen eher das ungebremste Gequassel als die Freiheit. Den unglücklichen Erschossenen wäre es sicher nicht in den Sinn gekommen, dass für ihre »Freiheit des Wortes« und ihren Egotrip in manchen Teilen der Welt wirklich Unschuldige bezahlen, die noch nie von dieser Pariser Zeitung und auch nicht von der Freiheit des Wortes gehört haben und denen es nie einfallen würde, mit dem Feuer zu spielen und Dinge zu verspotten, die für andere grundlegende Bedeutung haben.

Man möchte den Marschierenden zurufen: Hej! Ihr seid nicht allein auf der Welt! Ihr erinnert an egoistische Kinder, die nicht erwachsen werden wollen. Ihr spielt ein Spiel, ihr demonstriert hier die Verteidigung eurer eigenen Blödheit und Unverantwortlichkeit. Außerdem seid ihr wie Provinzler, für die der eigene Landkreis das perfekte Abbild der Welt ist.

Nun ja. Das möchte man. In dem ziemlich hoffnungslosen Gefühl, dass man im Grunde an dem globalen Geschwätz teilnimmt und kein Schwein kommen wird, um einen zu erschießen.

Anders

»In seinem Widerwillen, sich zu definieren und Grenzen zu akzeptieren, pflegt der Russe die Doppeldeutigkeit in der Politik, in der Moral, und was schlimmer ist, auch in der Geographie, ohne eine einzige der naiven Vorstellungen zu hegen, welche den durch die Überspitzungen einer rationalistischen Tradition wirklichkeitsblind gewordenen ›Zivilisierten‹ eigen sind. Verschmitzt aus Intuition ebenso wie aus der jahrhundertelangen Übung in der Verstellungskunst, ist er vielleicht historisch ein Kind, aber keinesfalls im psychologischen Sinne; daher seine verwickelte Anlage als Mensch mit jungen Instinkten und alten Geheimnissen, daher auch die bis zum Grotesken getriebenen Widersprüche in seinem Verhalten. Wenn er sich darauf einläßt, tief zu sein (und es gelingt ihm ohne Mühe), entstellt er die kleinste Tatsache, die geringste Idee. Man möchte sagen, er habe die Manie der monumentalen Grimasse. Alles in der Geschichte seiner Ideen, der revolutionären wie der sonstigen, ist abgründig, grauenvoll und unfaßbar. Immer noch ist er ein unverbesserlicher Liebhaber von Utopien; die Utopie ist das Groteske *in Rosa*, das Bedürfnis, das Glück, also das Unwahrscheinliche, mit dem Gang der Geschichte zu verbinden, und eine optimistische, ätherische Vision bis zu dem Punkt voranzutreiben, wo sie ihre Ausgangsposition erreicht: den Zynismus, den sie bekämpfen wollte. Kurzum, ein monströses Zauberstück.«*

* Emile M. Cioran: Rußland und der Virus der Freiheit. In: *Geschich-*

Ich bitte das lange Zitat zu verzeihen, aber in den heutigen Gesprächen über Russland kommen wir über das Aktuelle nicht hinaus. Wir legen unser pragmatisches Maß an den finsteren und blutigen Kontext. Ach, dieses Russland! Es hat uns betrogen! Es hat uns enttäuscht! Schließlich hat es versprochen, jetzt so wie wir zu werden. Und wir haben es so geliebt! Wir haben Brautwerber in den besten Anzügen geschickt. Auf dem Roten Platz haben wir einen McDonald's eröffnet. Wir haben ihm den FC Chelsea verkauft, ihm eine Residenz an der Côte d'Azur und ein Konto in London eingerichtet. Wir wollten Russland in unsere Familie aufnehmen und ihm den Hintern mit Honig einschmieren ... Und jetzt: wehe uns, dreimal wehe uns!

Wir hätten den Popensohn aus dem Kaff in den hintersten Karpaten in der Gegend von Sibiu genauer lesen sollen. Wir hätten auf ihn hören sollen, denn er kannte sich aus. Er selbst schwärmte in seiner Jugend davon, dass seine Hirtenheimat in ihrem Schicksal die historische Großartigkeit Frankreichs mit dem Potential Chinas vereinen sollte. Er bewunderte Hitler. »Das Verdienst Hitlers besteht darin, einer Nation den kritischen Verstand geraubt zu haben. [...] Hitler hat feurige Leidenschaft in die politischen Kämpfe gegossen und mit messianischem Atem einen ganzen Bereich der Werte dynamisiert, den der demokratische Rationalismus platt und trivial gemacht hatte«**, schrieb er 1934 aus München für die Zeitschrift *Vremea*. Ein paar Jah-

te und Utopie. Aus dem Französischen von Kurt Leonhard. Stuttgart 1979. 2. Aufl. S. 38. Stasiuk bezieht sich auf die 1997 in Warschau erschienene Übersetzung *Historia i utopia*.
** E. M. Cioran: *Über Deutschland. Aufsätze aus den Jahren 1931-1937*. Aus dem Rumänischen und mit einem Nachwort von Ferdinand Leopold. Berlin 2011, S. 141, 144f.

re später war er schon nüchterner, doch seine Erfahrung in Sachen Wahnsinn oder auch in der Unterschiedlichkeit der Urteile erlaubte es ihm, die Angelegenheiten der Nationen als solche von psychologischen bzw. geistigen Wesen in prophetischer Klarheit zu sehen. Er scheint einfach keine Illusionen gehabt zu haben.

Wie soll man mit Ländern umgehen, die anders sind als wir? Wenn sie klein sind, kann man sie vernachlässigen und zur Nichtexistenz verurteilen. So war es zum Beispiel mit Albanien. In den siebziger Jahren des vorigen Jahrhunderts produzierte es den Branntwein Skënderbeu, Zigaretten der Marke Arberia sowie Sendungen von Radio Tirana, die der Welt verkündeten, der einzig wahre Kommunismus sei der albanische. Dabei existierte es gar nicht. Niemand wusste, was es dort für Geld gab oder ob das überhaupt noch Europa war.

Doch wie geht man mit Ländern um, deren Existenz nicht zu übersehen ist, weil sie einem Kontinent gleichen? Und die außerdem nicht so sein wollen wie wir? Sollen wir uns mit einer Mauer umgeben wie einst China oder Berlin? Wie Israel und Amerika heute? Oder einen Staat ausfindig machen, den wir zwischen uns und den Eigenbrötler stellen können? Manche von uns sehen ja in dieser Rolle gern Weißrussland und die Ukraine. Die noch weiter im Westen wohnen, sicher auch Polen und die anderen »Neueuropäer«. Doch wir selbst haben ja die Globalität erfunden, und auf längere Sicht hieße das nur, den Kopf in den Sand zu stecken. Aber es wäre interessant zu schauen, wie lange man es aushält, ohne Luft zu holen.

Wenn man durch Russland fährt und mit den sogenannten einfachen Leuten spricht, ist das in der Regel angenehm. Man lässt die Politik außen vor und redet über das eigene Leben. Kinder, Arbeit, Einkommen, Glück und Unglück. Gewisse Gemeinsamkeiten, die Vergangenheit betreffend, erleichtern den Kontakt und das Verständnis. Aber wenn ich mich mal zu sehr in Rage rede, von den Realien unseres Lebens erzähle und sie eine Spur von missionarischem Eifer heraushören, werden sie nachdenklich und sagen schließlich: »Bei uns ist es anders.«

Sie sagen es ruhig, ohne jeden Unwillen. Sie ziehen einfach eine sanfte, aber nicht zu überschreitende Grenze.

Karfreitag

Also wie gewöhnlich zuerst nach Gładyszów, dann nach links und die fünf Kilometer auf der langen Geraden direkt zur Grenze. Das Land geht zu Ende, der alte Übergang sieht aus wie eine verlassene Straßenbar.

Durch das Wäldchen, wieder links, und schon bin ich in der Slowakei mit ihrer Einöde, mit dieser scheinbaren Leere, als würden die Leute nie ihre Häuser verlassen. In Zborov rechts, gleich hinter der verlassenen Kirche, wo Krähen über dem Turm kreisen und statt der Glocken ihr Krächzen zu hören ist. Aber heute wird sowieso nicht geläutet, denn es ist Karfreitag. An der Haltestelle stehen Zigeuner.

Manchmal kommt es mir vor, als würde das Land nur durch sie leben, als würden nur sie es in Bewegung setzen. Auch jetzt. Sie gehen am Seitenstreifen entlang, schieben ihre mit Zweigen beladenen Karren. In der Siedlung zur Rechten spielt das Leben: Aus Schornsteinen quillt Rauch, der Wind trocknet oder lüftet farbige Teppiche, Kinder tollen trotz der Kälte auf einem ausgetretenen Platz herum.

Dann weiter: Bardejov, Prešov, Košice, der altbekannte Weg in den Süden. An Karfreitag, dem Todestag des Herrn, ist es vielleicht gut, den Alltag und den Lärm hinter sich zu lassen. So stelle ich mir das vor. Durch ein bekanntes und zugleich unbekanntes Gebiet zu fahren. Hauptsächlich aus Landschaft bestehend, aus dem Blick durchs Fenster. In eine Art Vereinsamung, da es uns vorkommt, als wären wir nur die zeitweilige Sinnestäuschung eines Fremden. Eine Brechung des Lichts, sonst nichts.

Tornyosnémeti. Ungarn. Niedrige Häuser unter roten Walmdächern. Die Weinberge noch kahl. Alles wird deutlicher, schwerer. Als würde das Licht sich verdichten. Miskolc. Die M30 beginnt. Von Kreuzungen und Überführungen aus sieht man Einkaufszentren, Parkplätze, aber das ist gleich vorbei, dann beginnt die Leere, und auf den Pfählen der Autobahnzäune sitzen Raubvögel. Sie warten auf Beute. Manchmal töten die rasenden Autos ein kleineres Tier, dann holt sich der Mäusebussard die Überreste. Bis Budapest sind es nicht ganz zwei Stunden. Hinter Hatvan beginnen die Hügel. Bei gutem Wetter kann man schon das andere Ufer der Donau sehen und die Anhöhen von Buda. Aber seit es die Umgehung gibt, sieht man von der Stadt selbst eigentlich nichts mehr. Unten blitzt schwach die Donau. In Érd beginnt die M7 und läuft zum linken unteren Ende der Karte. Fast berührt sie den Plattensee. Ein Teilstück von ihr steht auf riesigen Betonpfeilern. Dort öffnet sich rechts der Blick auf den Bakonywald. Auf die märchenhaften Berge, die wie regelmäßige Kegel aussehen. Es sind alte erloschene Vulkane, mit grünem Wald bewachsen. Sie spiegeln sich in der silbernen Wasseroberfläche. Dieser Anblick ist von einer uralten Schönheit. Aus einer Zeit, da es uns noch nicht gab, da es niemanden gab, der ihn hätte bezeugen können. Ich ließ ihn gegen drei Uhr nachmittags hinter mir.

Ich fuhr nach Piran. Schon zum soundsovielten Mal fuhr ich in das Städtchen auf der ins Meer ragenden felsigen Landzunge. Fast immer zu Ostern, fast immer waren die meisten Kirchen geschlossen gewesen. Unsere Liebe Frau vom Schnee, Maria vom Trost, Sankt Peter, Sankt Rochus. Durch ein Gitter konnte man ins Innere schauen. Den alten, feuchten Geruch einatmen. Manchmal spielte ein kleines, auf dem Boden stehendes Tonband Barockmusik.

Einmal stellte in der Kirche Maria vom Trost eine alte einsame Nonne weiße Blumen in eine Vase. Ein dunkler Vermeer. Jetzt gab es nicht einmal ein Tonband. Nur Sankt Georg war offen und von Touristen besucht. Einige Asiaten schützten ihre Fotoapparate mit großen Objektiven vor dem Nieselregen. Dutzende Meter darunter rasselten die Wellen mit Kieselsteinen. Von Portorož her kam eine Flotte kleiner Boote mit weißen Segeln. Auf dem Tartini-Platz und am Kai übertönten einander italienische Touristen und zogen Koffer auf Rollen über die Steinplatten.

In den Kneipen trank man vom Morgen an Weißwein. Einige Sporttaucher in schwarzen Neoprenanzügen gingen ins Wasser. Seltsam. Einige Jahre zuvor um die gleiche Jahreszeit hatte ich auch welche gesehen. Ähnlich wie die weißen Segelboote. Auf dem Platz des Ersten Mai konnte man Ostereier für 3,50 Euro kaufen. Der Herr geht in die Hölle, aufersteht, und hier nur diese gepunkteten Eier.

Um drei Uhr nachmittags betrachtete ich die Landschaft und fuhr so schnell wie möglich, um es vor Einbruch der Dämmerung nach Piran zu schaffen. Und dann schaute ich durch die Gitter in die alten Kirchen und suchte nach der Nonne, die weiße Blumen in eine Vase stellt.

Vier Uhr dreißig

Wieder nähert sich der Termin. Übermorgen muss ich das Feuilleton abschicken. Nervös denke ich über ein Thema nach. Die Themen liegen auf der Straße. Wohin ich auch blicke. Themen wie Hunde.

Nie gab es so viele. Sie bellen, damit man sich mit ihnen beschäftigt, sie in seine Obhut nimmt, sich um sie kümmert, wenigstens für eine Weile. Man steht im Morgengrauen auf, und schon sind sie da. Sie kommen einem in den Sinn, aus der weiten Welt schweben sie herbei. Du kannst dich nicht wehren gegen ein Thema. Kannst dich nicht verstecken. Es fällt dich an. Zum Beispiel ein rundlicher Androgyner in einem rosaroten Käppchen mit SS-Runen, den sie zu einer Zuchthausstrafe in Gesellschaft von lebenshungrigen Typen verurteilen wollen. Ein schönes Thema, aber irgendwie kam mir außer einer leichten Melancholie nichts in den Sinn.

Also wandte ich mich internationalen Belangen zu, das heißt, der Motorradinvasion aus dem Osten. Theoretisch mag ich Motorräder, vor allem Cruiser. Wenn ich in die Jahre gekommene Wochenendfahrer mit wehenden Fransen und Schwänzen irgendwelcher armen Pelztiere sehe, mache ich höflich Platz. Eigentlich wäre ich selbst gern einer von ihnen. Aber ich habe kein Geld für so eine Maschine, ich habe kein Geld für eine Lederhose, ich kann nicht auf zwei Rädern fahren, und überhaupt bin ich nicht gern in einer Gruppe. Doch die aus dem Osten beneidete ich wirklich. Es waren etwa dreißig, und dieses Land mit fast vierzig Mil-

111

lionen Einwohnern starb fast vor Entsetzen. Erstarrte, als hätte man in Bezledy Godzilla gesehen. Es machte sich bereit für den Todeskampf. Dieses Land, das 1410 dem Orden der Brüder vom Deutschen Hospital Sankt Mariens in Jerusalem, das heißt dem Deutschen Ritterorden, Beine gemacht und 1920 mit Hilfe derselben Muttergottes Tuchatschewski und Budjonny die Hosen strammgezogen hatte, schlotterte jetzt vor ein paar älteren Typen mit Ohrringen und Abziehbildern statt Tätowierungen. Nicht einmal eine russische Ausrüstung hatten sie. Keinen T-90, keine gepanzerten Transporter, nicht einmal eine alte Stalinorgel. Sie fuhren amerikanische Motorräder, im Grunde genommen pazifistische und ein wenig hippiemäßige Maschinen. Darum beneidete ich sie: dass sie mit *soften* Mitteln in unserer lokalen Großmacht *harte* Reaktionen auszulösen vermochten, und dass ihnen ein Ruhm vorauseilte wie den Horden Batu Khans. Aber auch dieses Thema verließ mich wieder, denn wie könnte es für einen Patrioten eine Freude sein, in der geistigen Niederlage des eigenen Volkes Befriedigung zu finden.

Also wandte ich mich den laufenden inneren Angelegenheiten zu, die ich in meiner nächsten Umgebung suchte, denn der Feuilletonist soll aus dem Alltag schöpfen.

Aber in meiner Gemeinde fand ich nur zwei Wahlplakate. Sie hingen schief an den Zäunen und zeigten denselben Kandidaten. Sein Gesichtsausdruck war seltsam und geheimnisvoll. Wenn auch männlichen Geschlechts, erinnerte er eindeutig an Mona Lisa: dieses halbe Lächeln, der etwas schüchterne und leicht herausfordernde Blick. Er sah irgendwie beschränkt und zugleich wie ein provinzieller Schlaumeier aus. Das Bildnis vermittelte eine klare Botschaft: Ihr müsst es mir nur erlauben, dann mache ich aus eurem Vaterland etwas, dass ihr während meiner ganzen Amtszeit nicht aus dem Staunen herauskommt. Der Wind wehte das Plakat hin und her, und es war bereits leicht zerfleddert, obwohl bis zur ersten Runde noch zehn Tage blieben. Und schon wollte ich mich mit diesem Thema befassen, da siegte meine Ehrlichkeit als Publizist sowie als Bürger, denn ich musste feststellen, dass ich über diesen eventuellen Vertreter meines Volkes nichts wusste. Nichts, absolut nichts. Da ich keinen Fernseher besitze, gehöre ich, was die Wahlen betrifft, gewissermaßen zum Lumpenproletariat. Ich bin schlicht und einfach politisch ausgeschlossen wie ein Bewohner Liberias von der postmodernen Welt des Konsums.

Was sollte ich tun. Ich ging vors Haus. Das tue ich immer, wenn mir nichts oder zu viel einfällt. Es war vier Uhr dreißig. Von Osten wehte ein kühler Wind. Und auf dieser Seite wurde es hell. Das heißt, allmählich stieg ein kalter Glanz auf. Hinter den Wolken hervor leuchtete es gläsern, silbrig und bläulich. Als leuchtete es aus der Erde. Unter dem Horizont hervor. Aber die Vögel sangen schon. Und ich verspürte etwas wie Freude, dass ich vor mehr als zwanzig Jahren einige Hundert Bäume an dem kahlen Abhang gepflanzt hatte und die Vögel jetzt einen Platz hatten, wo sie singen und Nester bauen konnten. Kaum wurde es etwas heller, waren sie schon auf den Beinen. Beim Anblick dieses kalten Lichts, trotz des kühlen Winds. Beides erschien von Osten her, unter der Erde, unter dem Horizont hervor. Und ich freute mich, dass sich das nie ändern würde. Oder jedenfalls alle Themen überdauern. Und ich dachte, ich hätte schon gegen vier draußen horchen und schauen sollen, wie der Tag heraufzieht, anstatt wie ein Kind im Nebel in den Abgründen der Themen umherzuirren. Aber es ist schwer, Feuilletonist und zugleich Pantheist zu sein.

Die Schafe jedenfalls schliefen noch.

Feuer

Manchmal ist es noch kalt. Vor zwei Tagen gab es leichten Frost. Um fünf Uhr morgens schimmerte es silbern und weiß. Oder es regnet, und in der Luft hängt eine durchdringende Feuchtigkeit.

Wir haben zwar Mai, aber morgens mache ich für zwei, drei Stunden den Ofen an. Im Winter heizt man ununterbrochen, und man vergisst, wie das ist. Sogar die Asche holt man nicht allzu oft heraus. Sie rieselt durch den Rost, also macht man den Aschenkasten sauber, und das war's. Aber jetzt, wo man es eigentlich nicht muss, kann man alles ganz langsam machen, mit Genuss und feierlich. Um sechs Uhr an einem regnerischen Morgen. Die Asche herausholen, Platz machen. Dann mit einem Beil kleine Scheite hacken. Am besten ist Rotkiefer, oder Lärche. Aber wenn es die nicht gibt, kann man auch Tanne nehmen, obwohl die Tanne viele winzige Astansätze hat und es schwierig ist, sie in lange, schmale Späne zu hauen. Zum Anzünden ein bisschen Papier, das immer schwerer zu bekommen ist. Die Zeitungen sind auf glattem, plastikartigem Zeug gedruckt, das mit Farbe getränkt ist. Das brennt nicht gut und stinkt. Im Grunde wundert mich das nicht, denn die meisten heutigen Zeitungen sind nicht gut und stinken.

Danach dünne Splitter, dann etwas dickere Scheite, zu einem hübschen Häufchen geformt, das an ein Indianer-Tipi erinnert. Ein Streichholz genügt, und man kann zusehen, wie das schwache Flämmchen langsam weiterkriecht, Nah-

114

rung sucht, nach Sauerstoff schnüffelt, und bald hört man ein zartes Knistern, die Flamme züngelt hoch, richtet sich auf, und der Schornstein zieht. Noch einen Augenblick, und es dröhnt mächtig. Dann kann man trockene Buchenscheite nachlegen. Locker, mit Lücken dazwischen, um das lebhafte, aber noch zarte Feuer nicht zu ersticken. Wenn sie zu brennen beginnen, kann man den Ofen schließen. Nach einer Stunde erfüllt rote Glut die Feuerstelle. Die kurzen Buchenflammen flackern gemächlich, schläfrig, unaufdringlich, aber rasch wird das ganze Haus warm.

Denken wir nur daran, dass wir vor gar nicht langer Zeit jeden Tag mit dieser einfachen Tätigkeit begonnen haben. Mit Feuermachen. Auf der ganzen Welt. Rauch stieg zum Himmel. In der Hocke, auf Knien, auf den Fersen sitzend, haben wir Feuer angezündet, Lehmöfen und Kachelöfen, Küchenherde mit Ringen und Backblechen, gusseiserne Öfen. Reisig, trockene Zapfen, Holzscheite, Kohle, getrockneter Dung. Am Geruch, mit verbundenen Augen konnte man erkennen, womit geheizt wird. Denn selbst Holz hat unterschiedliche Gerüche. Kiefer riecht anders als Erle, Buche wieder anders. Es war ein Bild des Friedens: Rauch, der senkrecht zum Himmel steigt. Er prophezeite gutes Wetter und war ein Zeichen dafür, dass die Menschen schon auf den Beinen waren. Dass sie den Tag beginnen wie vor Jahrzehnten, wie vor Jahrhunderten. Wie vor tausend Jahren, als sie auf Knien, hinuntergebeugt, in die vom Vortag übriggebliebene Glut bliesen.

Machen wir noch Lagerfeuer? Ich glaube, das darf man nicht mehr. Da kommen die Ordnungshüter, die Polizei. Die Angewohnheit, Feuer zu machen, wird verloren gehen. Wir werden vergessen, dass man stundenlang ins Feuer gucken und dort nach einem Wunder, einem Zeichen, einer Weissagung Ausschau halten kann. Dass man Welten, einen ganzen Kosmos beobachten kann, den die Flammen im Wind erschaffen und wieder vernichten. In meinem Ofen ist eine feuerbeständige Glasscheibe, und ich schaue ins Feuer, als würde ich es im Fernsehen sehen. Aber manchmal öffne ich die gusseiserne Tür, um die Hitze im Gesicht zu spüren. Ich lasse es sogar zu, dass der Buchenrauch austritt und sein Geruch sich im Haus verteilt. Denn ein Haus, scheint mir, sollte nach Feuer riechen.

Letzten Silvester sind die Jungen zu uns gekommen. Einfach so, ohne speziellen Plan. Um sich einmal von der Routine der städtischen Vergnügungen loszureißen. Sie hielten es mehr als zwölf Stunden aus und überlegten, wie sie die Silvesternacht feiern könnten. Aber wie das auf dem Land so ist – es gab nicht viele Möglichkeiten, und diese wenigen waren nicht sehr attraktiv. Nach einer Renovierung hatte ich ziemlich viel nutzloses Holz übrig. Reste, alte Bretter, morsches Zeug. »Das könnt ihr verbrennen, macht ein Lagerfeuer«, sagte ich ihnen. Sie begannen, als der Abend anbrach. Manche hielten aus, bis der Morgen dämmerte. Sie saßen im Frost, im Wind, tranken verschiedene alkoholische Getränke und unterhielten sich. Sie schauten in die Flammen und legten Holz nach. Meine Tochter sagte mir später, es sei einer der schönsten Silvesterabende in ihrem Leben gewesen.

Am Morgen fand ich einen schwarzen ausgebrannten Kreis vor. Er war noch warm. Ein dünnes Fähnchen Rauch stieg auf. Ringsum standen Holzbänke. Der Anblick hatte etwas Schönes, Beruhigendes. Das Schwarz der Kohle, das Weiß des Schnees, ein Streifchen Rauch, die neblige Landschaft und ein Kreis, in dem junge Leute gesessen hatten, um viele Stunden zu reden. Etwas Uraltes lag darin.

Wieder

Du solltest deinen Arsch nicht vom Fleck bewegen. Das sage ich mir immer wieder. Dann müsstest du nirgends hinfahren. Du müsstest dir nicht ausmalen, was alles passieren kann. Was du nicht voraussehen, was du vergessen wirst; du müsstest dir zum Beispiel keine Sorgen machen, dass sie dich verhaften könnten. So wie letzten Sommer.

Du hast in der Wüste in aller Ruhe Kaffee getrunken, da sind sie aus dem Nichts aufgetaucht und haben dich verhaftet. Na ja, vielleicht nicht ganz Wüste, sondern eher Steppe, irgendwo in der Nähe von Peremetnoje. Drei sogar ganz angenehme Typen, die in einem Lieferwagen angefahren kamen und gleich sagten, sie würden dich verhaften, weil irgendwas nicht stimmte. Sie nahmen dir den Pass ab, das heißt, du hast ihn freiwillig hergegeben, denn wozu sich in der Einöde gleich mit dreien anlegen, noch dazu alle mit Pistole. Und dann bist du gemütlich zu ihrem Kommissariat gefahren, aus Lehm, hinter einem Drahtzaun. Aber nett waren sie. Und wie zum Trotz nicht korrupt.

»Wir werden das schon erledigen, auf menschliche Art, alle Menschen sind Brüder, unabhängig von der Zugehörigkeit zu einer Rasse oder Nation, also schlage ich vor, die Summe zu halbieren und auf das Erstellen eines amtlichen Dokuments zu verzichten.«

Ehrlich waren sie und zugleich menschlich.

»Nun, sagen wir, wir nehmen die Hälfte und lassen dich

gehen; aber an der Grenze werden sie dir sowieso sagen, dass was nicht stimmt, und dich in dieses sandige Kaff zurückschicken, das heißt, nach Peremetnoje und zu unserem Posten hier. Auf die Weise zahlst du anderthalb Mal. Plus dreihundert Kilometer hin und wieder zurück.«

So habt ihr euch unterhalten und gelbe Papiere ausgefüllt, mit doppeltem Pauspapier. Zwei Stunden lang. In dem Zimmer war eine Hitze wie im Backofen. Der Ventilator rührte in der Glut. An der Wand hing ein Bild, das eine Flasche italienisches Olivenöl zeigte. Ihr habt euch über das Leben unterhalten – wie hat man's doch schwer – und die Rubriken ausgefüllt. Wort für Wort die reine Wahrheit. Dass deine Anwesenheit hier, am Rande der Kysylkum, den entsprechenden Behörden zur entsprechenden Zeit nicht gemeldet worden sei, und genau deshalb konntest du den Kaffee nicht austrinken und musstest jetzt unter diesem Ventilator wie unter einem Düsentriebwerk sitzen. Du konntest nur nicken. Und dann unterschreiben – und ein männlicher Handschlag: Du nimmst es nicht übel, so ist das Leben. Schwer eben.

Jetzt musstest du nur noch zahlen. Aber nicht bar auf die Hand, wie sonst in diesem Land. Nein. Keineswegs. Bezahlen musstest du in der Bank. »Jesus, in welcher Bank denn?«, dachtest du, als du drei Kamele die Hauptstraße entlanggehen sahst.

»Ja, in der Bank«, erwiderte der Jüngste der drei, ausgesandt als Begleitschutz.

Tatsächlich war da unweit eine Bank. Aus Backstein, einstöckig, geschlossen. Der Begleitschutz beschleunigte seinen Schritt. In dieser Hitze, mit der schweren Mütze und in dieser Uniform war das kein Pappenstiel. Du selbst warst luftig angezogen, und doch fühltest du dich wie ein Hüttenarbeiter am Ofen.

»Es gibt eine zweite Bank«, sagte der Junge mit der Pistole. »Vielleicht ist sie offen. Wenn nicht, bleibst du bis morgen, dann machen wir noch mal ein Protokoll und gehen zur Bank, denn das geht nur am selben Tag.«

Also liefen wir durch den Staub und die Sonne, denn es war kurz vor drei, und um drei ging Peremetnoje, wie fast alles in diesem Land, in den Standby-Modus über. Wir liefen zur zweiten Bank, die aus Lehm oder Ziegeln war, schwer zu sagen, denn die Augen brannten vom Schweiß. Schon wurde die Bank geschlossen, schon ließ sie das Gitter herunter, verschloss den Tresor und schaltete die Alarmanlage an. Eine schönäugige Blondine am Schalter schüttelte nur den Kopf hinter dem Plexiglas. Der Begleitschutz wechselte intuitiv in seine Muttersprache, also hast du nichts mehr verstanden. Sowohl seine als auch die Stimme der Schönen wurde höher. Du sahst, wie er intuitiv ans Halfter griff. Das ist der erste Überfall, dachtest du, wo es nicht darum geht abzuheben, sondern einzuzahlen. Vielleicht hatte die Blondine die professionelle Handbewegung ebenfalls bemerkt, denn sie schnaubte und schob das Plexiglas hoch. Glücklich, mit zitternden Fingern zähltest du die letzten Euro ab und legtest sie mit beiden Händen dankbar auf die Drehscheibe. Verächtlich raffte sie die Geldscheine zusammen und warf sie in eine Schublade, und dann knallte sie mit in dieser Hitze bewundernswertem Schwung einen Stempel auf das Papier. Erleichtert habt ihr aufgeatmet. Der Junge sah noch freudiger aus als du. Wären die Uniform, das Halfter und die Mütze nicht gewesen, hätte er dich sicher umarmt.

Aber offensichtlich hast du noch nicht genug. Wieder hältst du es nicht aus, auf deinem Hintern zu sitzen und packst deine Siebensachen, deine Klamotten zusammen, die dir wahrscheinlich doch nichts nützen werden. Du starrst auf die Landkarte, stöhnst über die Kilometerleistung, und nachts zählst du aus Schlaflosigkeit abwechselnd Kamele und Schafe. Um gnadenlos dein Vaterland zu verlassen, das große Veränderungen erwartet.

Von hier in die Ewigkeit

Du bist zwanzigtausend Kilometer gefahren, unter dem großen Himmel der Welt. Du hast fremde Völker gesehen. Sie bewirteten dich, boten dir Fleisch von wilden und zahmen Tieren an.

Durch Steppen und Wüsten bist du gereist, im Sand schlafend, unter Skorpionen und Schlangen. Schamanen-Totems hast du dreimal umrundet im Einklang mit dem Lauf der Sonne, um dir die Geister gewogen zu machen am Eingang der Täler, auf hohen Pässen, an den Quellen der Bäche. Opfergaben hast du zwischen Steine gelegt, um den Weg nicht zu verfehlen, um reißende Flüsse zu überqueren, dir nichts zu verletzen und damit es nicht an Kraftstoff im Tank und in den Kanistern mangeln möge. Und die Geister erwiesen sich als gnädig. Offensichtlich haben sie in ihrer Ewigkeit schon ganz andere Dinge gesehen. Verschwundene Stämme, ausgestorbene Religionen, Reiterarmeen, die von Ozean zu Ozean zogen. Auch Panzerarmeen im Übrigen. Was ist schon ein einzelnes kleines Auto mit polnischem Nummernschild für sie. Doch du hast etwas hingelegt, am Ausgang der Täler, auf Pässen unter blauen Schärpen, zwischen Tierschädeln, unter dem großen Himmel der Welt.

Du hast uralte Tempel gesehen mit goldenen Dächern und Wänden, bemalt in den Farben von Himmel, Feuer und fruchtbarer Erde. Russisch sprechende Priester in roten Gewändern hast du gesehen und bärtige Anhänger des Propheten, mit denen du dich in der Sprache Puschkins, Soschtschenkos und Trotzkis unterhieltest. Doch in der Steppe und in der Wüste gab es nur Stille und Geier, deren Schatten über die sandige, flache Erde glitten. Sicherlich warteten sie auf deinen Tod, denn das war ihre Hauptbeschäftigung seit Hunderttausenden Jahren: warten, bis da unten etwas stirbt. In der Regel lohnte das Warten. Im Sand schlafend, wusstest du, dass unter dir, beinahe seit Erschaffung der Welt, Schichten von Knochen lagen. Am Morgen kam ein Reiter und sagte etwas in einer unbekannten altaischen Sprache. Doch abgesehen davon war eine Stille, in der sogar das Brummen des 3-Liter-Diesels unterging. Man konnte rechts oder links hundert Kilometer durch die grasige Ebene fahren, um einen Platz fürs Nachtlager zu suchen. Der Kompass im Auto half immer, die Richtung zu finden. In der Ferne konnte man Herden von Kamelen erkennen. Die Berge am Horizont wiederholten die Form ihrer Höcker.

Du hast schwarzen und roten Sand gesehen und Sand, grau wie schmutziges Salz, du hast Felsen gesehen, smaragdgrün bei Tag und gegen Abend wie Kohle glänzend. Und Luft hast du gesehen, die wie ein Vergrößerungsglas ferne Landschaften herantrug. Berge, Salzseen, Felskämme schienen mit Händen zu greifen, aber es vergingen Stunden, bis du ihnen wirklich nahe kamst. Um am Abend ein Feuer zu machen, Wasser zu kochen, zu essen nach einem langen Tag. Dicht an der Erde, in der Hocke, in Rauch aus Tierkot. Vor dir der rot leuchtende Horizont, das blaue Dunkel im Rücken. Später die Finsternis, die sich kaum oder gar nicht verändert hat seit der Zeit der Schöpfung. Denn deshalb bist du dort hingefahren: um dich an Dinge zu erinnern, an die du dich nicht erinnern kannst.

Ach, bitte verzeiht mir diese prätentiöse zweite Person Singular. Ich bin ganz einfach nach Hause gekommen und sozusagen zurück zu meiner eigentlichen Person. Deshalb empfinde ich zu jenem anderen Ich dort eine gewisse Distanz. Denn wenn man, sagen wir, aus der Ewigkeit in den Schoß des Vaterlands zurückkehrt, erlebt man eine Art Spaltung des Ichs. Um also mein Gleichgewicht wiederzuerlangen, spreche ich zu mir selbst in dieser etwas ausgefallenen Form. Als hätte ich – oder jemand anders – das geträumt.

Und überhaupt – wo warst du eigentlich? Wohl in einem Loch der Raumzeit, denn trotz der vielen Kilometer und Monate hat sich hier nichts verändert: Das ewige Heute – Ruinen, Brandstätten, ein Kollaps, schlimmer als vor zwei Weltkriegen, die Nation wird ausgerottet, das Volk leidet, die Herrschenden exkommunizieren wie am Fließband, in Sorge um die traditionelle Fortpflanzung, und dich gelüstet es nach Ewigkeit …

Jedenfalls – um endgültig wieder anzukommen, schaltete ich meinen Lieblingssender ein. Es lief eine mehrstündige Übertragung der Feierlichkeit zur Amtseinführung des neuen Präsidenten. Der geistliche Kommentator erzählte ergriffen, wie bei einem Match gegen Russland oder Deutschland, was zu sehen war, Minute für Minute. Andererseits erinnerte die Erzählung ein wenig an die von einer Krönung oder Inthronisation.

Da war viel die Rede von Herrschern, Königen, Schlössern, Insignien, Amt und Würde, Ehre, geistiger Erneuerung – und überhaupt: dass wir endlich gesiegt hätten. Im Hintergrund der Beifall der Menschenmasse, als hätten wir gerade dem Iwan eins übergebraten. Ehrlich gesagt, ich war froh, dass ich rechtzeitig zurückgekommen bin. Und auch meine Spaltung verflüchtigte sich allmählich.

Lobotomie

Oder diese schmiedeeisernen Zäune. Woher kommen die bloß? Du fährst durch deinen Landkreis, und es ist, als hättest du dich in das Residenzviertel einer superreichen Stadt im dekadenten Westen verirrt.

Kohläcker – und dann gleich dieses geschmackvoll gekrümmte schwarze Eisen. Ganze Morgen von Blumenkohl und – als Pausenfüller – eine Hundertschaft historischer Lanzen mit vierkantigen Spitzen, die, zu einem Zaun gestaltet, den Zutritt zur Residenz verhindert. Mit Pfeilern in Joche unterteilt, jeder Pfeiler aus Klinkern und obendrauf eine Vase oder Urne aus Zement, damit das Ganze antik aussieht. Und Tore wie spanische Balkone: verschnörkelt, barockisiert, mit Metallblättern geschmückt, die Klinken schimmern golden, die Briefkästen erinnern an kunstvolle Safes. Und dann wieder das Gemüse, das in der Sonne des Spätsommers reift.

Ich habe mir das nicht ausgedacht. Gestern bin ich durch den Norden von Małopolska, Kleinpolen, gefahren, durch die Gegend von Miechów, Wolbrom, und dann nach Schlesien abgebogen. Ich kenne mich da nicht aus, aber diese Anlagen scheinen teuer zu sein. Das sind keine Latten- oder Drahtzäune. Haus an Haus, mit Unterbrechungen für die Landwirtschaft. Das sind ernsthafte Kosten, umso mehr, als jeder zweite Eingang mit Fernbedienung zu öffnen ist.

Wenn Sie denken, dass ich hier eine Art Schmähschrift,

ein Pamphlet verfasse oder mich im Spotten übe – pardon, aber dann sind Sie im Irrtum. Ich möchte einfach schreiben, dass mein Vaterland sich verändert hat. Und zwar nicht, was die Städte betrifft, die Straßen, die Infrastruktur, die Investitionen, denn das ist allgemein bekannt. Es hat sich privat verändert. So sehr, dass es nicht wiederzuerkennen ist. Ich habe eine gute Erinnerung an mein Land, und ich weiß, wie es vor zwanzig und vor dreißig Jahren aussah.

Vor zwei Wochen war ich in den Bieszczady. In dem Teil der Bieszczady, wo nur Hunger, Wölfe und Banderas Schatten daheim sind. Doch dort gab es Hecken, herausgeputzte Gärtchen, Louvre und Wilanów im Kleinformat, Statuen aus Gips, Wurzelkunst, Ausstellungen landwirtschaftlicher Antiquitäten auf Eisenrädern, mit glänzendem Konservierungsstoff bestrichen, geschnitzte Nikifors und Päpste aus Epoxidharz. Und diese leuchtenden Farben: Gelb, Zinnober, Purpur, Zyklame, Bordeaux, Pistazie, picobello. Blechdach und Bitumen. Trampolins für die Kinder und aufblasbare Pools. Thujen und Rhododendren. Manchmal tun die Zähne weh, wenn man hinguckt. Aber ich achte und bewundere das. Denn die Menschen wollen sich ihre Welt nach ihrem Willen und Geschmack einrichten. Und offensichtlich haben sie die Kraft und die Mittel dazu. So ist es überall. Auf der ganzen Länge und Breite des Landes.

Oder die Sonntagvormittage: Du kommst nicht durch. Auf der doppelt durchgezogenen Linie, in der Kurve, auf der Kreuzung, auf den Fahrstreifen. Überall stehen sie. Es gibt zwar vor den Kirchen Parkplätze, aber da finden nur diejenigen Platz, die schon eine Stunde vor Beginn der Messe eingetroffen sind. Der Pfarrer hat nicht vorhergesehen, dass seine Gemeinde reicher wird und sich Autos kauft. Wie hätte er das auch vorhersehen können, da der Bischof verkündet, das Land sei im Niedergang begriffen, kurz vor der Ausrottung? Also musst du Schritt fahren durch diese Verwüstungen, damit es nicht kracht. Damit du nicht gegen den Repräsentanten einer Weltmarke donnerst. Gegen einen Kombi, eine Limousine, ein Coupé, einen Familienvan oder Siebensitzer. Und alle glänzen, blenden, schillern in sämtlichen Farben des Regenbogens. Okay, ich weiß, dass es hauptsächlich gebrauchte sind, aber hauptsächlich sind sie wie neu. Nur das geübte Auge erkennt am Baujahr, ob eins aus dem Netz stammt oder vom Automarkt. Das Chrom blitzt, die Karosserie ist gewachst, die Reifen wie gewienerte Hochzeitsschuhe, die Alufelgen schimmern silbern wie der Morgenstern. Hektarweise Motorisierung. Die Fenster sind zwar geschlossen, doch durch das Blech riecht man die Wunderbäume. Man riecht den Stolz. Bitte denken Sie auch hier nicht, das sei billiger Spott. Ich steige selbst manchmal, wenn es niemand sieht, in mein Auto, einfach, um darin zu sitzen.

Wie sieht es also aus? Gehen all die Sänger, die Polens Untergang prophezeien, gar nicht mehr aus dem Haus? Fahren sie durchs Land und haben die Vorhänge zugezogen? Oder bewegen sie sich nur nachts von einem Ort zum anderen? Und wenn sie anhalten – schauen sie dann nur, wo die Kamera steht? Oder spiegeln sie sich in den entzückten Gesichtern ihrer finsteren Wählerschaft? Schließlich erinnern sich die Leute ja, wie es vor zwanzig, vor dreißig Jahren aussah. Jedenfalls die, die sich keinem Amnesie-Eingriff unterzogen haben.

Es ist übrigens interessant, dass diejenigen, die dafür eintreten, die Erinnerung an die Niederlagen, an die Gräber, die Toten und die heldenhafte Geschichte wiederzubeleben, das Gedächtnis für die alltäglichen Dinge verlieren. Sie versuchen, dem Volk eine historische Lobotomie zu verpassen. Denn die private Geschichte der Menschen hat keine Bedeutung. Die muss man beseitigen, um einer allumfassenden Fiktion Platz zu machen. Die Fiktion beherrscht man eindeutig leichter.

Besetzung der Heimat

Nun sind sie gekommen. Das hätten wir erwarten können auf unserer Halbinsel, die aus unerfindlichen Gründen als Kontinent bezeichnet wird. Viktor Orbán hat Recht: Das ist keine Emigration, das ist eine neue große Völkerwanderung.

Wir haben sie selbst provoziert, indem wir mit unserem Reichtum prahlten, mit unserer Sicherheit, unseren Menschenrechten. Wir haben diese Bilder um die Welt geschickt wie die Legenden von Kolchis, von Eldorado, vom Supermarkt Shangri-La. Mit Hilfe des Fernsehens, das wir erfunden haben, mit Hilfe des Internets und mit Hilfe von Hollywood. Das konnte nicht gutgehen. Nicht in der heutigen Zeit. Da die Völker schon vor tausend Jahren von einem Ort zum anderen ziehen konnten, können sie es heute erst recht. Heute, da die Routen beschrieben und die Straßen gekennzeichnet sind, da das GPS uns führt wie auch der Leitstern des Wohlstands. Zu Wasser und zu Lande kommen die Verdammten dieser Erde zu uns. Wohin sollten sie auch sonst gehen?

Natürlich kann man sagen, dass sie nicht alle extrem arm sind, dass nicht alle verhungern. Aber wir haben den Fetisch des unablässigen Wachstums erfunden, wir haben aus dem unbegrenzten Reicherwerden eine Tugend gemacht, und die Optimierung des eigenen Schicksals ist heute die einzige Religion. Das war sie immer, aber jetzt spielt sich das im globalen Maßstab ab. Wir fahren vom Dorf in die Stadt, in ein anderes Land. Doch sie, die Verdammten, müssen den Erdteil, den Kontinent und die Zivilisation wechseln.

Ich bin manchmal in fernen armen Ländern. Wir sitzen da, essen die bescheidenen Speisen. Wir lächeln einander an. Alles, was diese Menschen haben, kann man mit einem Blick erfassen. Den Tag überstehen sie mit drei bis vier Dollar. Zwei junge Leute und ihre dreijährige Tochter. Hinter der Wand weht ein kalter Wind. Es ist Juli. Im Umkreis von hundert Kilometern gibt es keinen einzigen Baum, es gibt nichts außer graugelben Bergen. Im Winter fällt die Temperatur unter minus dreißig Grad. Wenn es dunkel wird, setzt der Mann ein kleines Aggregat in Gang, und die Glühbirne an der Decke verströmt ihr schwaches Licht. Im Zimmer nebenan ist der Fernseher zu hören. Er zeigt Bilder aus einer fernen Welt. Aus unserer Welt, wo Bäume wachsen, wo die Städte von der Abenddämmerung bis zum Tagesanbruch erleuchtet sind und die Frauen nicht altern. Am Morgen zahle ich für das Nachtlager und das Essen. Wieder lächeln wir einander zu. Dann steige ich ins Auto und fahre weg, dorthin, wo Bäume sind, erleuchtete Städte und ewig junge Frauen.

Eines Tages werden sie aufbrechen und meiner Spur folgen. Sie werden ihr Dorf mit der Moschee, die sich kaum von den anderen Lehmbauten unterscheidet, verlassen. Werden den blauen See mit dem salzigen, toten Wasser verlassen. Wenn nicht sie, dann ihre Kinder, ihre Enkel. Sie haben keine andere Wahl. So wie Millionen andere. Sie werden kommen, um zu sehen, wie viel unsere Erzählung von Reichtum und Freiheit wert ist. Wir haben ihnen den Weg bereitet, indem wir die Welt zu einem gemeinsamen Raum machten. Natürlich sollte es unser Raum sein. Für unsere Waren, unsere Ideen und unsere Reisen. Unser Recht sollte hier herrschen. Wir haben nicht erwartet, dass sie kommen. Jedenfalls haben wir nicht erwartet, dass es so viele sein würden. Aber wir haben sie hergelockt. Die Spannung zwischen unserem wohlhabenden Teil und dem behinderten Rest der Welt ist einfach unerträglich geworden. Um sie abzuschwächen, haben wir allenfalls Missionare, Armeen, Waren gesandt, von denen wir zu viel hatten, und demokratische Märchen, deren Sinn mehr oder weniger war: Klar, ihr seid Menschen, aber so richtige Menschen werdet ihr erst sein, wenn ihr seid wie wir. Ihr könnt hier eure Tänze tanzen, an Feiertagen eure bunten Trachten tragen, eure Legenden erzählen, unser liberales Lebensgefühl verstärken, für unsere Rente arbeiten, eure Kunststücke zeigen und billige Restaurants mit eurem Essen eröffnen, aber richtige Menschen werdet ihr erst sein, wenn ihr seid wie wir.

Viktor Orbán hat Recht. Das ist die nächste große Völkerwanderung. Sicher weiß er, was er sagt. Er ist selbst Nachfahre eines wandernden Stammes, der relativ spät auf der europäischen Halbinsel ankam. Zu Pferd und bewaffnet, unterwarf er die Slawen, die vorher in der Pannonischen Tiefebene siedelten. Dieses Ereignis trägt in der Geschichte der Ungarn den extravaganten Namen »Besetzung der Heimat«. Doch die Extravaganz ist nur scheinbar. Man braucht keine große Phantasie, um sich ein Bild des Exodus aus allen Häfen unserer Halbinsel vorzustellen. Zusammengedrängt, beladen, bepackt mit den Resten unseres Reichtums, mit nutzlosen Kreditkarten, auf die toten Displays unserer Telefone starrend, werden wir am Horizont nach Schiffen Ausschau halten, die uns in eine neue Heimat bringen, denn unsere wird dann besetzt sein.

Wenn der Wind weht

Gegen sieben lasse ich sie raus. Sie gehen quer über die langen Schatten, die die Lärchen werfen. Der Himmel ist blau, und seit dem Morgengrauen weht es von Süden. Heute wählen sie die Schlucht, wo ein wilder Apfelbaum, Brombeeren, Minze, Disteln und hundert andere Pflanzen wachsen, deren Namen ich nicht kenne.

Sie verschwinden im Dickicht, und man kann sie nicht mehr sehen. Nach der Heumahd wächst das Gras wieder, aber sie ziehen das Gestrüpp vor. Der Herbst naht, wahrscheinlich schmecken ihnen all die wilden Früchte, Samen, kleinen Schoten, Beeren, Zäpfchen und was die Natur noch so hervorbringt, um zu überleben. Da sie den Winter ahnen, suchen sie etwas Fetteres, Nahrhafteres als vom Wind unterfüttertes Gras. Nach einiger Zeit tauchen sie wieder auf und gleiten mit gleichmäßigen Trippelschritten über die Ebene der Wiese, die Schnauze dicht an der Erde, aber sie zupfen nur nebenbei hier und da etwas ab, denn es zieht sie in das Wäldchen auf der anderen Seite der Weide.

Schließlich gehe ich sie suchen. Wer weiß, was ihnen in ihre Schafsköpfe kommt von diesem Wind, in dieser unruhigen Phase des Jahreszeitwechsels. Wer weiß, wo ihr Schafstrieb sie hinführt. Aber nein – da sind sie. Sie stecken bis zum Bauch im Dickicht. Ihre Wolle ist voll grüner Kügelchen. Vor allem Sierotka sieht wirklich schmuck aus. Wie eine östliche, rabenschwarze Schönheit mit Juwelen und

Flitter in Smaragdgrün. Sie ist die Größte und meckert am schönsten. Da scheppern die Eimer.

Mania hält sich wie gewöhnlich etwas abseits. Sicher aufgrund ihrer subtilen Klugheit und ihrer Erfahrung. Sie ist die Älteste und hat einiges von der Welt gesehen. Sie ist aus der Gegend von Tylicz. Jetzt kommt sie auf mich zu und blickt mich erwartungsvoll an.

»Entschuldigung«, sage ich, »ich hab's vergessen.«

»Du vergisst es immer öfter«, meckert sie leise.

»Ich weiß«, antworte ich, »ich werde wohl alt.«

Nachlässig zupft sie an etwas herum und gibt sich ein bisschen beleidigt. Nun ja. Ich habe das trockene Brot vergessen. Und ohne die knusprigen Krusten kommt kein Gespräch in Gang. Da braucht man gar nicht erst anzufangen. Sie dreht sich um und tut so, als würde sie gehen.

»Hör mal«, sage ich, »ich hatte wieder eine schwere Nacht.«

»Ach, deine schweren Nächte«, wirft sie mir über ihre Schafsschulter zu. »Was war es denn diesmal?«

»Ich habe über mein Volk nachgedacht«, antworte ich. »Die ganze Nacht. Als ich schon einzuschlafen glaubte, da erschien mir mein Volk und vertrieb den Schlaf.«

»Wenn du über etwas Geringeres nachdächtest, würdest du besser schlafen.«

»Denkst du nie an dein Volk?«, frage ich.

»Manchmal. Aber noch bevor ich an alle Schafe der Welt gedacht habe, bin ich eingeschlafen.«

»Na ja«, sage ich. »Die Menschen machen es auch so.«

»Siehst du. Denk an die Schafe«, antwortet sie etwas von oben herab.

»Das kann ich nicht.«

Sie hört auf zu grasen, blickt mir in die Augen und fragt: »Na gut. Was hat dir dein Volk denn schon wieder getan?«

»Mania, mein Volk ist feige und hat die Hosen voll«, sage ich klar und deutlich.

Sie schaut mich ernst an und hört auf, die Schnauze zu bewegen.

»Mir als Schaf fällt es schwer, mich über das Thema Mut auszulassen. Vor allem, wenn es um dein Volk geht, das sein Heldentum schon viele Male bewiesen hat. Das hast du mir mal erzählt.«

»Ja, stimmt, das habe ich erzählt, aber diesmal beweist es keinen Mut. Es hat universale Mächte besiegt, hat Tyrannen gestürzt, und jetzt hat es die Hosen voll wegen einiger Tausend Menschen, die hauptsächlich hungrig und arm sind. Es marschiert mit Fackeln und ruft einen Hitler zu Hilfe, mein Volk. Jedenfalls ein Teil davon.«

Der Wind lässt nach. Das Rauschen der Bäume wird leiser. Der Rest der Herde ist verschwunden, und Mania schaut sich um, etwas unsicher, ob sie den anderen folgen oder das nicht einfache Gespräch fortführen soll. Aber wir kennen uns schon so viele Jahre, also seufzt sie und sagt:

»Ich will ja nicht klugscheißen und deinem Volk Ratschläge geben, aber vielleicht sollte es doch lieber nach jemand anderem rufen.«

»Aber sie haben niemand anderen«, antworte ich. »Klar, da gibt's noch die Muttergottes, Johannes Paul, aber diejenigen, die die Hosen am vollsten haben, die am meisten schlottern, rufen immer nach Hitler.«

»Und warum schlottern sie eigentlich so«, fragt sie.

»Sie schlottern, weil sie fürchten, keine Polen mehr zu sein in Gesellschaft von Nicht-Polen.«

»Als Schaf verstehe ich vielleicht manches nicht, aber wir rufen aus Angst vor dem Wolf bestimmt nicht nach dem Wolf«, sagt sie mehr zu sich selbst. »Außerdem kann ich mir nicht vorstellen, dass ich aufhören könnte, ein Schaf zu sein. Es sei denn, es kommt ein Hitler, das heißt ein Wolf«, sagt sie nachdenklich. Dann geht sie los, der kleinen Herde hinterher, und wirft mir zum Abschied beiläufig hin: »Aber nächstes Mal denkst du dran, okay?«

Und ich bin allein mit meinem Volk in der tiefstehenden Septembersonne, im Wind.

Manhattan

Das Land hat mir auf den ersten Blick gefallen. Auf dem Flughafen stank es.

Ein Bulle mit einem Gewehr am Gürtel brüllte aus vollem Hals: »To the line!« Und die Leute stellten sich gehorsam wie Lämmer in die Schlange. Das waren meine ersten Minuten im Land der Freiheit. Er brüllte einfach, und die Menschenmenge stellte sich entlang der weißen Linie auf und wartete, bis man sie hineinließ. Amerikaner und andere. Auch ich wartete in diesem finsteren Keller. Es war dunkel, eng und heiß wie in Durrës, wenn gegen Ende des Sommers die albanischen Gastarbeiter mit der Fähre nach Bari ablegen. Ich wartete und freute mich, dass der Typ meine Fingerabdrücke nahm und ein Foto von mir machte. Bis zum Schluss glaubte ich nicht, dass sie mich hineinlassen würden.

Das Land gefiel mir, weil es vom ersten Augenblick an stank. Und später, als ich mit Bill in den gemieteten Dodge stieg, ebenfalls. Es war stickig und irgendwie drückend; Abenddämmerung, totes Licht fiel sparsam auf die Karosserie. Ja, drückend. Zuerst in diesem Keller und jetzt auf dem Parkplatz. Ich spürte, dass dieses Land sich breit unter dem Himmel erstreckt, an die Erde geschmiegt, und flach nach der Unendlichkeit greift.

Am Morgen, als wir Richtung See gingen, standen auf den verlassenen Kreuzungen Straßenarbeiter in dunkelblauen Uniformen. Dicke schwarze Frauen und kräftige Typen flirteten und schäkerten aus Langeweile. Über dem Wasser schwebte ein silberner Glanz, und die Stadt sah aus wie eine Attrappe aus poliertem Blech. Hin und wieder ging oder fuhr jemand dort vorbei, aber eigentlich war alles nur ein Bühnenbild, das auf den Beginn der Handlung wartet. Und dann die Hochhäuser. Eines ragte neben dem anderen auf, immer größer, schlanker, der Mode entsprechend immer extravaganter, aber es war klar, dass es bald vorbei wäre mit den Hochhäusern, dass sie fallen würden wie Quecksilbersäulen bei Frost, und dann würde das ewige Parterre beginnen, nur noch Land, Land, Land ohne Ende. Du fährst und fährst, überholst Lastwagen. Alles ist flach, damit es so viel Raum wie möglich einnimmt, damit es unter sich so viel Boden wie möglich versammelt. Sperrholz, Gipskarton, Mineralwolle, Bauholzteile, Karton, Ziegel und Steine aus Pappscheiß, eingesprüht mit Imprägniermittel. Das reine Nichts. Du gehst durch das Land, und alles weicht vor dir zurück, zerfällt, fließt weg. Als würdest du über einen riesigen Lagerplatz gehen, durch Zelte, und gleich würden die Leute all das verlassen und weiterziehen, wie früher die Nomaden, auf der Suche nach Weideland.

Wie viel Grund und Boden sollte ein Volk haben? Wie groß sollte ein Land, ein Vaterland, eine Heimat sein? Wie alt sollte sie sein? Wie tief sollten ihre Fundamente reichen, damit man überhaupt das Gefühl hat, man sei in seiner Heimat und nicht auf einem Touristentrip in Hurghada? Wie dick und massiv müssen die Wände sein, damit man von einem Haus sprechen kann? Nichts trennte sie von der Erde, von der Geologie und der Geographie, von dem, was vor Millionen Jahren war. All die Namen, in denen ständig East, West, South, North auftauchte (verdammt, jetzt zwingt mich der amerikanische Computer sogar, die Wörter großzuschreiben), scheinbar menschengemacht, aber eigentlich doch uralt. Wie in Manhattan mit seiner Hyperzivilisation, gefangen im Netz der mit Ziffern und Himmelsrichtungen bezeichneten Straßen. Also ein bisschen so, als säßen sie noch im Sand und würden Klapperschlangen vertreiben.

Morgens ging ich in irgendein Restaurant, ein Diner, um das schlechteste Essen der Welt zu bestellen: Bratkartoffeln, gestreiften Toast, Eier, und das alles mit einer Soße aus der Packung übergossen. Ich trank vier Becher grauenvollen Kaffee, nur damit der Kellner erscheint und es wie im Film wäre. Alle ringsum aßen das Gleiche und tranken dieses Spülwasser. Ich hätte in ein anderes Restaurant gehen können, ein italienisches, französisches, tschechisches, türkisches oder eines vom Mars, aber ich entschied mich meistens für Toast mit Streifen und Omelette mit Rindfleisch in Kneipen, die wie Straßenbahnen aussahen. Ich schaute alten Frauen zu, die Apfelkuchen aßen. Ich hätte auch dorthin gehen können, wo es an verchromten, beheizten Theken sechsundfünfzig verschiedene Gerichte gab und man sich sein Essen selbst zusammenstellen konnte, aber ich hatte keine Lust dazu, und wann immer ich konnte, setzte ich mich in diesen Gastroschrott mit großen Fenstern zur Straße. Denn dort spürte ich am besten die Einsamkeit dieses Landes.

Hier und da hatten sich Menschen zusammengefunden, um diese Städte zu bauen, die nicht wie Städte aussahen, diese Festungen gegen die Leere des Kosmos. Wenn sie verbraucht waren oder langweilig wurden, rissen sie sie nieder und bauten an derselben Stelle größere, noch komischere und noch bedrohlichere. Ich saß an den großen Fenstern, rechnete in Gedanken die zwanzig Prozent Trinkgeld aus, beobachtete all die Leute und staunte, weil sie überhaupt nicht aussahen wie die Menschen, die ich bisher gesehen hatte. Inmitten von Schlangen gingen sie durch die Wüste.

Sie lebten immer noch unter freiem Himmel, an dem die Düsenflugzeuge nie verstummten.

Ich wusste sofort, dass das nichts für mich war. Um hier zu leben, brauchte man einen Grund. Ich fuhr in eines der oberen Stockwerke des Empire State Building, zwischen dem vierzigsten und fünfzigsten. Unten wurde ich höflich durchleuchtet und ausgefragt. Oben schaute ich und machte Fotos. Das Innere der Insel erinnerte an das Innere eines Computers, an eine gigantische Festplatte. Auf den flachen Dächern der Häuser standen Wasserbehälter. Die gleichen wie in Tirana, nur größer. Ich schaute und gab mir nicht einmal Mühe, darüber nachzudenken. Ich fuhr wieder hinunter und ging in Läden mit asiatischen Spezialitäten, um den ganzen Gestank zu riechen und in die Behälter aus rostfreiem Stahl zu gucken, wo seltsames Essen schneckenartig und amphibisch glänzte. Und überhaupt die Gerüche, die von überall kamen, sich durch die Luft zogen, aus allen Löchern in der Erde und in den Wänden krochen, aus Gittern, aus Kellern, aus Lüftungsanlagen: Fäulnis, Scheiße, Parfüm, Chemie, Gebratenes, Kaffee, billiges Bier, Aas, Seifenwasser; der ganze riesige Körper der Stadt keuchte, schwitzte, furzte, und die Menschen führten in den Poren seiner Haut das Leben von Schmarotzern.

Wind aus dem Weltall

Und wieder ist Herbst. Polen ist schöner geworden, wie immer im Oktober. Bevor die Sonne hochsteigt, träufelt das tiefstehende Licht auf die Erde und streifelt die verschwommene, unwirkliche, verdoppelte Landschaft.

Über dem Narew hing grauer Raureif, und es sah aus, als wäre der Fluss über die Ufer getreten und hätte sich ausgebreitet wie ein See. Am Sonntag vor sieben Uhr, auf der S 8 in der Nähe der Abfahrt nach Tykocin. Und dann durch goldene Wälder, durchschienen von schrägem Licht, durch das Blau des Nebels, mitten durch den 10. Oktober, einen Tag, an dem der Woiwodschaft Podlasie Gnade zuteilwurde und sie aussah wie eine Ikone, eine verwandelte und übernatürliche Welt, über der das ewige Licht leuchtet.

Denn sowohl Zäune als auch Balustraden und Säulen, sowohl das Orangerot der Fassade als auch das Knochenpflaster, das gefrorene Gras und die pickenden Hühner, die Kühe an den Ketten und die Shell-Tankstellen, die im Dickicht endenden Pfade, die Bulldozer auf dem Seitenstreifen, der nackte Sand der Baustellen, das Hotel Delfina, die Pilze in den Körben am Straßenrand, die alten Audi, Passat, Golf, die Leute auf ihren museumsreifen Fahrrädern, die Gänse auf den Weiden, die dem Louvre oder Windsor ähnelnden Hochzeitshäuser, die in schrägem Trab vorbeilaufende Promenadenmischung, die mit morgendlichem Grau überzogenen Blechdächer, die Menschen, Gott weiß woher und wohin unterwegs in dieser Einöde, die Wäldchen wie goldene

Kämme, die Schilder, die bei Tagesanbruch vergessenen Lichter und die Antiquitäten aus Gips und die Wisente aus Epoxid und die Päpste aus allem Möglichen, die Fata Morgana des Horizonts, die Hütten am Waldrand, die Paläste auf Asphalt und Suporex und Ytong, Silikat und Terrazzo, Verkleidung und Klinker, Konglomerat und Agglomerat und die Leute an den Haltestellen und die Pfarrgemeinde nach der Messe und die Trinker von gestern, die Katze in der Sonne, die Saatkrähen mit glänzendem Gefieder, die flinke Schlange, die rostrote Wiese, das ausgetrocknete Schilf, die Gemeinde, der Kreis, die Woiwodschaft, die Welt und das Vaterland in ihr – all das wird erlöst durch das Wunder des Oktobers, wird verwandelt, verklärt, als befände es sich schon jetzt, heute und unverdient, im Himmel.

Nur einem konnte das erlösende Licht nichts anhaben. Ich schaute genau hin, fuhr extra langsamer und prüfte es – nein, es wirkte nicht auf sie. Es wirkte nicht auf die Plakate, auf denen sich die eventuellen zukünftigen Auserwählten des Volkes präsentierten. Wenn ein Plakat da war, entstand einfach ein Loch in der Landschaft. Als hätten Außerirdische es installiert, als wäre es aus dem fernen Weltall hergeweht worden, vom Neptun, aus der Tiefe der Galaxie. Sie sahen aus wie Marsmenschen und hatten auch solche Eigenschaften. Schwarze Löcher. Das Licht wirkte nicht auf sie, weil sie ein eigenes ausstrahlten. Das heißt, kein eigenes, sondern ein Photoshop-Licht. Scheinbar menschliche Gesichter, zugleich aber unmenschlich. Wie aus Guttapercha gemacht und mit Synthetik überzogen. Scheinbar Körper, aber von innen irgendwie aufgeblasen und mit eleganter Farbe gesättigt, in der Art von »Rouge mit Bräunungseffekt«. Aus Kunststoff waren sie und vollgepumpt mit einem glücklich machenden Gas. Und fast bei jedem kommen die Zähne zur Geltung, ein Pseudolächeln, das bald auch den

140

Rest des Volkes glücklich machen würde, wie also sollte man ihm nicht glauben. Als leuchteten in ihnen eigene Glühbirnen, Neon- oder Energiesparlampen. So erfüllt waren sie von innerem Licht.

Ich war einmal auf dem Tian'anmen und habe das Porträt von Mao gesehen. Zehn auf zwanzig Meter oder zwanzig auf dreißig. Was Geschmack und Ausführung betrifft, fast identisch mit unseren Politiker-Plakaten. Kein Fältchen, kein Stäubchen. Rosig und glatt. Auch ihm konnte nichts etwas anhaben. Nicht einmal die Fliegen setzten sich drauf, aus lauter Achtung. Später ging ich ihn persönlich besichtigen, das heißt ins Mausoleum, wo er auf dem Rücken lag, unter Glas, mit einer Fahne bedeckt. Auch hier sah er aus wie die auf den Plakaten, nur dass er keine eventuellen Wähler anlächelte, weil er das nicht nötig hatte.

Was soll das also? Sind wir schon zu Lebzeiten tot und wählen Schaufensterpuppen? Und die Puppen wissen, was uns gefallen wird, also stellen sie schamlos ihr Konterfei zur Schau, das an einen Mao aus Gummi erinnert? Sehen wir keinen Unterschied mehr zwischen einem Plakat mit Gesicht und einem Plakat mit »Schweinekamm ohne Knochen 9,99«? Beides totes Fleisch? Wählen wir, selbst schon Leichen, andere Leichen, grinsende Mumien? Wollen wir sie wirklich, oder halten sie uns für Idioten, die längst vergessen haben, wie ein menschliches Gesicht aussieht und das Leben überhaupt?

Ach, ihr werdet keine Verwandlung erfahren zusammen mit der ganzen sichtbaren Welt, ihr werdet keine erfahren, weil ihr sie euch schon selbst gegönnt habt. Die trabende Promenadenmischung, die Saatkrähen mit glänzendem Gefieder und die flinke Schlange werden sie erfahren, ihr aber seid mit eurer schon durch und werdet an diesen Plakaten aus Kunststoff hängen bis in alle Ewigkeit, es sei denn, der Wind, der euch hergeweht hat, reißt euch wieder fort. Amen.

Der Sonntagsverkehr war noch nicht stark, und ich konnte über all diese Dinge meditieren, ohne eine Gefahr für andere Autofahrer darzustellen.

Das auserwählte Volk

Kein gutes Volk. Ein schlechtes und dummes Volk. Es sollte anders sein. Es sollte sich ändern, aber jetzt ist es zu spät. Lassen wir es zurück und fahren zu einem klügeren.

Zum schwedischen zum Beispiel oder zum Schweizer Volk. Es gibt viele kluge Völker auf der Erde, nicht nur dieses eine, dumme. Man gibt ihm ein bisschen Freiheit, und schon verhält es sich wie ein Trottel, wie irgendein Pöbel. Es verachtet die Freiheit und hält Ausschau nach der Knute. Und zieht uns mit sich in den Abgrund der Gefangenschaft. Es sehnt sich nach dem Kommunismus. Nach dem Faschismus, nach der Tscheka. Damit sie nachts kommen und uns sagen, was wir zu tun haben. Wir haben Blut für dieses Volk vergossen und in dunklen Verliesen gesessen, wir haben es ausgebildet, haben die Welt davon überzeugt, dass wir schon reif sind, am europäischen Erbe der Freiheit teilzuhaben. So gut waren wir zu diesem Volk. Wir waren ihm ein leuchtendes Beispiel, wie man sich zu verhalten hat. Wie man im Flur das Stroh von den Schuhen schüttelt, bevor man das Zimmer betritt. Sie taten nur so, als hörten sie zu, und dachten insgeheim etwas anderes.

Ein schlechtes Volk, ein dummes. Ich hätte mir ein anderes aussuchen sollen, eines, das zuhört, Ratschläge zu schätzen weiß und in seinem ehrlichen Herzen Dankbarkeit hegt. Aber nicht dieses: Es ist irgendwie unberechenbar, wild und mental nicht ganz sauber. Resistent gegen Modernisierungsvorschläge. Unbeeindruckt von dem Bild, das die

143

Welt von ihm hat. Gleichgültig gegenüber der Zukunft, aber für das Vergangene, Verfaulte und Tote – sehr empfindlich, natürlich. Fünfundzwanzig Jahre Erziehung für die Katz. Fünfundzwanzig Jahre Aufklärung, aber sie wollen trotzdem bis zur Hüfte in der Romantik waten und Zauberei veranstalten, sie ziehen es vor, Geister zu beschwören, Striegen zu rufen, Trauerkleidung zu tragen, dunkel überall, überall still, was daraus nur werden will. Keiner weiß es. Das heißt, man weiß es doch. Aber eigentlich auch nicht. Das heißt, man weiß es schon, aber niemand mag daran denken.

Dabei gab es das Fernsehen. Und die Zeitungen. Und Breitbandinternet. Und ein Kino in jeder größeren Stadt. Es genügte, sich hier und da etwas anzusehen, um zu wissen, wie das alles aussehen sollte. Menschen aus der großen weiten Welt kamen und verbreiteten sich über allgemeine und spezielle Themen zu Nationen und Individuen. Künstler führten allerlei Stücke über Menschenrechte und Freiheit auf. Und? Nichts, Perlen vor die Säue. Das Volk ließ es sich scheinbar gefallen und ging dann raus. Es nutzte Fonds und Stipendien, doch dankbar war es dafür nicht. Es verbarg seine schwarzen, reaktionären Gedanken, und in den eigenen vier Wänden spottete es und sagte: »Ihr kommt mir geschlichen!« Hätten wir das nur gewusst ... Aber wer konnte das wissen? Niemand konnte es wissen, und niemand wusste es.

Was also tun? Man wird sich ein anderes Volk suchen müssen. Das Brot der Vertreibung ist wahrlich bitter. Man wird ein anderes Volk finden und auserwählen müssen. Das heißt, von ihm auserwählt werden. Oder umgekehrt. Eigentlich völlig egal. Jedenfalls wird man sich auf die Wanderschaft begeben müssen. Schließlich sagt eine alte Weisheit: Der Prophet gilt nichts im eigenen Land. Man wird sich an der Spitze einer treuen, heroischen Wählerschaft in die Wüste begeben müssen auf der Suche nach einem besseren Volk. Von Scham gezeichnet, denn wo du auch hinkommst, werden sie spotten: »Schaut, da sind sie! Von diesem dummen Volk.« Wem auch immer du dich zeigst, du wirst hören: »Aaaah, ihr seid das … Von dem Volk, das nicht wusste, was es tat …« Doch schließlich werden die einen wie die anderen begreifen, dass wir Flüchtlinge sind, und wir werden auf ein gelobtes Volk stoßen.

Doch hier möchte ich mit einer Art Trost von Seiten des Erzählers schließen. Lasik Roitschwantz, der schließlich in einer eher undemokratischen Zeit lebte, pflegte zu sagen: »Sie entlassen Leute? Das heißt, sie werden welche einstellen.«

Polen

In Kodeń liefen Pferde ganz in der Nähe der Hauptstraße. Zwei große braune Kaltblüter. Sich selbst überlassen.

Ich fuhr an der Basilika mit dem wundertätigen Bild der Muttergottes von Kodeń vorbei, das heißt der Königin von Podlasie, da erblickte ich die Pferde in einer Seitenstraße. Es war feucht, und ich konnte keine Funken sehen, aber da müssen welche gewesen sein. So schwer waren sie und stark, behelfsmäßig beschlagen. Sie huschten nur im Halbtrab vorüber, mit erhobenen Schädeln, die langen Mähnen vom Regen durchnässt, wie längst ausgestorbene Kolosse.

An der Haltestelle stand ein Mädchen und winkte. Ich hielt an. Sie fragte nach einer Ortschaft, deren Namen ich nicht ganz verstand, aber ich sagte, ich fahre Richtung Włodawa, und sie stieg ein. Sie war klein und zierlich. Ihre Tasche nahm fast mehr Platz ein als sie selbst. Sie sagte, sie mache eine Ausbildung und wolle Spezialistin für Automatik bei der Bahn werden. Als Beweis zeigte sie mir ihre ein bisschen schmutzigen Hände, an denen irgendeine Schmiere klebte.

»Ich hab's nicht geschafft, sie richtig zu waschen«, rechtfertigte sie sich.

Ich erinnerte mich an die schon ewig vergangene Zeit, als Schulkinder noch Tintenfinger hatten.

Sie fuhr nach Hause, wie jede Woche. Sie wohnte in einem Internat, jetzt hatte sie es eilig, ihr Zimmer aufzuräumen, weil am Abend Freundinnen kommen sollten. Es war

Samstag, und auf der 816 fuhren auch unter der Woche nicht viele Autos. Ich fragte, ob sie immer per Anhalter fahre.

»Ja«, erwiderte sie. »Es gibt keine Busse.«

Sie musste tapfer sein, mit ihrer Riesentasche, in diesem Osten, wo der Winter früher kam als anderswo, jede Woche auf der leeren Straße. In der Art aller alten Knacker, die junge Frauen mitnehmen, fragte ich, ob sie keine Angst habe.

»Nein«, antwortete sie. »Eher nicht. Nur Fahrer mit weißrussischen Schildern halte ich nicht an. Einmal hat mich einer mitgenommen, aber er sprach Polnisch und hatte ein polnisches Nummernschild. Später sagte er mir, dass er in Polen studiert.«

Linker Hand floss der Bug. Manchmal konnte man ihn sehen. Man konnte Weißrussland sehen auf der anderen Seite. Auf den ersten Blick unterschied es sich nicht von Polen. Es war genauso grau, regnerisch und neblig. Rostbraunes Gras, kahle Pappeln und Weiden. Ich versuchte in Erfahrung zu bringen, warum sie nicht in weißrussische Autos steigen wollte, aber das war für sie so offensichtlich, dass sie keine plausible Antwort fand. Ich fragte sie nicht aus. Schließlich bin ich kein Journalist. Ich wollte sie nur mitnehmen. Wir fuhren an Jabłeczna vorbei. Der Bug entfernte sich ein Stück. An der Tankstelle in Sławatycze stieg sie aus. Ich kaufte Kaffee, und sie unterhielt sich mit einem Verkäufer, den sie kannte. Ein nicht viel älterer Junge aus Weißrussland tauschte in der Wechselstube Geld. Eine halbe Stunde später war ich in Włodawa. Ich fuhr an Orchówek vorbei. Die Ausfallstraße aus dem Dorf hieß Wesoła, Fröhliche Straße, und führte Richtung Sobibór.

Ich übernachtete in Zamość. Zum Frühstück versammelten sich schwarzhäutige Typen. Einige von ihnen sahen aus wie Sportler. Hochgewachsen und schlank. Einfach anders als wir. Sie hatten einen kleinen Bauch, schlappten mit ih-

147

ren Flipflops über den Boden, in Shorts. Man sah, dass sie sich zu Hause fühlten. Bei meinem Anblick lächelten sie und sagten »good morning«, korrigierten sich aber gleich und versuchten es mit »guten Tag« auf Polnisch. Ich lächelte auch und antwortete mal so, mal so. An der Rezeption fragte ich die Dame, ob sie Schiefergas suchten. Auf dem Parkplatz standen dreckige Pick-ups, wie sie von Geophysikern oft benutzt werden. Die Dame machte ein geheimnisvolles Gesicht, dann sagte sie:

»Nein. Sie bauen Windräder.«

»Fast das Gleiche«, sagte ich und ging, um mir die Stadt anzusehen.

Sie war wie ausgestorben. Die ganze Renaissance, all die Attiken, Arkaden und Archivolten standen im Regen wie eine Sinnestäuschung. In den Bogengängen hielten ein paar von der letzten Nacht gequälte Bürger Ausschau nach dem Engel des Verderbens. Immer wenn ich hierherkam, hatte ich den Eindruck, ich sei an einem Ende, einer Grenze angelangt. Als würde ich einen fremden Traum betreten, der mit der Welt, die sich um Włodawa, Hrubieszów, Krasnystaw und Wielkie Oczy erstreckte, nichts gemein hatte. Nichts, aber auch gar nichts. Doch es regnete, und ich musste zurück.

Auf den Stufen des Hotels standen zwei Afroamerikaner und tranken um neun Uhr morgens Red Bull. Sie blickten in die Ulica Grodzka, aber dort war nichts zu sehen außer schwerem Licht in der Farbe von altem Blei. Wieder lächelten sie, erhoben ihre Dosen und sagten: »Guten Tag.« Ich erinnerte mich, dass in Zamość Rosa Luxemburg geboren wurde.

Die Frauen aus Chorog

Die Straße M41 führt mitten durch den Pamir. Wir fuhren dort im Sommer. Von Murgob nach Chorog. Manchmal kamen wir an chinesischen Lastwagen vorbei. Sie fuhren in Konvois von drei oder vier Fahrzeugen. Hinter den Scheiben des Fahrerhauses waren undeutlich die Gesichter zu sehen.

Fast jeder der Fahrer rauchte eine dünne weiße Zigarette. Außer diesen LKW gab es keinen Verkehr. Von der geschotterten Oberfläche stieg Staub auf. Gelber oder roter. Man konnte nicht schneller fahren als sechzig. Mamazair, Alichur, Jelondy waren einstöckige Siedlungen, aus Stein oder aus in der Sonne getrockneten Ziegeln gebaut. Irgendwo in der Einöde stand ein würfelförmiges weißes Gebäude mit dem Schriftzug *Stolowaja,* Kantine. Sie hatten Fisch und Bier. Auf dem Grund des Tals floss ein Fluss. Dort gab es etwas Grün, aber ansonsten erstreckte sich, so weit das Auge reichte, steinige Einöde. Auf den Gipfeln lag Schnee.

Wir fuhren zwei Tage nach Chorog. Das Zelt schlugen wir fern der Straße an eisigen Bächen auf. Ringsum keine Menschenseele. Nur Grabmäler aus Lehm fanden wir manchmal. Wind und Regen hatten ihnen fließende, organische Formen verliehen. Wenn der Wind zu wehen aufhörte, war die Stille absolut. Manchmal sahen wir kirgisische Hirten mit Schafherden.

Hinter dem Kojtezek-Pass auf der Höhe von 4200 Metern über dem Meeresspiegel – die richtige Wüste.

Später fuhren wir ins Tal des Flusses Gunt hinunter, und alles veränderte sich. Dörfer tauchten auf, bestellte Felder und Gärten. Auch die Gesichter veränderten sich. Wir waren jetzt unter Persern. Sie hatten Gesichter, die an jene auf altertümlichen Münzen und Gemälden oder an Illustrationen in Büchern über die Geschichte des Altertums erinnerten. Das in dem engen Tal zusammengedrängte Chorog sah aus wie ein Basar. Nach der menschenleeren Landschaft zuvor wirkte die Stadt klaustrophobisch. Man musste Acht geben und sich an das unablässige Hupen gewöhnen. Die Autos streiften einander. Ausweichen konnte man nicht, weil sich zu beiden Seiten der Hauptstraße betonierte Kanäle entlangzogen. Etwas Altes gab es nicht in Chorog. Abgenutzter würfelförmiger Beton, von Staub überzogene Fenster und das obligatorische Heldendenkmal auf einem räudigen kleinen Platz. Kein Samarkand und kein Buchara. Die Hitze und der Staub Asiens gaben sich ein Stelldichein in dieser ehemaligen russischen Garnisonsstadt. Die wichtigste Straße war immer noch nach Lenin benannt.

Nur die Frauen waren anders. Man konnte den Blick nicht von ihnen wenden. Hochgewachsen, schön, wie Statuen. Sie schienen über der Erde zu schweben. Sie gingen, aber es war, als würden sie durch die Luft gleiten. Als würden ihre Füße die Betonruine des Trottoirs nicht berühren, den Müll, die Schlaglöcher, die Bordsteine. In lange, wehende Gewänder gekleidet, aufrecht, mit stolz erhobenem Kopf. Und alle schön, mit diesen mandelförmigen Augen, dem vollkommenen Oval des Gesichts und der schwarzen Zeichnung der geschwungenen Brauen. Als kämen sie aus fernen Zeiten, aus einer uralten Legende, aus der Zeit des Kyrus und Darius. Unversehrt, unberührbar schritten sie durch das Trümmerfeld der männlichen Welt, durch diesen Zementbasar, durch den Markt mit chinesischem Schrott und Hupen. In Farben aus Tausendundeiner Nacht, mit schwerem Gold an den Handgelenken, mit den Funken der Ohrringe. Sie waren Musliminnen, aber sie schauten einem forsch in die Augen und lächelten.

Neben ihnen sahen die Männer aus wie kleine Bengel. Nein, Entschuldigung: Sie sahen einfach normal aus. Wie alle. Die Jungen in anliegenden T-Shirts, engen Hosen und Sportschuhen. Als kämen sie aus dem Nichts oder aus dem Fernsehen. Die Älteren eher zerknittert, sackförmig, in Arbeitsanzügen. Nicht ausgeschlossen, dass sie im Schweiße ihres Angesichts arbeiteten, um das Geld für die schönen Kleider und den Schmuck ihrer Frauen zu verdienen. Sie sahen aus wie Plankton, das um tropische Fische schwebt.

Wir schliefen im Hotel Delhi Darbar. An den Wänden hingen Plakate, die darüber informierten, wie man sich im Falle eines Erdbebens zu verhalten habe. Man sollte einfach unter den Tisch kriechen. Das Lammfleisch schmeckte nicht besonders indisch. Auch nicht tadschikisch. Aber es gab eine Dusche und eine Klimaanlage, die Luft direkt von der Straße ins Zimmer presste.

Stimmengewirr und Musik weckten uns. In dem Park am Fluss fand ein Fest statt. Der Puls von Trommeln dominierte die Geräusche. Er schwoll an, wurde wieder leiser, aber er verstummte keinen Augenblick und verlor auch nicht den Rhythmus. Es musste ein gutes Dutzend Trommeln sein. Von tiefen Basstrommeln bis zu kleinen knatternden, rasselnden. Da dröhnte und synkopierte es, und bisweilen übertönte es den volksfestartigen Rummel. Wir gingen hinaus, um zuzuhören. Zwischen Buden, Rosten, Grillen, Ständen mit gebratenem Fleisch und Süßigkeiten stand im Schatten hoher Pappeln eine Gruppe von Frauen in märchenhaften Gewändern. Diskret, vornehm bewegten sie sich im Takt der Schlaginstrumente. Sie waren es, die spielten.

Der Fluss der Kindheit

Wie eine Savanne sah die Landschaft aus. Kilometerlang flach, ausgetrocknet, mit hohen Bäumen, ein bisschen rostrot, ein bisschen aschgrau. Mit Gras bedeckt. Unter den Füßen raschelte es. Aber weiter unten gab der Boden nach wie Sumpf. Also keine Savanne, sondern Flusslandschaft, Bruch, und keine Akazien oder Baobabs, sondern große, blattlose Weiden. Und dort, wo es ausgefahrene Spuren gab, zeigte sich schwarzer Schlamm. Aber ein bisschen doch wie Savanne, als wären wir auf einem anderen Kontinent. Intuitiv hielt ich Ausschau nach Antilopen, nach Elefanten, die wachsam zur Tränke gehen, zu dem Fluss, der im Schilf mäanderte. In Ufernähe hörte die Schwarzerde auf und der Sand begann. Das Wasser selbst hatte die Farbe von dunklem Glas. Eigentlich durchsichtig, aber es absorbierte das Licht, und drinnen war nichts zu sehen. Nur diese Pseudo-Durchsichtigkeit wie bei alten Flaschen aus braunem Glas. Nun – Elefanten oder Antilopen gab es nirgends, auch keine Giraffen. Nur Spuren von Wildschweinen hier und da.

So endete das Land. Es endete, wie von Gott befohlen: Demütig schwand es dahin. In der monochromatischen Landschaft, ähnlich der auf einem japanischen Holzschnitt, sah der Grenzpfosten geradezu dumm und unanständig aus. Wie Reklame. Sogar das Gras unten am Sockel war abgemäht. Aber offenbar musste es so sein, damit nicht der eine oder andere irgendwann erklärte, er sei aus Versehen dorthin geraten, weil er nichts bemerkt habe.

Auf der anderen Seite sah es etwas geschmackvoller aus: das Gelb war schon lange abgegangen, und das Blau war verblasst und erinnerte jetzt an einen mäßig heiteren Himmel. Die Biber hingegen taten ihr Werk sowohl auf der einen wie auf der anderen Seite. Späne, Stöcke, Knüppel, entrindete und zu Bleistiften gespitzte Enden von gefallenen Bäumen schimmerten im Grau und Braun des Gestrüpps wie eben erst hingeworfene oder verlorene Dinge. Die Zeit wird kommen, dachte ich, eine ausreichend lange Nacht wird kommen, und sie werden den Fluss blockieren. Was sind für einen anständigen Biber schon zwanzig Meter Strömung? Sie werden den Fluss blockieren und den Wasserspiegel über beide Ufer und über die kantigen Pfosten hinaus anheben. Sie werden Stämme anschleppen, Klötze, Wurzeln, werden einen schlammigen Mörtel mischen, verstärkt durch Schilf, Kalmus, Gras, sie werden Faschinen aus Weiden flechten, werden Steine von den Feldern heranrollen, und Damm für Damm, Deich für Deich werden sie den Fluss um Dutzende Meter auftürmen, bis er das Urstromtal erfüllt, und dann höher und höher, bis schließlich das ganze gewellte Land überschwemmt ist, die Dörfer, Städtchen, Straßen, Bäume, Schneisen, die einsamen Höfe zwischen hohen Pappeln, die katholischen und orthodoxen Kirchen, die Friedhöfe, bis alles unter dem die Endlosigkeit des Himmels spiegelnden Wasser verborgen ist in alle Ewigkeit. Auf der einen wie auf der anderen Seite übrigens.

Seit ein paar Stunden streunte ich am Ufer entlang und war in Träume versunken. Ganz wie in der Kindheit. Am selben Fluss, nur etwa dreihundert Kilometer flussabwärts, an dem schon breiteren Lauf. Damals hatte ich ans andere Ufer geschaut und mir vorgestellt, dort sei ein anderes Land, vielleicht sogar ein anderer Kontinent. In der flachen, baumlosen Ebene weideten Rinder und Pferde. Ich stellte mir Reiter vor. Vielleicht waren wirklich welche da – Jungs vom Dorf in meinem Alter, die ohne Sattel dahinjagten, um am Fluss die Pferde zu tränken. Aber ich stellte mir auch vor, dass auf der anderen Seite die Erde unendlich sei. Dass sie sich als gewellte Ebene bis weit hinter den Horizont erstreckt und mit der Krümmung des Planeten abfällt. Dass dort nur Tiere und Reiter leben. Und dass man dort die nie endende Landschaft durchmessen könnte. So stellte ich mir im Alter von zehn Jahren die Ewigkeit vor.

Und jetzt imaginierte ich wieder. Offensichtlich hatte der Fluss in fünfundvierzig Jahren nichts von seiner Kraft verloren. Ich betrachtete das Unterwasserreich, in dem findige Tiere herrschten, und den Menschen blieb nur die Anpassung und der Glaube an eine Art Bibergott.

Aus meinen schönen Träumen riss mich ein Dieselgeräusch. Es kam näher. Ich tippte auf einen Defender und täuschte mich nicht. Er kam aus dem Gestrüpp, vorschriftsmäßig grün, mit Blaulicht. Zwei stattliche Männer stiegen aus, in Einsatzwesten, die in ihren Taschen alle Hilfsmittel der körperlichen Gewalt hatten. Zur Begrüßung gaben sie mir die Hand. Ich freute mich sehr, denn diese Angewohnheit kannte ich bisher nur aus Kasachstan. Dort gibt es auch einen Handschlag, bevor die Uniformierten dich auf Bakschisch einstimmen. Aber diese hier taten es im Rahmen einer freundlicheren Atmosphäre, anscheinend ganz menschlich.

»Bisschen spät«, sagte ich. »Ich treib mich schon drei Stunden hier herum.«

»Dass Sie uns nicht sehen, heißt nicht, dass wir Sie nicht sehen«, sagte der Größere.

»Tourist?«, fragte der Kleinere.

In seiner Stimme lag sowohl Suggestion als auch Versöhnlichkeit und etwas wie stille Hoffnung.

»Ja«, sagte ich, »Heimwehtourist.«

Er holte sein Notizbuch heraus und verlangte die Papiere.

»Aber wir schreiben: normaler. In Ordnung?«

»In Ordnung«, erwiderte ich.

Die Pfeilspitze

Ich habe eine Spitze aus Bronze gefunden. Sie lag auf dem Fenstersims unter einem Haufen von Papierkram. Dreikantig, mit einem Stift zum Befestigen an einem Schaft. Eine Pfeilspitze. Ich habe sie vergangenen Sommer in Karakorum gekauft. Und dann, wahrscheinlich illegal, in der Tasche meines Hemdes ausgeführt. Dann habe ich sie vergessen und jetzt wiedergefunden. Schön ist sie, mit einem grünlichen Überzug, mit mattgoldenem Schimmer an den Rändern, grob, massiv geschmiedet. Ich weiß nicht, vielleicht ist es ein Fake für Touristen. An manchen Stellen sieht sie aus wie gefeilt. Nun ja – jeder Soldat von Dschingis Khan hatte obligatorisch einen Schleifstein in seiner Ausrüstung. Aber was heißt da Dschingis Khan, die Bronzezeit hat mindestens tausend Jahre vor ihm aufgehört, vielleicht ist es ja sogar ein Gegenstand vom Anfang der Epoche. Wenn in dieser Trockenheit ein Dinosaurier erhalten bleibt, warum dann nicht eine tausendjährige Pfeilspitze.

Heiß und ziemlich bewölkt war es in diesem Karakorum. Stände, Buden, ein Handel wie in Tschenstochau. Einen neuen Lamellenpanzer konnte man da zum Beispiel bekommen. Dann ging man hinter eine niedrige Mauer, dort waren die Touristen, die Klosterbauten und diese schwüle Hitze. Alles in allem war nicht viel geblieben von den frühesten Zeiten. In der Mauer gab es ein mickriges Türchen, man musste sich bücken. Es führte aufs offene Feld. Das heißt in die Steppe, die sich bis zum unendlich fernen Horizont erstreckte. Und dort stand die berühmte Steinschildkröte, die in die Zeit von Dschingis Khan selbst oder zumindest von Ögedei zurückreichte. Nur sie war übrig geblieben. Der Rest war peinlich neu, aus dem 16. oder 17. Jahrhundert. Ganz allein stand sie da. Als hätte man sie herausgebracht und dort hingestellt, damit sie nicht störte. Ganz arm. Ihre Schnauze war mit Opferfett eingeschmiert, aber sonst nichts. Alle gingen da hinten im Kloster herum, machten Fotos, in Shorts, in Flipflops. Sie tat mir leid. Ich streichelte über ihre fettige Schnauze. Irgendwie schief stand sie, im trockenen Gras, einsam, aber stolz. Sie erinnerte sich an Ögedei und Batu Khan. Sie erinnerte sich an den Brunnen, den Silberbaum, aus dem Kumys und Wein flossen und was die großen Khane sich noch so wünschten. Ein Franzose hatte ihn konstruiert. Aber jetzt stand die Schildkröte da und blickte mit steinernen Augen in die Vergangenheit, und ich strich ihr über die Schnauze.

In der Nähe verkauften drei Frauen unter einem Plastikdach Antiquitäten. Manche waren vor nicht allzu langer Zeit hergestellt, aber andere sahen aus, als wären sie gerade erst aus dem Sand gebuddelt worden. Scherben, verkohltes Blech, Rost, ein ledernes, zu Stein vertrocknetes Etui für irgendwelche Instrumente, Glasschmuck, ein Messer mit schartiger Klinge. Ja, und diese Pfeilspitze hatte es dort gegeben. Sogar mehrere, aber ich hatte diese ausgewählt, weil sie weder zu groß noch zu klein war. Sie passte genau in die Hand, und wenn man sie umschloss, spürte man ihre Kanten und den unvollkommenen Schliff in der dreifachen Rippe. »Bronze, Bronze«, riefen sie auf Englisch. Ich fragte, wie viel. Sie sagten: »Zwanzig.« Ich sagte: »Zehn«, und die Älteste stimmte eifrig zu. Sie war dünn, von der Sonne verbrannt, und erinnerte selbst an eine Bronzefigur. Ich dachte, ich hätte auch »fünf« sagen können. Aber ich reichte ihr ohne Bedauern den europäischen Geldschein. In dieser Umgebung, neben der Schildkröte, die Ögedei und Batu Khan gesehen hatte, in dieser endlosen Landschaft, war er nicht ernst zu nehmen.

Mehr als die Pfeilspitze habe ich nicht mitgebracht. Ich habe das Land mehrmals der Länge und Breite nach durchmessen, und nie ist mir in den Sinn gekommen, etwas mitzunehmen. Höchstens etwas Kleingeld, mit Bildern drauf: Pferde, die von Ochsen gezogenen Wagen der Khane, Dutzende von Tieren, Brunnen, die Getränke sprudeln. Als glaubte ich nicht, dass man von dort etwas mitbringen könnte, das seinen Sinn außerhalb jenes Raumes bewahren würde. Einmal nur, beim ersten Mal: ein paar Gebetsschärpen in den Farben Blau, Rot, Gold und Grün, das heißt des Ostens, Westens, Südens und Nordens. Und später schaute ich zu, wie Sonne, Wind, Regen und Schnee sie zunichtemachten zwischen den nackten Zweigen der Erlen vor meinem Haus. Nur die Schärpen. Und jetzt diese Spitze, wie der Traum eines Jungen. Schwer, angenehm anzufassen und unverwüstlich. Sie liegt auf dem Sims des Fensters nach Osten, und ich stelle mir vor, dass sie mich überlebt, dass sie unser Haus überlebt und dass sie eines Tages von jemandem gefunden wird.

Bashing

Letztendlich bin ich geflogen. Ich war nicht besonders scharf darauf, weil Winter, kurze Tage, fremdes Land – aber ich bin geflogen.

Von Jasionka aus, unserem Flughafen hier in Rzeszów, den ich liebe, weil er genauso heißt wie meine Lieblings-LPG, mit deren Leben ich seit etwa dreißig Jahren verbunden bin. Mit Lufthansa bin ich geflogen, wie es sich gehört. Die Maschine war halb leer, also machte ich es mir bequem, es gab Rotwein, belegte Brötchen, eine wahre Lust. Im Winter verlasse ich nicht gern das Haus, ganz wie ein Bär, aber ich dachte mir: Was soll's, ich werde fliegen. Ich werde fliegen, ein bisschen bashen und ganz schnell wieder zurückkommen. Gerade mal fünf Tage. Jedes Kind würde das aushalten. Ich werde ein bisschen bashen und mit Lufthansa zurückfliegen.

Polen war durch die Wolken hindurch nicht zu sehen. Vielleicht flog der Pilot falsch. In Deutschland wurde es gleich heller. Wir landeten in Frankfurt. Aber weit weg. Fast schon in Darmstadt. Quasi zur Strafe, dass wir aus Polen kamen, luden sie uns ganz am Ende ab, am Katzentisch. Der Flughafenbus fuhr und fuhr, wie ein PKS-Bus. Ich dachte also, zur Strafe oder zumindest als Ermahnung, denn der Deutsche mahnt ja gern.

Kaum war ich zum Ausgang heraus, da begann es schon. Nicht etwa, wie der Flug gewesen sei, wie das Wetter oder ob ich früh hätte aufstehen müssen, sondern sofort: Was ist mit Polen los?! Als käme ich von der Front. Aus Eritrea oder Somalia, aus einem gescheiterten Staat. Wir setzten uns ins Auto, und es ging die ganze Zeit so, Polen, Polen, Polen, und ob ich ganz bestimmt in fünf Tagen mit der Lufthansa nach Jasionka zurückfliegen wolle. Eigentlich erfüllte es mich mit Stolz – zuletzt war es wohl während der Solidarność-Zeit so gewesen –, dass Polens Schicksal die Welt nicht schlafen ließ. Jedenfalls kam es uns damals so vor.

Doch ich äußerte mich nur behutsam, dosierte die Informationen, als wollte ich noch etwas in Reserve behalten. Das ging leicht, denn ehrlich gesagt hatte ich nicht gerade viele Informationen. In einem Dorf lebend, ohne Fernseher, dafür mehr am Leben der Tiere interessiert, hörte ich aufmerksam zu und spielte den Ahnungslosen. Wir fuhren durch die Abenddämmerung. Die Weinberge begannen, malerische Hügel und Flüsse, Windräder produzierten in aller Ruhe Energie, die Autofahrer überfuhren nicht die durchgezogene Linie. In der Tat, dachte ich, wenn das alles zum Teufel gehen würde durch mein heldenhaftes und unruhiges Volk, wenn das alles in Fetzen fliegen würde unter dem Druck universaler feindlicher Kräfte, das wäre schade. Sollte mein Volk unbedacht und quasi ungewollt bewirken, dass die Russen oder der IS hierherkommen, wäre das ein nicht wiedergutzumachender Schaden. Was soll der IS mit den Weinbergen? Was haben die Russen mit erneuerbarer Energie am Hut? Ich verstand sie sogar, meine Gastgeber, die Angst hatten vor einer fünften polnischen Kolonne im gemeinsamen europäischen Haus. Sie taten mir leid. Ich begann sie zu trösten: dass man das nicht so ernst nehmen solle, dass das Staatswesen jung sei und sich austoben müsse, dass das Volk halt ein bisschen kindisch sei, weil es in den vielen Gefangenschaften nicht zur Reife gelangen konnte, also müsse man ihm die Launen verzeihen. Wenn wir uns ausge-

tobt hätten, wenn wir genug Auslauf gehabt, genug herum-
gegrölt und randaliert hätten, dann würden wir schon zur
Vernunft kommen, wir würden das Ungehobelte verlieren
und Manieren lernen. Wir würden durch und durch Europäer werden und aufhören, jeden zu verdächtigen, dass er
sich über uns lustig macht und uns nicht genügend Achtung
entgegenbringt. So versuchte ich sie zu trösten, während
der Lesungen, bei privaten Treffen und Weinproben bei Win-
zern an malerischen Orten. »Fürchtet euch nicht«, sagte ich.
»Wer – wenn nicht wir – hat euch jahrhundertelang vor den
Moskowitern und vor Mohammed beschützt, keine Opfer
gescheut und sein christliches Blut vergossen? Ihr habt hier
eure Weinberge kultiviert, und wir haben das Abendland
verteidigt und von Wodka und Kartoffeln gelebt. Also fürchtet euch nicht. Auch jetzt werden wir euch verteidigen, wir
müssen uns nur austoben.«

Ich konnte sie wohl doch ein wenig beruhigen, denn von
den Weinbergen fuhren wir dann zu einem als Denkmal ge-
stalteten Hüttenwerk, in dessen Museum eine Ausstellung
von Schädeln zu besichtigen war. Es gab Schädel aus vergangenen Jahrhunderten und von verschiedenen Kontinen-
ten. Es gab bemalte Schädel, Schädel-Skulpturen und Schädel von Föten. Im Rahmen der historischen Bezüge gab es
sogar eine SS-Mütze und den Tschako eines Kavalleristen
der Todeshusaren, der preußischen natürlich.

Auf der Halbinsel

Ich kann mich gut an die Dezembernacht erinnern, als Polen in den Schengen-Raum aufgenommen wurde. Kurz vor Mitternacht fuhren wir an den Grenzübergang zur Slowakei.

Wir hatten es nicht weit – knapp zwanzig Kilometer. Es war frostig, und es lag Schnee. Einige lokale Honoratioren hielten eine Rede. Sogar Perlwein in Plastikbechern gab es. Wir machten uns ein Vergnügen daraus, locker von einem Land ins andere zu gehen und wieder zurück. Die Grenzschützer beobachteten unsere Spielchen mit unsicherem Lächeln. Sie wussten nicht, wie sie sich verhalten sollten. Wir übrigens auch nicht. Wahrscheinlich wusste es niemand. Wir sind in dem Teil Europas beziehungsweise der Welt geboren und aufgewachsen, wo die Grenzen mit Stacheldraht und Wachtürmen versehen waren. Jetzt schien es, als würde diese Welt bald unwiderruflich der Vergangenheit angehören.

Und noch etwas war seltsam: In dieser Gesellschaft einiger Dutzend feiernder Menschen gab es keine Ortsansässigen. Auf polnischer Seite begann das Dorf ein paar Hundert Meter vom Grenzübergang. Das nächste slowakische Dorf lag drei Kilometer entfernt. Doch außer den lokalen Beamten, Honoratioren und Grenzschützern waren nur ein paar Touristen da und einige Leute wie wir, die aus der Stadt in diese Gegend gezogen waren. Niemand jedoch von denen, die täglich und seit Generationen in der Nähe der Grenze lebten. Sie schliefen oder sahen fern. Vielleicht schielten sie hinter den Gardinen hervor, in Erwartung von etwas Spektakulärem wie etwa einem Feuerwerk. Mit der Symbolik dieser europäischen Nacht hatten sie nichts am Hut.

Heute denke ich, ihre Abwesenheit an jenem Tag hatte eine Bedeutung, die wir damals nicht zu entschlüsseln vermochten. Denn die Abwesenden, die hinter den Gardinen hervorschauten, ließen sich von dem Instinkt leiten, der diesem Teil der Welt eigen ist. Sie ließen sich von der uralten Weisheit dieser Gegend leiten, die da sagt, dass alle Veränderungen von außen kommen, gleichsam als fremdes Element: Hochwasser, Sturm oder Krieg. Deshalb ist es besser, in der Sicherheit und Wärme des eigenen Hauses abzuwarten, bis sie vorüber sind. Argwohn ist das Wahrzeichen dieser Landstriche.

Nicht ausgeschlossen, dass wir nie Europäer sein wollten. Reichte uns doch kaum die Kraft, um unser Polentum, Ungarntum, Slowakentum zu verteidigen. Es nahm uns vollkommen in Anspruch, Pole, Ungar, Tscheche, Slowake oder Rumäne zu sein. Für etwas anderes hatten wir keine Zeit. Europa? Ach, das ist eine Flause der Reichen und Gelangweilten. Etwas wie Trabrennen oder *slow food*. Wir hier müssen einfach überleben. Natürlich nehmen wir mit, so viel wir tragen können, geben Versprechen, die wir nicht halten, und machen uns dann heimlich davon in unsere Häuser, in unsere abgelegenen Hütten, in der Hoffnung, dass uns nie ein Fremder besuchen wird. Denn fremd, anders, von außen – das hat hier immer etwas Schlimmes bedeutet: Krieg, Raub, Vernichtung. Das Fremde fürchtete man, das Fremde verachtete man. Das Fremde wurde auch bewundert, aber diese Bewunderung trug das eigene Minderwertigkeitsgefühl in sich. Noch heute kann man in polnischen Dörfern hören: »Unter den Deutschen, da war Ordnung.«

Und von Frauen, die sich an die Kriegszeit erinnern: »Wie gut diese Deutschen aussahen in ihren Uniformen.« Im Unklaren bleibt nur, zu welcher Formation diese gutaussehenden Männer gehörten.

Nun gut. Wir sind Europäer, aber andere. Wenn Europa eine Halbinsel ist – und das ist unbestritten –, dann kommen wir aus dem Landesinneren. Im Grunde waren wir immer zwischen zwei Räumen gefangen. Asien wollten wir nicht sein, aber Europa konnten wir nicht sein, weil Europa schon »besetzt« war. Da war kein Platz für uns. Deshalb fristeten wir jahrhundertelang unser seltsames Grenzdasein. Wir waren mentale Nomaden. Ständig haben wir uns gefragt: Wer sind wir eigentlich? Was gehört zu uns, und was haben wir uns von anderen angeeignet? Von den »Wilderen« und von den Zivilisierteren. Wir haben uns mehr oder weniger reale Stammbäume ausgedacht. Wir haben unsere Herkunft von den Sarmaten abgeleitet, von Attila, von den Römern, von den Dakern, Thrakern oder Geten, von Alexander dem Großen oder in direkter Linie von Adam. Wir sind erst spät, sind als Letzte in der europäischen Familie erschienen, und wir hatten den Komplex eines Bastards. Alle waren älter, preisgekrönter, vertrauenswürdiger, selbstsicherer als wir.

Außerdem scheint es, dass unsere Unsicherheit, unsere rätselhafte Herkunft uns umso mehr verfolgten, je länger wir in dieser Familie weilten. Unsere eigene Identität verfolgte uns. Da wir uns ihrer nicht sicher waren, fürchteten wir umso mehr, sie zu verlieren. Da wir keine besonderen Verdienste vorzuweisen hatten – wir haben ja kaum Entdeckungen gemacht, keine neuen Kontinente erobert, weder die Dampfmaschine noch den Verbrennungsmotor und auch keinen Gott erfunden –, haben wir uns immer darauf konzentriert, wer wir sind.

Ich denke, wir sind müde. Seit Jahren sind wir im Wettlauf mit der Welt, im Wettlauf mit dem Westen. Wir müssen die Deutschen einholen, Italien überholen, mit San Marino mithalten. Wir sind müde, weil die Zukunft uns nicht betrifft. Wir werden in diesem Wettlauf immer zurückbleiben, dazu verurteilt, ewig fremden Spuren zu folgen. Die einzige Chance für uns ist der Zerfall Europas, denn dann hört der Wettlauf auf. Die Zukunft verurteilt uns zum Scheitern. Die Zukunft ist für uns ein weiteres Element, das wie ein Sturm am Horizont aufzieht und uns Vernichtung bringt. Deshalb wählen wir die Vergangenheit, das, was vorbei ist. Mit Hilfe von Mythen, Vorurteilen, mit Hilfe der Geschichtspolitik haben wir Macht über die Vergangenheit und können sie nach Belieben gestalten. In der Vergangenheit gibt es keinen Wettlauf, keine Konkurrenz. Schließlich wird niemand mit uns um unsere Vergangenheit rivalisieren. In der Vergangenheit liegt unsere mehr oder weniger imaginierte Größe.

Was wird werden? Schwer zu sagen. Nicht ausgeschlossen, dass unser Kontinent, unsere Halbinsel bersten wird wie eine Eisscholle im steigenden Wasser des Frühjahrs. Und wir hier, am Rand, werden abdriften und unsere Geschichten von der endlich wiedergewonnenen Souveränität und Identität erzählen. Aber um zu überleben, werden wir gezwungen sein, zeitweilige, unklare Bündnisse einzugehen, pragmatische Freundschaften zu schließen und besorgt den Horizont zu beobachten, ob nicht ein Sturm aufzieht, der uns verschlingen wird. Wieder werden wir alle unsere Gedanken auf das Überleben richten. Wir werden uns in unseren Häusern vor der Nacht verstecken, um besorgt und argwöhnisch hinter den Gardinen hervorzuschauen.

Vom Höheren

Ich versuche mich zu erinnern, woran ich damals mehr glaubte: an die Geburt des Herrn oder an die Auferstehung. »Damals« heißt in einer Zeit, da der Glaube so offensichtlich war wie der Alltag. In einer Zeit, da er sich nicht von der Wirklichkeit unterschied. Als ich zehn, elf Jahre alt war. Damals hatten alle Erzählungen ihre volle Berechtigung, ich glaubte einfach alle. Die Welt war nicht durch Grenzen geteilt. Mehr noch – der Zehnjährige spürte sein deutliches Getrenntsein nicht. Er selbst war die Welt. Robin Hood, Tom Sawyer, der junge Jesus, der im Tempel lehrte – sie gehörten zur selben Ordnung.

Nur die religiöse Vision war vielleicht ausdrucksstärker, da sie von einem allgemein gültigen Ritual getragen wurde. Mindestens einmal in der Woche begaben wir uns ins Innere der Erzählung. Und zweimal im Jahr gewann die Erzählung noch an Anschaulichkeit. Und sei es nur durch die Weihnachtskrippe. Unter dem Strohdach die slawischen Hirten zusammen mit den Tieren, die Drei Könige aus dem Märchen, Maria mit ihrer ultra-arischen Schönheit und Joseph wie der Stammvater der Piasten. Wie hätte man daran nicht glauben sollen? Auf dem Dach des Stalls lag Schnee aus Watte. Es war Dezember, und zur Kirche ging man durch einen frostigen Abend. Wenn man oft aufs Land fuhr – und das tat ich –, dann war die Erzählung von Bethlehem nicht so skandalös, wie es die Anwesenheit eines Gottes in unserer menschlichen Welt sonst ist. Der Stall, die Tie-

166

re, die rustikale Armut der Szene holten den Himmel auf die wirkliche Erde herunter. Man konnte nicht nicht daran glauben. Nur das Kind im Heu war vielleicht etwas zu groß für seine kurze Lebenszeit. Es sah überhaupt nicht wie ein Neugeborenes aus, sondern wie ein Jüngling in einem ärmlichen Hemd. Es bedurfte jedoch keiner besonderen Anstrengung der Phantasie: Der Sohn Gottes konnte schließlich etwas größer sein als ein normales Kind.

Nach Ostern, gelehrt gesagt: nach dem Triduum Paschale, war die düstere Klaustrophobie des Winters vorbei. Die bis zu den Knochen durchdringende Kälte gab es nicht mehr. Die Sonne schien, das erste Grün zeigte sich. Man konnte ganze Tage draußen verbringen. Das Grab des Herrn, die Finsternis, die Felshöhle und die Leichenfigur stellten einen krassen Widerspruch zu dem dar, was auf Gottes Welt geschah. In die Kirche ging man wie in den Untergrund. Die älteren Frauen bewegten sich lautlos wie Geister. Sie glitten zwischen dem auf einem violetten Kissen liegenden Kruzifix und dem Nebenaltar, wo das Grab war, hin und her. Ihre Anwesenheit musste für einen Zehnjährigen ziemlich irreal wirken. Als wäre er in den Hades gelangt, aus dem helllichten Tag direkt ins Reich der Schatten. Sicherlich folgte ich dem Beispiel der alten Frauen und küsste die gekreuzigten Füße Christi, sicherlich kniete ich wie sie vor dem Grab, vor der halbnackten, auf dem Rücken liegenden Figur in Lebensgröße. Nicht ausgeschlossen, dass dies meine erste Begegnung mit einer so direkten Darstellung des Todes war. Vorher hatte ich nur Soldaten in sowjetischen und polnischen Kriegsfilmen gesehen. Sie hatten meine kindliche Vorstellung vom *Mysterium mortis* vollständig ausgefüllt. Christus im Grab war das erste Bild eines toten Menschen im Maßstab eins zu eins. Er hatte die Farbe von Elfenbein, reglos und vollkommen lag er da. Die Wunden an der Brust und den Händen waren präzise wie ein japanischer Holz-schnitt. Theoretisch wusste ich, dass er am übernächsten Tag auferstehen würde, aber nichts wies darauf hin. Seine Ruhe schien endgültig. Und er selbst war sozusagen himm-lisch in seiner Schönheit. Der Gedanke, er könnte die An-strengung unternehmen, auf ungeschickte, menschliche Art und Weise aufzustehen, schien frevlerisch und absurd.

Bei der Sonntagsmesse war die Kirche voll. Das Grab war verschwunden. Die alten Frauen standen irgendwo in der Menschenmenge und waren unsichtbar. Statt der liegenden Figur des Toten stand jetzt auf der rechten Seite des Altars der auferstandene Christus. Er war nicht größer als einen Meter. Über seiner linken Schulter hing ein purpurfarbener Mantel, den rechten Arm stützte er auf das Kreuz, das zu-gleich der Flaggenstock für die siegreiche rote Fahne war. Die Figur war in der überfüllten Kirche kaum zu sehen. Das Licht der Kerzen und die Schwaden des Weihrauchs lie-ßen die Gestalt ferner erscheinen und verwischten die For-men. Christus sah ein wenig aus wie eine große Puppe mit verwehtem Haar. Warum drum herumreden: Im Vergleich mit dem Toten war er nicht ernst zu nehmen. Das Volk er-füllte die Kirche mit Gesang: »Christ ist erstanden von der Marter alle. Des solln wir alle froh sein; Christ will unser Trost sein.« Aber dem Zehnjährigen, der ich damals war, erschien die Freude künstlich, nur gespielt, denn schließlich lag er immer noch dort, halbnackt, einsam und schön in der unvergleichlichen Majestät des Todes.

Näher heranholen

Am Morgen war es neblig. Dann hat es aufgeklart, der Nebel hat sich verzogen, und jetzt hängt ein diffuses warmes Licht über der Gegend. Ich sitze am Fenster wie ein König und schaue durchs Fernglas. Nicht gleich wie Gombrowicz auf dem berühmten Foto, wo er durch ein umgekehrtes Fernrohr blickt, damit alles weiter weg sei, weil er sich ekelt oder distanzieren will. Ich schaue ganz normal. Wie es sich gehört, das heißt, um alles näher zu haben. Hof, Schubkarre, Zaun, Wiese, die zugewachsene Schlucht, wieder Wiese, dann Wald. Zuerst Kiefern, weiter oben Tannen, noch höher Buchen, vorläufig noch blattlos, braungrau, und links, etwas heller, Lärchen. Dann wieder Buchen und ganz oben der fast schwarze Kamm der Tannen vor dem Hintergrund des Himmels. Hof, Zaun, Wiese, Wald also. Ich sehe mir Polen an, meine Heimat, mit dem Fernglas. Ich könnte hinausgehen, näher hingehen, aber durch das Fernglas ist es interessanter, feierlicher. Auch etwas analytisch quasi, weil der Blick ruhiger ist und das Detail wahrnimmt. Er nimmt Details des Landes wahr, die er im Alltag unachtsam übergeht. Und jetzt, bitte schön: Ein kurzer Schauer ist durchgezogen, ein Frühlingsregen, von Sonnenstrahlen durchleuchtet, und die Köttel der Schafe im Gras glänzen dunkelgrün. Aber gleich werden sie wieder trocken sein. Im Übrigen gewinnen auch die Schafe selbst in der optischen Annäherung. Als müsste man nur die Hand ausstrecken, liegen sie da, und man kann ihre Mimik betrachten, ihre ausdrucksstarken Grimassen und ihre sehr individuelle Schönheit. Hier täuschen sie nichts vor. Denn wenn ein Mensch sich nähert, dann schauen sie hin und versuchen, etwas für sich herauszuschlagen. Das heißt, sie flirten ein wenig in der Hoffnung auf trockenes Brot oder eine Möhre.

Aber warum eigentlich die Schafe. Sie sind schließlich nicht die kleinsten Geschöpfe und recht sichtbar. Nehmen wir lieber diese fliegenden Lappalien, die im Frühjahr in den Kronen der Kiefern, Fichten und Lärchen im Hof auftauchen. Bewegliche Details, winzige Einzelheiten, gerade mal die Interpunktion im unermesslichen Poem der Welt. All die Girlitze wie Flämmchen feuchten Feuers, Kreuzschnäbel wie erlöschende Kohlenstückchen, Distelfinken, mit Tropfen von Blut und Gold gezeichnet, die Rotkehlchen, die verschiedenen Bachstelzen und überdies die Amsel, der eleganteste Vogel … Mit bloßem Auge erkennst du nichts außer der Bewegung, nichts außer der Tatsache, dass für den Bruchteil einer Sekunde etwas Gestreifeltes durch die Luft gesegelt und im Tohuwabohu der Zweige verschwunden ist. Und nur das Okular, das Prisma und das Objektiv sind imstande, diese lebhaften, farbigen Existenzen aus dem Wirrwarr zu schälen.

So sitze ich also am Fenster wie ein König und schaue auf mein Land, meine Heimat, auf eine Art und Weise, dass ich nicht gesehen werde. Das Land weiß vielleicht noch nicht einmal, dass es mich gibt. Schafsköttel, Schubkarre, Zaun, Wiese, Wald. Ein Schimmer von Vögeln in der klaren Luft. Mania mäht fleißig die gerade erst grünende Flur. Das schwarze Schnäuzchen rupft einzelne Gräser. Vor zwei Tagen bemerkte ich, dass weit draußen auf der Wiese etwas lag, wo vorher nichts lag. Mit Hilfe der Optik konnte ich sehen, dass es nicht lag, sondern langsam trippelte, denn es war eine Ringeltaube, groß wie ein Huhn. Halbherzig trippelte sie. Sie musste sich verirrt haben, denn niemand hat hier jemals eine Ringeltaube gesehen. Sie trippelte ein wenig und flog davon. Jetzt sitzt eine Bachstelze auf dem Dachfirst und putzt ihre Federn. Die trockenen kleinen Krallen gleiten über das Blech, immer wieder korrigiert sie ihre Position. Schließlich hinterlässt sie drei weiße Auslassungspunkte – und weg ist sie.

Vor der Abenddämmerung klart es auf. Aber je näher, je weiter unten im Tal, desto weniger Licht. Über den Mareszka-Berg gleiten feurige Wolken, erleuchtet von den Strahlen des Sonnenuntergangs. Dazwischen ist der reine Himmel. Er hat die Farbe von ausgeblichenem Azur. Man kann sich einbilden, das sei um diese Tageszeit die Farbe der Unendlichkeit. Dort ist nur Luft, die sich in der Troposphäre, der Stratosphäre und der Mesosphäre allmählich verdünnt, um sich schließlich im gnadenlosen Weltall aufzulösen. Mein Fernglas vergrößert siebeneinhalb Mal. Ich halte Ausschau nach den Löchern zwischen den Wolken und hoffe, dass ich dem Unendlichen siebeneinhalb Mal näher komme.

Was ich auch Ihnen wünsche.

In einer zu engen Gasse der Geschichte

Zu Beginn ist *Land, Land!* von Sándor Márai die Beschreibung einer Namenstagsfeier in Budapest im März 1944, an jenem Tag, an dem die Deutschen nach Ungarn einmarschierten.

Unter den Gästen des Schriftstellers befand sich auch ein Verwandter, der mit den Nazis sympathisierte.

»Er schnaubte los, schlug weinumnebelt auf den Tisch und wiederholte die Leitartikellosungen vom ›Durchhalten‹ und der Bündnistreue. Als ich widersprach, gab er mir eine überraschende Antwort. ›Ich bin Nationalsozialist‹, rief er. ›Du‹, und er zeigte auf mich, ›kannst das nicht verstehen, weil du begabt bist. Aber ich bin nicht begabt, und deshalb brauche ich den Nationalsozialismus.‹ [...] Als ich mich besonnen hatte, entgegnete ich, ich misstraute meiner Begabung, sie sei eine Fähigkeit, die man täglich von neuem beweisen müsse, aber ich wäre auch dann kein Anhänger der nationalsozialistischen Ideen, wenn ich unbegabt wäre, was ja nicht unmöglich sei.

Der Verwandte schüttelte düster den Kopf. ›Du kannst das nicht verstehen‹, beharrte er und schlug sich an die Brust. ›Jetzt geht es um uns, die Unbegabten‹, sagte er, und es klang wie das Bekenntnis des Helden aus einem russischen Roman. ›Das ist unsere Zeit!‹«*

---

* Zitiert nach: Sándor Márai: *Land, Land. Erinnerungen.* Aus dem Ungarischen von Heinz Skirecki. München 2001. S. 11/12. Stasiuk

Was soll man mit Menschen anfangen, die nichts können? Mit Menschen, die nichts zustande bringen und für nichts geeignet sind? Mit denen, die nicht bekommen, was sie gern möchten? Mit denen, die mit dem Gefühl leben, dass ihnen mehr zustünde, und die mit diesem Gefühl sterben werden? Was tun mit denen, für die das Leben eine Tortur ist, weil sie mitansehen müssen, wie zufrieden andere sind? Was tun mit denen, die aus ihrem Schicksal vertrieben wurden? Was tun mit dem sprichwörtlichen Schuster, dem der Schaum vor den Mund tritt, wenn er erfährt, dass der Prälat Bischof geworden ist? Welchen Balsam gibt es für diese Leute? Die Luft, die andere täglich atmen, bohrt in ihren Wunden. Welche Tropfen kann man ihnen geben, um ihren Augen Linderung zu verschaffen, die sich beim Anblick von Gottes weiter Welt mit Tränen füllen? Welche Spritze kann helfen, ihre Seele, ihr Herz und ihren Geist zu heilen? Welche Operation, welchen Eingriff am lebenden, leidenden Organismus, welche Schädeltrepanation könnte man durchführen, damit das Eingebildete ein für alle Mal mit dem Ermöglichten zusammenwachsen kann?

Man weiß es nicht. Man weiß wirklich nicht, was man mit Menschen anfangen soll, die der Herrgott, aus nur ihm bekannten Gründen, nicht mit Talent fürs Leben gesegnet hat. Ebenso wie er manchen auch den Humor nicht gegönnt und sie zu ewigem Grollen und Schmollen verurteilt hat. Man weiß nicht, was man mit ihnen anfangen soll, und doch sind sie unsere Brüder. Im Alltag meiden wir sie einfach, aber es kommt die Zeit, da wir ihnen von Angesicht zu Angesicht in einer engen Gasse der Geschichte gegenüberstehen, weder vor- noch zurückgehen und ihnen nicht

zitiert nach der Ausgabe von Márais *Ziemia! Ziemia!* Warszawa 2014.

werden ausweichen können. Wir werden ihnen nicht ausweichen können, wir werden nicht auf die andere Seite gelangen, wir werden nicht so tun können, als erkennten wir sie nicht. In einer zu engen Gasse der Geschichte.

Da kann man wohl nichts machen. Von Zeit zu Zeit kommt der Moment, da Menschen ohne Talent die Welt nach ihren Träumen einrichten müssen. Schließlich können sie nicht in einem Ghetto leben. Von Zeit zu Zeit sollten sie das Sagen haben, das brauchen sie, so wie ein Hund Auslauf braucht. Sind es doch unsere Brüder, in die Hölle geworfen, in den Tartaros, in den Abgrund des Ressentiments. Etwa wie syrische Flüchtlinge, Exilanten aus Eritrea. Nur dass das Asyl ihnen nicht genügt, finanzielle Unterstützung und kostenloser Sprachunterricht reichen ihnen nicht aus, allein das ganze Land – jetzt – und das Intermarium zwischen Schwarzem Meer und Ostsee – in Zukunft – sind imstande, ihre zerrissenen Seelen zu beruhigen.

Also sollten sie von Zeit zu Zeit bekommen, was sie brauchen. Sie sind schließlich nicht von schlechten Eltern und sollen nicht stiefmütterlich behandelt werden. Sie sind wie alle, nur etwas anders. Zwar sind sie in der Minderheit, doch die Aufgabe einer reifen Demokratie ist es, Minderheiten zu schützen und ihre Würde und ihre Rechte zu gewährleisten. Also sollte man ihnen das Land geben und auch das Intermarium, damit sie das eine wie das andere nach ihren Vorstellungen gestalten, mit dem Ziel, wie ein Klassiker sagt, die Gleichgültigkeit der Welt abzuwenden. Sollen sie doch die Geschichte, die Geographie und die Chemie nach ihren Vorstellungen gestalten. Und die Grammatik (was ihnen recht leichtfällt). Und eine eigene Kinematographie sollen sie haben, eine eigene Hygiene und eine eigene Leichtathletik. Und eigene Maler sollen sie haben und Museen für sie errichten und eigene Schriftsteller, für die sie dreistöckige Buchhandlungen bauen. Und eine eigene, elegante Medizin sollen sie sich schaffen und eine eigene Religion mit einem ordentlichen Papstamt vor Ort, damit man nicht so weit fahren muss. Sollen sie doch alles nach ihren Vorstellungen gestalten, damit sie nicht mehr leiden müssen. Denn es zerreißt einem ja das Herz, wenn man sich ihre Qualen ansehen muss. Amen.

Bevor es losgeht

Fünf Uhr morgens, und die Sonne ist noch hinter dem Mareszka versteckt. Es ist windstill und kalt, nichts zu hören. Ach nein, die Vögel zwitschern, pfeifen und piepsen natürlich im grünlichen Zwielicht.

Aber das tun sie schon seit einem Monat oder länger. Man hat sich daran gewöhnt, und ihre Rufe an den Partner zum Zweck der Erhaltung der Gattung scheinen zu dieser Stille zu gehören. Sie zwitschern – das heißt, die Welt wird nicht untergehen. Das denke ich, während ich Kaffee trinke und lausche. Offensichtlich will die Welt weiter existieren und rümpft nicht die Nase. Es wird fünf, und die Welt beschließt: Fangen wir an. Die Wolken gleiten diskret, kaum merklich nach Nordwesten. Also muss es dort oben doch ein bisschen wehen. Aber hier unten – nichts. Alles windstill. Hin und wieder regt sich etwas, es schaukelt, aber das ist die Anwesenheit der Vögel. Etwas hat sich hingesetzt und ist wieder weggeflogen. Ein Kreuzschnabel zum Beispiel. Man sieht noch nicht richtig um diese Zeit. Aber die Rehböcke hört man. Sie bellen im Wald. Der eine von der einen, der andere von der anderen Seite des Tals. Die Stille trägt den Laut, aber irgendwie tonlos, klanglos. Als wäre er immer schon da gewesen und in diese Stille eingegangen.

Und jetzt, Mann, schreib einen Artikel. Reagiere auf die laufenden Ereignisse, immer am Puls des Volkes und des Vaterlands. Verpass dir eine Transfusion des aktuellen Geschehens. Verfolge, was in Politik, Kultur und gesellschaftlichem

Leben vor sich geht. Nimm dir zu Herzen, was die eine oder andere – männliche oder weibliche – Leuchte gesagt oder getan hat. Oder nimm zur Kenntnis, dass in den Kirchen in Anwesenheit geweihter Priester oder hoher staatlicher Würdenträger nicht-sakramentale Trauungen stattfinden. Und das sogar mit Toten. Sogar mit Toten, die schon verheiratet waren. Und? Die Würdenträger beglückwünschen sie später? Überreichen ihnen Geschenke? Umschläge? Einen Schnellkochtopf, ein Möbelstück oder irgendein elektronisches Gerät? Das wird ihnen aber nichts nützen, denn damals gab es nichts, woran man das elektronische Gerät hätte anschließen können, und das Möbelstück könnte auf dramatische Weise den Geschmack der Zeit verfehlen. Ehrlich gesagt, mir ist das zu hoch. Wie übrigens viele Dinge, auf die ich als Feuilletonist reagieren müsste.

Daher stehe ich vor fünf auf. Um durchzukommen, bevor alles losgeht. Der ganze Wahnsinn. Um fünf Uhr morgens heiratet eher niemand. Überhaupt tut um fünf Uhr kaum jemand irgendwas, das heißt, es ist eine relativ sichere, ungefährliche Tageszeit. Da gibt es keine Begräbnisse und keine Exhumierungen. Höchstens wird jemand geboren oder jemand stirbt. Um fünf Uhr sind mein Volk und mein Vaterland ganz ruhig. Man kann sagen, über Vaterland und Volk liegt eine Stille, ähnlich der Stille in meinem Dorf. Die Leuchten – männliche und weibliche – schlafen noch. Sie träumen von den Taten, die sie gleich nach dem Aufstehen vollbringen, oder von den Worten, die sie sagen werden.

Deshalb glaube ich, das ist die beste Zeit für Volk und Vaterland. Ein Vogel setzt sich, ein Rehbock bellt. Der Himmel hat sich zugezogen, und es beginnt zu tröpfeln. Volk und Vaterland ruhen gelassen am Busen der Welt. Ruhig, schlafend, schnarchend, noch mal von einer Seite auf die andere, unter der Decke, auf dem Rücken, auf dem Bauch, eingerollt oder wie Volk und Vaterland es eben mögen. Versunken, unemanzipiert, im Einklang mit dem Kosmos, mit sich selbst im Reinen. Nur noch für ein oder zwei Stunden zwar, aber immerhin, auch das ist gut, bevor wieder alles losgeht.

Der Supermarkt

Vor einiger Zeit haben sie in unserem Landkreis einen Supermarkt gebaut. Den ersten richtigen Supermarkt. Auf der Wiese, wo immer der Rummel aus der Slowakei stand.

Irgendwann kam der nicht mehr, also wurde der Platz frei, und sie bauten. Um den Rummelplatz ist es ein bisschen schade, denn da war Leben. Junge Damen kreischten auf Karussellen und anderen raffinierten Geräten. Der Wind hob Röcke hoch. Kinder zählten nervös ihr Kleingeld, ob es für ein Elektroauto reichte. Eltern zogen ihre Kinder weg. Die dunkelhäutigen, tätowierten Slowaken betrachteten all das gleichgültig und setzten ihre museumsreifen Maschinen in Gang, die sich noch an die Zeit von Gustáv Husák erinnerten.

Sie ähnelten Matrosen, die schon die ganze Welt gesehen haben und die nichts mehr beeindrucken kann.

Nun, irgendwann kamen sie nicht mehr. Vielleicht entsprechen die Freizeitgeräte nicht mehr den Anforderungen, und die Slowaken fahren jetzt nach Mazedonien? Jedenfalls stand die Wiese eine Weile leer. Hin und wieder wurde sie von dem Flüsschen überschwemmt. Schließlich kamen gelbe Bulldozer und Bagger. Innerhalb weniger Monate bauten sie ein großes Gebäude aus Blech, halb Halle, halb Baracke, wie das in der heutigen Zeit so ist. Um das Ding, wenn nötig, innerhalb einer Woche abzubauen und etwas Größeres und Hässlicheres hinzustellen. Aber dank dieser Halle bekam der Landkreis zum ersten Mal ein unterirdi-

179

sches Parkhaus. Und die erste Rolltreppe. Vor allem die Rolltreppe wurde sofort zur Attraktion. Der Supermarkt war zwar kein Vergnügungspark, aber immerhin. Die Kids fuhren in Gruppen rauf und runter. Sie liefen der Bewegung entgegen. Sie schickten Flaschen mit kohlensäurehaltigen Getränken auf die Reise und beobachteten, ob sie ankamen. Zweifellos hatte all das erzieherisch-zivilisatorischen Wert. Zu späterer Stunde fuhren junge Leute mit frisierten Schlitten ins Parkhaus und versuchten, zwischen den Betonpfeilern die Reifen qualmen zu lassen. Die Mädchen schauten zu.

Es war ein bisschen wie in amerikanischen Filmen: ein eleganter Innenraum, viel Platz und Neonlicht.

Aber ich gehe gern dorthin, denn der Markt hat bis spät auf, und kurz vor der Schließung ist es eher leer, also kann man in Ruhe überlegen, was man braucht und was nicht; Letzteres wollen sie einem trotzdem verkaufen. Ich gehe umher und denke bei der Gelegenheit über die Konsumgesellschaft nach. Ich sträube mich gar nicht besonders, denn ich weiß ja, wenn ich zu kaufen aufhöre, trage ich zum Untergang der Welt bei. Vielleicht muss ich sogar für diejenigen kaufen, die in ihren roten Körbchen nur eine Packung Toastbrot oder eine Tüte Chips hinter sich herziehen. Oder gar nichts. Weil sie nur gekommen sind, um sich das Sesamöffne-dich unseres Landkreises anzugucken.

Vielleicht sollte gerade darauf die neue Solidarität der Menschen beruhen. Dass die einen nicht mehr der anderen Last tragen, sondern für sie einkaufen sollen. Körbchen hinter sich herziehen und Wagen schieben. Damit die letztendlich doch gemeinsame Welt weiterbestehen kann. Denn wenn wir aufhören zu kaufen, zu benutzen und wegzuwerfen, kracht alles zusammen, die Reichsten werden zu Bettlern, und die Ärmsten sterben ganz einfach. So dachte ich, als ich von Regal zu Regal ging und dies und jenes in den Korb legte. Ich nahm sogar das eine oder andere, das ich nicht unbedingt brauchte. Durch die Lautsprecher taten sie kund, dass sie gleich schließen und man zu den Kassen kommen soll.

Und da sah ich, dass die Damen vom Supermarkt ein neues Regal einrichteten. Irgendwo zwischen Toilettenpapier und Bier. Ein nationales Regal. Es gab dort alles: Flaggen, Schals, T-Shirts, Kappen, Farben, um sich das Gesicht zu bemalen. Sogar Kopfbedeckungen im Stil von Wikingerhelmen waren da. Rot mit weißen Hörnern. Mir schien unsere Konfederatka sinnvoller zu sein, aber offensichtlich war der Produzent der Meinung, diese polnische Eckenmütze habe in Europa keinen Wiedererkennungswert, also wählte er eine mit Hörnern, damit alles klar war. Ich stellte mir vor, wie die Leute mit diesen patriotischen Geweihen vor dem Fernseher sitzen und mit den Fähnchen wedeln. Schließlich konnten sich in unserem Landkreis nicht viele leisten, einfach mal nach Paris, Lille, Nizza oder Marseille zu fahren.

Das gefiel mir. Im Kommunismus konnte man sich nicht einfach so Flaggen kaufen. Es gab sogenannte Propagandageschäfte. Zum Beispiel in Warschau auf dem früheren Leński-Platz. Im Schaufenster standen Porträts von Würdenträgern der Partei, drinnen gab es Flaggen, Transparente, Wappen und weiß-rotes Leinen als Meterware. Nicht ausgeschlossen, dass man ein spezielles Papier brauchte, um etwas zu kaufen. Und jetzt betritt man den Supermarkt, und bitte schön: Mützen mit Hörnern, zwischen Toilettenpapier und Bier der Marke Żubr, Wisent. Man kann zwei oder drei nehmen, damit die Welt weiterbesteht.

Das müssen Sie selbst entscheiden.

Satka

Und schon ist es wieder verflogen. Im Sommer weggefahren, im Herbst zurück.

Mein Heimatland hat keine unverhofften Fortschritte gemacht, nicht einmal tiefer Atem geholt und auch keine aufrechtere Haltung angenommen. Man kann sagen: ein Land, wie Länder eben sind. Gut, um wegzufahren und auch nicht schlecht, um wieder zurückzukommen. Gemütlich sogar. Da stehen Abfalleimer, auf dem Asphalt ist in der Mitte eine weiße Linie gezogen, ganz gleichmäßig, Blumen, Betonpflaster, Leben halt. Ein bisschen eng nach diesem ganzen Asien, aber wenn man auf einen Hügel fährt, hat man auch einen schönen Blick, und Herbst in den Bergen ist halt Herbst in den Bergen. Kein Altai, kein Ural zwar, aber dafür heimisch, vertraut. Du weißt, was auf der anderen Seite ist, und dieses beruhigende Wissen kann dir keiner nehmen, ganz egal, wie er sich anstrengt. Morgens geht Jasiek zum Laden, es fällt ihm schwer, also nimmst du ihn üblicherweise mit. Der Graue kommt vom Laden zurück, ihm ist leicht ums Herz, also soll er zu Fuß gehen. Heimat.

Im Ural fuhren wir in dem Städtchen Satka zu einem Hotel. Ich hatte dieses Hotel von früheren Reisen in Erinnerung, es war schön. Ein wenig im Petersburger Stil, und gleich dahinter schlugen große Feuer zum dunklen Himmel, denn da war ein Hüttenwerk. Überhaupt war Satka von malerischen Halden umgeben, aber gleich hinter den Halden kamen grüne Hügel, also war es auszuhalten.

Vor dem Hotel stand eine Menge zeitgenössischer Waffen. Sogar eine 152-mm-Kanonenhaubitze hatten sie. Vermutlich die gleiche, die auf die ISU-Selbstfahrlafette montiert wurde. Auch kleinere standen da, Flugabwehrgeschütze und sogar alte, historische. Aber das könnten Imitate gewesen ein. Stalin und Lenin dagegen waren keine Imitate. Der eine in Silber, der andere in Gold. Nur ein wenig abseits standen sie, hinter dem Tor zum Hof. Ja, das Hotel Stary Gorod, Altstadt, gefiel mir sehr gut. Mit dieser Ausrüstung und der Fassade eines etwas bescheideneren Winterpalastes. Und mit dem Hüttenwerk und dem Feuer am schwarzen Himmel.

Aber drinnen war eine Feier für dreißig Leute im Gang. Der Geburtstag eines jungen Mannes. Mit einer Vortänzerin, mit DJ, mit Hawaii-Kränzen aus Seidenpapier um den Hals und auf dem Kopf, mit dämlicher Musik. Es war genau wie bei uns auf Hochzeiten und stellte einen Bonus dar zu dem Hüttenwerk, den Geschützen und dem Gebäude, einer Kreuzung aus Taurischem und Winterpalast. Das Fräulein Kellnerin versteckte uns in einem Nebensaal. Er war im Stil einer tatarischen Jurte eingerichtet: niedriger Tisch, gepolsterte Hocker, Girlanden und halbnackte weibliche Puppen in volkstümlichen Kostümen, die die slawische Sehnsucht nach Orient und Bauchtanz symbolisierten. Wir aßen Fleisch und tranken Wodka. Wie echte Tataren.

Aber kannst du dich vor heiteren Russen verstecken? Natürlich nicht. K. wollte kurz auf die Toilette verschwinden. Er blieb eine Weile weg, also schaute ich aus unserer Jurte. Ich sah, wie er in einem Kreis tanzte und zwei schöne Damen etwa in unserem Alter an den Händen fasste. Er geht in die Hocke, richtet sich wieder auf, geht wieder in die Hocke und richtet sich auf, im Takt des Volkstanzes. Sogar zu singen versuchte er, aber der Text fiel ihm wohl nicht ein. Ich wollte mich zurückziehen, verstecken, aber sie sahen mich und begrüßten den »lieben Gast aus Polen«. Also nahm ich einen Jüngling und wohl seine Mutter bei den Händen, um auch in die Hocke zu gehen, mich wieder aufzurichten und auf Russisch ein mir unbekanntes Lied zu singen. Von Zeit zu Zeit verspürte die Gesellschaft eine Art Müdigkeit und ging hinaus, um eine zu rauchen; zu den Geschützen, zu dem Hüttenfeuer. Wir gingen mit ihnen, um nur nicht tanzen zu müssen. Die Jüngeren murmelten etwas von Ausländern, die Älteren schwankten vor und zurück. Nur die Frauen – wie überall auf der ganzen Welt – bewahrten die Vernunft und sagten: »Beruhigt euch, sie sind unsere Gäste, wir haben sie selbst eingeladen.« Zeitweilig kehrte Ruhe ein, die Jüngeren und die Älteren begannen ein Gespräch, das heißt, sie fragten: »Und was denkt ihr in Polen und in Europa über uns?«

Ich war schon den zweiten Monat unterwegs. Durch Kasachstan, durch die Mongolei. Kein Kasache, kein Mongole hatte mir diese Frage gestellt. Höchstens: Wie viel verdient ihr dort in Polen, wie viel kostet dein Auto, bist du hier, um zu arbeiten, und so weiter. Aber niemand fragte, was ich von ihm dächte. Die weltweiten Reflexionen über sie gingen ihnen sonst wo vorbei. Aber kaum waren wir in Russland, da fing es an. Der verschlafene Zöllner an der kasachisch-russischen Grenze fragte um zwei in der Nacht, was wir in Europa über sein Land dächten. Und dann auch alle anderen. Sie sahen das Nummernschild mit dem blauen EU-Zeichen – und sofort dieser Erkenntnishunger. Sie hörten einen fremden Akzent – und schon die Neugier, was wir für Vorstellungen von ihnen hätten. Wir mussten uns etwas ausdenken, uns diplomatisch winden, Blödsinn reden, damit es höflich, freundlich und zugleich halbwegs ehrlich klang. Sie fragten. Unerbittlich. Wie in Satka. Im Schatten der Halden und der Hüttenfeuer.

Sie waren genau wie wir, wie die Polen. Furchtbar abhängig von dem Bild, das Fremde sich von ihnen machen. Scheinbar war es ihnen scheißegal, wie auch uns, was andere von ihnen denken, aber es genügte, kurz hinaus, eine rauchen zu gehen, um in den Augen diese grundlegende Neugier zu sehen: Wie sind wir? Existieren wir überhaupt? Wie sieht uns die Weltbevölkerung? Ja, man muss manchmal an den Ural fahren, nach Satka, um sich wie zu Hause zu fühlen.

Wenn's keine Fliegen mehr gibt

Czesław Miłosz hatte Recht. Nicht Weihnachten, nicht Ostern, nicht Mariä Geburt und nicht Himmelfahrt. Der wichtigste Feiertag der Polen ist Allerseelen. Nein, Gott bewahre – nicht Allerheiligen. Sondern Allerseelen. Der 2. November. Die Totenfeier.

Wenn wir zu unseren Verstorbenen gehen. Wenn wir dorthin gehen, wo wir sie begraben haben. Weil wir nicht glauben, dass sie irgendwohin gegangen sind. Weil wir glauben, sie seien immer noch bei uns. Sie können uns doch nicht endgültig verlassen, uns nicht einfach zu Waisen gemacht haben. Schließlich sind wir ohne sie wie Tiere, die nicht wissen, woher sie stammen. Wir können keinen Schritt tun, keine Geste gelingt uns. Deshalb kommen wir und denken an ihre in der Erde vergrabenen Überreste. Wir zünden Lichter an für die Geister, damit sie nicht im Dunkeln irren. Damit sie sich nicht entfernen. Damit sie nicht in irgendeinen Himmel fahren. Damit sie uns nicht alleinlassen. Damit sie wie Falter um die dunklen Lichter kreisen. Damit wir kommen können und sagen: »Unser eigen Fleisch und Blut.« Sie liegen tief unten, Zeit und Feuchtigkeit nagen an ihnen, aber verschwunden sind sie nicht. »Ja, wir werden auferstehen, weil du auferstanden bist, wir werden dich, Herr Jesu Christ, einst in deiner Klarheit sehen.« Diese Worte sind gut für ein Gebet, also eine Art Gedicht. Aber die Wahrheit sieht anders aus. Fleisch und Blut, die von Zeit und Feuchtigkeit zerstört werden.

»Der Körper meines Bruders wird als Erster exhumiert werden«, sagte der Mann an der Spitze des Landes. So soll es sein. Der Mann an der Spitze des Landes sollte auch an der Spitze des Kultes stehen. Er sollte der Erste sein, sollte ein Beispiel geben. Er ist clever, er spürt ganz genau, dass wir keine Christen sind. Wir glauben nicht an das Unsichtbare. Wir glauben an das Existierende. An die Schichten der Knochen, die Ablagerungen der Leiche, an die Augenhöhlen, gefüllt mit Erde und dem morschen Holz der Särge. Zu ihnen kommen wir, um zu beten. Wir schauen nach unten, in die Tiefe, wir durchbohren mit Blick und Gedanken die sandigen und lehmigen Böden. Und wir wissen, auch uns werden sie so betten, damit die Nächsten kommen können. Denn das ist die einzige Ewigkeit, die uns zugänglich ist.

Deshalb sollte er es im Licht der Öffentlichkeit tun. Wir sollten uns dort versammeln und zusehen, wie er seinen Bruder herausholt. Wie er Stück für Stück, Teil für Teil, Rippe für Rippe, Schienbein für Schienbein sorgfältig beiseitelegt und das Skelett neu erschafft. Am 2. November gibt es keine Fliegen mehr. Die Luft ist kalt, sie riecht nach Stearin und Chrysanthemen. Ausgraben und nachschauen, wie es mit ihnen aussieht. Ob es ihnen gut geht, ob ihnen auch nichts fehlt. Einmal im Jahr sollten wir sie berühren, damit sie unsere Anwesenheit spüren. Damit wir nicht so einsam sind. Knochen für Knochen schälen, die Reste entfernen, waschen und wieder hineinlegen. Jedes Jahr im November, wenn's keine Fliegen mehr gibt. Wie im alten Israel, aber nicht nur einmal, sondern Jahr für Jahr, bis das Skelett endgültig weiß ist, bis es glatt ist wie ein Mineral. Bis wir selbst sterben und unsere Kinder im Herbst kommen werden.

Er ist der Chef des Landes und der Meister des Todes. Er sollte es selbst machen, damit wir zuschauen können. Damit wir sehen, wie wir mit unseren Brüdern und Schwestern verfahren sollen. Wir machen uns vor, dass jemand dies für uns tun wird. Dass jemand die Leichenteile herausholen, waschen und wieder zusammensetzen wird. Doch wir glauben es nicht. Wir kommen zu dem Leichnam und lauschen den Stimmen aus der Erde, statt zum Himmel zu schauen. Er weiß es, der Meister des Todes, weil er unsere Seelen kennt. Deshalb hält er diese dunkle Messe für uns ab. Wie blinde Würmer folgen wir ihm in die Tiefe und lockern die Erde, um letztendlich die Körper zu kosten. Denn das ist die einzige Unsterblichkeit, die wir uns leisten können.

Er sollte es also selbst machen, im November, wenn's keine Fliegen mehr gibt. Ohne Lampe, ohne Kerzen, bei verhängten Fenstern, damit wir alle kommen und es sehen. Er sollte es eigenhändig machen, die Knochen reinigen, bis sie weiß sind.

Ein Amerikaner in der UdSSR

»[...] dass die Menschen, die sich die Struktur unserer Regierung ausgedacht hatten, und jene, die sie nun bildeten, sich so vor der Macht fürchteten, dass sie sich lieber freiwillig von einem guten Staatsoberhaupt trennen würden, als einen Fall von Führungsstärke zu dulden, der Vorbildfunktion haben könnte.«[*]

So versuchten im Jahre 1947 John Steinbeck und der große Fotograf Robert Capa ihre sowjetischen Gastgeber aufzuklären. Natürlich gelang es ihnen nicht. Nach ein paar Monaten verließen sie das Land wie begossene Pudel, und die Sowjetunion sollte noch mehr als vierzig Jahre existieren.

Vorher waren sie durch das Land gereist, nach Moskau, in die Ukraine und nach Georgien, um – unter Vermeidung des Kremls, politischer und militärischer Themen, vor allem aber ohne Vorurteile – das Leben der normalen Menschen zu beschreiben. Da war zwar der Kalte Krieg, da war die Perspektive einer atomaren Vernichtung, doch die journalistische Redlichkeit gebot unseren amerikanischen Autoren, Antworten auf folgende Fragen zu finden: »Was tragen die Leute dort? Was tischen sie zum Abendessen auf?

---

[*] Hier und im Folgenden zit. nach: John Steinbeck/Robert Capa: *Russische Reise*. Aus dem amerikanischen Englisch von Susann Urban. Zürich 2013, S. 39, 248, 292.

Feiern sie Feste? Welches Essen gibt es dort? Tanzen und singen und spielen sie?«

Und die fanden sie auch. Steinbecks *Russische Reise* ist über weite Strecken ein Bericht über nicht enden wollende Feste, georgische Trinksprüche, reichlich gedeckte Tische, eine Beschreibung von Gerichten, Geschmäckern und einer bisweilen unerträglichen Fülle, die sich schließlich in langwierige Verdauungsstörungen verwandelt. Der arme Steinbeck trinkt anfangs zum Frühstück gläserweise Wodka, um den Gepflogenheiten und der Etikette gerecht zu werden, aber bald entwickelt er einen Widerwillen gegen Hochprozentiges und preist mit verzweifelter Erleichterung den georgischen Wein: »[...] es war ein köstlicher Wein, leicht und sehr aromatisch, und er rettete uns wahrscheinlich das Leben.« Der Tod muss nah gewesen sein, denn vorher hatten unsere amerikanischen Gäste als Vorspeise ein halbes gebratenes Hähnchen verzehrt. »Danach kam kaltes, gekochtes Huhn, über das eine kalte, grüne Sauce gegossen wurde, ganz köstlich mit Gewürzen und Sauerrahm zubereitet. Und dann gab es Backkäse und Tomatensalat und georgische Salzgurken. Und dann gab es einen herzhaften Lammeintopf mit einer dicken Sauce. Und dann gab es eine Art frittierten Landkäse. Es gab flaches georgisches Roggenbrot, die Laibe wie Pokerchips aufeinandergestapelt, und die Tischmitte quoll über von Obst, von Trauben und Birnen und Äpfeln. Und das Beängstigende war, dass alles köstlich schmeckte. Alles schmeckte fremd, und wir wollten alles probieren.« Wie es sich für ordentliche Reporter gehört, möchte man hinzufügen.

Ähnliche Qualen begegnen unseren Helden fast an jedem Ort ihrer Entdeckungsreise. Angeblich werden die Gastgeber nur einmal dem heiligen Gesetz der Gastfreundschaft untreu: Sie erlauben es nicht, die Räume einer Stalingrader

Panzerfabrik zu fotografieren, was Capa als private Niederlage versteht und mit einer Depression bezahlt.

Im Grunde genommen leiden sowohl der Schriftsteller als auch der Fotograf unter dem schweren Essen, den langen Begrüßungsansprachen, unter den Fragen zur amerikanischen Literatur, unter den schlecht gefederten Fahrzeugen, den geschlossenen Fenstern im Zug, unter der unverständlichen Sprache und dem ulkigen Alphabet. Eigentlich sind die einzigen helleren Momente die Besuche bei amerikanischen Diplomaten und Korrespondenten, die in Moskau residieren. Dort können die beiden endlich ganz normal einen Cocktail trinken und Swing hören. Sie leiden, aber sie erfüllen ihre Mission heroisch, um schließlich zu der humanistischen Schlussfolgerung zu gelangen, »dass die Russen Menschen wie du und ich sind und dass sie sehr nett sind. Die Menschen, die wir trafen, hassten den Krieg, sie wollten, was alle Menschen wollen – ein gutes Leben, mehr Komfort, Sicherheit und Frieden.«

Man weiß nicht, was man mehr bewundern soll: die legendäre amerikanische Naivität oder die legendäre russische Raffinesse? Steinbeck behauptet schon ganz zu Anfang der Reise: »Die Russen kennen sich überhaupt nicht mit PR aus, sie sind wohl die schlechtesten Propagandisten der Welt.«

Ich schreibe das am 9. November, kurz nach der weltweiten Katastrophe, da das amerikanische Volk in demokratischen Wahlen die präsidentielle Macht an Donald Trump übergeben hat. Ich bin überzeugt, die vergangene Nacht war für viele eine schlaflose, und der Morgen alles andere als lustig. Trump macht in der Tat keinen guten Eindruck. Weder wenn man ihn anschaut noch wenn man ihn hört. Aber daran sind wir schließlich gewöhnt, und sei es durch unsere eigenen Machthaber. Einige von ihnen kann auch

Trump nicht toppen. Ich fürchte jedoch, dass sein Größen-
wahn und sein dröhnender Übermut gegen seine Naivität
verlieren.*

---

* John Steinbeck, *Tagebuch einer Reise nach Russland*, mit Fotos von
Robert Capa. Übersetzt von Magdalena Rychlik, Warszawa 2016.

November, in der Nähe von Kielce

Irgendwo in der Nähe von Kielce war das. Ich kam mit dem Auto aus Lodz.

Wie immer ein bisschen auf Umwegen, scheinbar Abkürzungen, aber eigentlich länger und weiter. Um nach Herzenslust Polen zu betrachten und seine verborgene Schönheit zu bewundern. Der November war längst gekommen. Es schimmerte grau, braun, Nebel streifelten den Himmel. Sogar ein Reh kam bisweilen an den Rand eines Wäldchens, an die Zivilisation gewöhnt und gar nicht erschrocken. Die Häuschen, Hütten und Weiler sahen irgendwie auch naturhaft aus. Sicher durch den Nebel. All die Zyklamen-, Zinnober- und Pistazientöne der Fassaden schwammen gleichsam im Wasser, waren verdünnt, verblasst. Aber die Gegend war nicht reich, also kamen auch alte Silikatziegel vor, ehrbare rote Backsteine und Suporex-Hohlblocksteine. Mineralien also, Aura, Fauna und Flora, das heißt, meine Heimat wirkte recht harmonisch, sie drängte einem ihre Anwesenheit nicht übermäßig auf, wie das bei stark befahrenen Verkehrsadern und in wirtschaftlich fortschrittlicheren Gegenden der Fall ist. Denn mit dem Reichtum verhält es sich bei uns so, dass er sehr provinziell daherkommt.

Sie stand am Rand der Landstraße, an einem sandigen Seitenweg, unweit der Bushaltestelle, der PKS-Haltestelle, wie man früher sagte. Irgendwie unbeholfen, schüchtern hob sie die Hand. Es war ausgerechnet in einer Kurve, aber von hinten kam nichts, also hielt ich. Sie machte die Tür auf und fragte, ob ich da und da hinfahre. Ich sagte, sogar noch weiter, und sie solle einsteigen. Sie war klein, zierlich und trug eine Sonnenbrille, trotz des nebligen Tages. Sie setzte sich, stellte die Skai-Tasche vor ihren Füßen ab, und wir fuhren. Sofort, als wollte sie sich rechtfertigen, erzählte sie von der Brille. Sie sei operiert worden und der Arzt habe gesagt, sie solle die Augen schonen. Und dass sie das im Dorf ständig erklären müsse, weil alle fragen: Was läufst du denn mit dieser Brille rum, wenn gar keine Sonne scheint.

»Sie wissen ja, wie die Leute im Dorf sind.«

»Ja«, erwiderte ich, »neugierig.«

Sie seufzte nur und fragte:

»Kommen Sie von weit her?«

»Aus der Gegend von Gorlice«, antwortete ich.

»Ah, das ist sicher, wenn man nach … fährt«, und hier erwähnte sie den Namen einer nahe gelegenen Ortschaft.

»Ein bisschen weiter«, sagte ich, aber sie hatte das Interesse verloren.

Wir fuhren ein paar Kilometer und klagten über fehlende Busse, den nahenden Winter und die Last des Lebens ganz allgemein.

Und dann erzählte sie in einem Atemzug, sie lebe allein, weil ihr Mann vor kurzem gestorben sei, und es sei sehr schwer. Sie hätten keine Kinder, also sei es eine doppelte, tiefere Einsamkeit, die nie mehr vergehen werde. Sie sprach ruhig, aber sie machte keinen Augenblick Pause, als interessierte sie die Anwesenheit eines Zuhörers gar nicht, als sei ihr meine Reaktion völlig gleichgültig. Vielleicht hatte sie das alles schon vorbereitet, die Sätze zurechtgelegt, mit minimalen, fast unmerklichen Pausen für den Punkt. Vielleicht hatte sie nur auf eine Gelegenheit gewartet, auf einen Fremden, denn nur einem Fremden kann man die ganze Wahrheit erzählen, ohne sich zu schämen, ohne etwas auszulassen. Ein Fremder hört sich die Geschichte an und unterbricht nicht, denn er kennt sie ja noch nicht.

Ihr Mann hatte lange im Sterben gelegen und war zu Hause gestorben. Im Krankenhaus wollte sie ihn nicht lassen. Sie hatte die Tätigkeiten der Krankenpflege gelernt: umziehen, waschen, Windeln wechseln, Spritzen geben.

»Er war groß«, sagte sie. »Sogar größer als Sie, und es war schwer, als er nicht mehr aufstehen konnte.«

Einen Moment lang stellte ich mir vor, wie sie den kraftlosen, massiven Körper auf dem Bett umdrehte, in dem sie das ganze erwachsene Leben zusammen geschlafen hatten. In dem Sitz, auf dem sie saß, hätte noch eine Person von ihrer Statur Platz gefunden.

»Ja, wir haben uns geliebt, obwohl wir keine Kinder haben konnten«, sagte sie, als wir in das Städtchen hineinfuhren, wo sie aussteigen wollte. »Er ist vor einem Jahr gestorben, und ich weiß immer noch nicht, was ich machen soll.«

An der Ambulanz stieg sie aus. In letzter Sekunde wollte sie in ihre Tasche nach dem Geldbeutel greifen, aber sie zog die Hand wieder zurück, weil sie die Geste angesichts der Intimität der vergangenen halben Stunde wohl für unangebracht hielt. Sie lächelte nur und sprach unbeholfen eine Art Segen aus, ich solle glücklich ankommen, möge Gott mich begleiten.

Ich fuhr weiter. Tief ins Land hinein, das in der Dämmerung lag, im Dunkel versank. In den Fenstern gingen Lichter an. Um drei Uhr nachmittags. Wie das so ist im November.

Mensch, nimm's dir nicht zu Herzen

Der Redakteur sagte, es solle festlich sein. Also sehe ich mich nach einem Thema um.

Draußen ist es weiß, Morgen, im Nebel geht die Sonne auf, irgendwo über dem Uherec. Der Mareszka schimmert silbrig vom Raureif. Es ist heiter und frostig, aber von Norden schließt sich schon das graue Wolkenlid. Da kann man nichts machen. Eine Stunde Sonnenschein am Tag ist in der Winterzeit mehr als genug. Sonst würde uns das Übermaß an Licht womöglich den Kopf verdrehen. Wir haben uns daran gewöhnt, unter einem schweren Himmel zu leben, und das wird auch so bleiben. Wir haben uns daran gewöhnt, uns an das altertümliche, sonnige Wüstenland Israel zu erinnern im schwarzen Schlamm unserer Städte, in der ägyptischen Finsternis unserer Dörfer, wenige Minuten nach 15 Uhr. Es ist wahrlich nicht leicht, in Osteuropa im Dezember Christ zu sein. Ich gebe Bethlehem Wetter bei Google ein. Sonnig, plus 16 Grad, wird mir angezeigt. Es ist nicht leicht, in Osteuropa im Dezember unbeirrbar an dem Glauben festzuhalten, dass die Ereignisse vor zweitausend Jahren uns betreffen, hier, im Dezember.

Nun gut. Genug der häuslichen Religionswissenschaft, sage ich mir schließlich und gehe hinaus in die Welt, direkt unter das graue Wolkenlid. In der Nacht hat es etwas geschneit, also sinke ich bis zu den Knöcheln ein, als ich auf den kleinen Stall zugehe. Schon von weitem riecht das Heu, und ein dünner Faden Tiergeruch hängt in der Luft. Stolz denke ich: So muss es in Bethlehem gerochen haben. Aber gleich fällt mir ein: Heu in Israel, wo es gar keine Heuernte gab? Sie weideten das ganze Jahr auf dem kargen Wüstenboden, mehr nicht. Jedenfalls gehe ich zum Stall und schaue hinein.

Da sind sie, da stehen sie und warten. Sieben schwarze Schnäuzchen, sieben Paar dunkelblauer Pupillen mit honiggelbem Rand, sieben schelmische, lockige Ponys über den Augen. Bei Sierotka müsste man ein bisschen abschneiden, weil die Locken schon die Sicht beeinträchtigen. Ich sage hallo und hole aus dem Biedronka-Beutel trockenes Brot. Sie sind wie die Menschen und mögen lieber Weißbrot, am liebsten Brötchen. Dunkles natürlich auch, wenn's sein muss. Zum Weißbrot drängeln sie, drücken, stoßen, springen einander auf den Rücken wie beim Sonderangebot oder im Schlussverkauf. Sierotka ist am größten und hat überhaupt keine Manieren, also bekommt sie am meisten Schwarzbrot. Gerade sie stört das wenig. Sie hat einen Kiefer wie ein Bullterrier und würde wahrscheinlich auch einen Stein zermalmen. Mania hält sich diskret und schlau ein wenig abseits. Sie weiß genau, dass das Brötchen sowieso nicht an ihr vorbeigeht. Die Welt war ja nie gerecht, aber ich tröste mich damit, dass das Thema Gerechtigkeit die Schafsköpfe nicht besonders belastet. Wichtig ist das duftende Heu, sauberes Wasser und im Sommer saftiges Gras. Der Rest ist Überbau. Also werfe ich ein paar Gabeln wohlriechendes Futter hin und schaue, wie sie die Plätze um die Krippe einnehmen. Sie wechseln sie übrigens alle paar Augenblicke, denn es ist ja klar, dass es daneben, da, wo die anderen stehen, schmackhafter sein muss.

Mania sucht sich in aller Ruhe einzelne Blättchen, Halme und dünne Stängelchen aus. Unter Tausenden anderen genau die. Präzise und geduldig stöbert sie mit der Nase im

Dickicht und holt sich schließlich ihre Lieblingspflänzchen heraus. Dabei schielt sie mit ihrem dunkelblauen Auge nach mir.

»Willst du mir was sagen?«, fragt sie schließlich.

Ich nicke.

»Ich fahre weg, an den Feiertagen bin ich nicht da.«

»Ständig fährst du irgendwohin. Dann füttert uns ein Fremder, und er spricht gar nicht mit mir«, brummt sie mit einem grünen Blättchen in der Schnauze.

»Entschuldige«, sage ich, »er ist halt so.«

»Macht nichts. Ich spreche auch nicht mit ihm.«

Und sie nimmt ihre Suche nach Leckerbissen wieder auf und steckt das Schnäuzchen tief ins Heu.

»Auch an Heiligabend werde ich nicht da sein. Das ist der Tag, eigentlich die Nacht, da alle Tiere mit menschlichen Stimmen sprechen …«

»Ich weiß. Letztes Jahr bist du gekommen und wolltest mit uns allen reden. Du hast erzählt, dass wir, das heißt wir Schafe allgemein, bei der Geburt von einem sehr wichtigen Menschen dabei waren, und deshalb könnten wir jetzt quasi sprechen.«

Ich wunderte mich ein wenig.

»Das hab ich gesagt? Und?«

Sie sah mir direkt in die Augen.

»Nichts. Keine von uns sagte was, und du bist gegangen.«

Ich seufzte und sagte:

»Jedenfalls ist das eine Zeit, wo die Menschen sich verschiedene Dinge sagen und wollen, dass sie in Erfüllung gehen. Und jetzt, obwohl es erst Morgen ist und noch ein paar Tage bis Weihnachten, möchte ich dir wünschen, dass es immer Gras gibt, eine Wiese bis zum Horizont, ein bisschen Schatten und einen Bach mit kühlem, reinem Wasser. Und dass ich morgens nicht so spät komme.«

Sie hörte auf zu essen und trat sogar einen Schritt von der Krippe zurück. Aufmerksam sah sie mich an und sagte:

»Und ich wünsche dir, dass du dir das alles nicht so zu Herzen nimmst.«

»Was heißt: das alles?«

Sie drehte leicht den Kopf und zuckte gleichsam mit ihren Schafsschultern.

»Na, dass du ein Mensch bist.« Sie machte einen Schritt Richtung Krippe, und bevor sie sich wieder dem Heu zuwandte, fügte sie hinzu: »Das geht schließlich vorbei.«

Ich wollte noch etwas sagen, aber sie drehte sich völlig weg, beschäftigte sich wieder mit den duftenden Kräutern und schenkte mir keine Aufmerksamkeit mehr. Ich ging zum Haus. Das Lid der Wolken hatte sich über dem Uherec geschlossen, über dem Mareszka und vielleicht auch über dem benachbarten Karpatenvorland.

Der Brief

Eine bestimmte Tageszeitung rief bei mir an. Eine bestimmte, das heißt: klar, welche.

Es sollte eine Aktion stattfinden, und zwar sollten Kulturschaffende, Schriftsteller, Musiker und wen es da noch so gibt, einen Brief an die Politiker schreiben, damit diese sich endlich zusammenrauften und an das Volk beziehungsweise Vaterland dächten. Denn danach sah es vorläufig nicht aus, sie spuckten sich nur gegenseitig in die Suppe und hauten im Sandkasten mit den Schaufeln aufeinander ein, dass es eine Schande war, das mit anzusehen.

Es ist tatsächlich eine Schande, aber man muss ja nicht immer hinschauen. Andererseits, dachte ich, wäre es schön, live an etwas teilzunehmen, wie es das Bild *Die Saporoger Kosaken schreiben einen Brief an den Sultan* von Ilja Repin darstellt. Wir sitzen also in einem anständigen, modernen Lokal, zum Beispiel am Plac Zbawiciela oder im Krakauer Kazimierz. Da sitzen, sagen wir, Stefan Chwin und Krystyna Lars, da sitzt skeptisch Masłowska mit Witkowski, Miko Trzaska und Krzysztof Penderecki sitzen da, Lonik Tarasewicz ist aus Waliły gekommen und hat es sich mit Mirek Bałka bequem gemacht, Smarzowski und Jakubik schlürfen diskret ein Bier, neben Varga dampft demonstrativ ein Matetee, die Waglewskis sitzen zu dritt, Świetlicki sitzt allein, die künstlerische und literarische Jugend, weiblich und männlich, hält sich etwas weiter hinten auf, aber das Lokal ist groß, alle finden Platz, es geht alles auf Rechnung, also fließen Macchiato und Prosecco in Strömen, *skolko ugodno*.

Schließlich holt Stefan Chwin seinen goldenen Pelikan heraus, denn man könne ja an den Sultan oder – Gott behüte – an einen Politiker keine banale E-Mail schicken. Die Sache sei von nationaler, ja staatstragender Bedeutung.

»Diktiert mir«, sagt er.

Die Jungen schauen die Älteren an, die Älteren klopfen konzentriert auf die Tische. Doch es bleibt still in dem anständigen, modernen Lokal am Plac Zbawiciela oder in Kazimierz.

»Na gut«, seufzt schließlich der Besitzer des goldenen Pelikans, und Krystyna Lars sagt:

»Fang an, Stefan, du siehst ja selbst ...«

Die goldene Stahlfeder nähert sich langsam dem weißen Blatt, und der Schriftsteller spricht langsam die Worte:

»Ich schlage vor, folgendermaßen anzufangen: Ihr Politiker, Türkenteufel, Brüder des Leibhaftigen und Luzifers Sekretäre. Was für Politiker seid ihr, wenn ihr nicht einmal mit dem nackten Arsch einen Igel töten könnt?«

Meister Penderecki streicht über seinen grauen Bart und drückt leicht verunsichert seinen Zweifel aus:

»Das ist vielleicht etwas zu stark ...«

Darauf Krystyna Lars:

»Was heißt zu stark! Eher zu schwach. Stefan, gib's ihnen!«

»Ihr Küchenjungen von Babylon, Radmacher von Mazedonien«, sagt Masłowska und senkt den Blick; die goldene Feder gleitet lautlos übers Papier, um nach der letzten Silbe erwartungsvoll innezuhalten.

Ermutigt, von den Plätzen aufgesprungen und ihre Gefäße mit Prosecco und Macchiato erhebend, beginnen sie zu diktieren, alle durcheinander:

»Ihr Sauhalter des großen und kleinen Ägypten! Ihr armenischen Schweine! Ihr Stutenärsche, ihr Metzgerhunde!«

Und sie waren so in Fahrt, dass Lonik Tarasewicz die Hand heben musste, damit sie ihn zu Wort kommen und etwas sagen ließen:

»Ihr Natterngezücht, wir werden einen Sch…«

Stefan Chwin nickte zustimmend.

»Ja, da setzen wir Punkte.«

Worauf Krystyna Lars erstaunt ihr edles Profil zeigte.

»Wieso Punkte, Stefan? Willst du ihnen den Brief morsen?«

Doch Stefan berührte das Papier dreimal mit der Feder und blickte sich um.

»Wer will den Schluss diktieren?«, fragte er.

Świetlicki schüttelte den Kopf und wies mit der nicht angezündeten Zigarette auf Jakubik.

»Ich bin zu sensibel«, murmelte er so leise, dass ihn keiner verstand.

Jakubik stand auf, stemmte die Hände in die Seiten, holte Luft und sagte in einem Atemzug den Satz:

»Nun müssen wir Schluss machen. Das Datum kennen wir nicht, denn wir haben keinen Kalender. Der Mond ist am Himmel, das Jahr steht im Buch, und wir haben den gleichen Tag wie ihr. Deshalb leckt uns am Arsch!«

Meister Penderecki machte mit zwei Fingern eine Geste, als hielte er ein Stöckchen und würde die Partitur beenden. Die Waglewskis hielten drei Daumen hoch, und Witkowski stand schon neben Stefan Chwin und fragte, ob er mit dessen goldenem Pelikan unterschreiben dürfe. Smarzol neigte sich zur Seite und sagte flüsternd zu Jakubik:

»Ich weiß eigentlich nicht, warum du damit nicht begonnen hast.«

»Nein, entschuldigen Sie«, ertönte es im Hörer. »Wir

schreiben getrennt, jeder für sich. Herr Miko schreibt, Herr Penderecki schreibt, Frau Masłowska schreibt. Es soll ein privater, persönlicher Brief sein, dass sich die Auserwählten um die Belange des Volkes kümmern sollen und nicht, dass sie sich verprügeln und in die Suppe spucken, wie Sie bemerkt haben.«

Ich drosselte ein wenig das Tempo, denn ich fuhr gerade Auto.

»Einen privaten Brief verstehen sie nicht«, sagte ich. »Ihr Chef zum Beispiel. Er liest nur Zeitungen und Biographien großer Männer.«

»Deshalb bringen wir den Brief ja in der Zeitung«, erwiderte die Stimme im Hörer.

»Darin liegt ein Widerspruch«, bemerkte ich resigniert. »Außerdem, wissen Sie, wenn die so lesen, wie sie sprechen, dann werden sie sowieso nichts verstehen.«

Ich hörte ein leises Seufzen.

Andere Zeit, anderer Ort

Feucht ist es geworden und düster. Man sieht den Waldrand, viel mehr nicht. Nebel hat den Mareszka eingehüllt. Der Schnee ist vom Dach gerutscht. Die Schneewehen fallen zusammen.

Das erste richtige Tauwetter seit Winterbeginn. Die Vögel werden etwas aufatmen. Sie haben in einem Monat über zehn Kilo Sonnenblumenkerne gefressen, ganz zu schweigen von ein paar großen Stücken Speck. Wenn man an Meisen oder Kleiber denkt und zugleich an die vielen Kilo Kerne und den Speck, entsteht eine kognitive Dissonanz. Aber wenn es Nacht für Nacht minus fünfzehn Grad hat und am Tag minus fünf, dann erscheint die Dissonanz doch wieder kleiner. Denn diese Winzlinge sind in permanenter Bewegung, sie sind ständig am Flattern und Schwirren, setzen sich nur kurz hin, um ein bisschen zu zupfen, zu picken, und schon sind sie wieder weg. Sie ballen sich zusammen, sträuben sich, zanken, lavieren durchs Gestrüpp, überziehen den Schnee mit schwarzen Schuppen, als wäre jemandem etwas herausgerieselt. Für den menschlichen Verstand scheint es ein Teufelskreis zu sein, Energieverschwendung, aber offensichtlich steckt dahinter eine Vogelweisheit. Schließlich ist so ein Kleiber keine Boa constrictor, die sich vollfrisst, einrollt und dann einen Monat lang daliegt.

Es ist wirklich düster. Schwarz, Weiß, Grau, auch die Blaumeisen können nichts ausrichten. Sie blitzen für einen Moment auf, dann schließt sich die monochrome Landschaft wieder. Doch an solchen Tagen kann man an eine andere Zeit und an andere Orte denken. Zum Beispiel an Astana im Sommer.

Von der russischen Grenze aus fährt man drei Tage durch die Steppe. Das Land ist flach und staubig. Der Wind transportiert den Staub. Bisweilen sieht man Kamele aus dem Nichts ins Nichts ziehen. Bisweilen kauern Siedlungen in der Unendlichkeit. Auf dem Weg liegen drei größere Städte. Nachts wird die Beleuchtung eingeschaltet: rot, violett, grün, golden. In der schwarzen Endlosigkeit der Steppe wirkt das wie eine nächtliche Fata Morgana, wie ein riesiger Vergnügungspark. Aber am Morgen ist es wieder grau, staubig und heiß. Die Esel an der Straße sehen halb tot aus. Mit gesenkten Schädeln stehen sie da. Schwärme von Fliegen sitzen auf ihnen.

Aber ich musste dort hinfahren, denn wo immer ich in Kasachstan anhielt, fragten die Leute: »Warst du schon in Astana? Hast du Astana gesehen? Fährst du nach Astana?«

Es ist genau wie mit dem Baikal in Russland. Oder bei uns mit Tschenstochau.

Schließlich zeigte sich Astana. Es begann plötzlich, ohne Vorwarnung. Flach und mit Industrie zugerümpelt, mit Baracken, Lagerhallen, Zäunen aus Gott weiß was, nach Diesel und Benzin stinkend, in den Schlaglöchern und Kratern scheppernd und schwingend, von fettigem Rauch durchzogen. Das heißt, die endlosen Vororte begannen, denn die Stadt selbst ragte zehn, fünfzehn, vielleicht zwanzig Kilometer weiter in der Ferne auf, am flachen Horizont, verhüllt von heißem Smog. Sie ragte aus dieser Steppe voll verendender Esel, sie erhob sich aus trockenem Unkraut und salzigem Gras, aus diesem Trümmerfeld aus Eisen und Beton. Aus dem Nichts. Ein Trugbild war sie, eine Luftspiegelung, schließlich hatte es um die vierzig Grad. Schließlich konnte die gequälte, nackte Erde so etwas nicht hervorgebracht haben. Diese weißen und goldenen Türme, diese blauen Kuppeln, diesen babylonischen Hochmut, diese mesopotamischen Auftürmungen. Astana glänzte, als sei es beleuchtet, dabei war helllichter Tag. Verströmte es vielleicht ein eigenes luziferisches Licht? Jedenfalls blendete und lockte es.

Nur zu weit abseits hatten sie es erbaut, zu weit im Norden. Sie hätten es mittendrin bauen sollen, im Herzen des Landes, irgendwo in der Kysylkum, dann wäre es von allen Seiten aus sichtbar gewesen, wie ein Leuchtturm in der Wüste. Dann hätte es gleich nach dem Erwachen und bis spät in die Nacht begeistern und entzücken können.

Ich muss zugeben: Es machte Eindruck. Vor allem der Abschnitt zwischen dem Präsidentenpalast und dem Einkaufszentrum Khan Schatyr. Etwa drei Kilometer Promenade ohne eine Spur Schatten. Marmor, Stein, Beton und Glas. Man konnte sich hinsetzen, aber die Bänke brannten am Hintern. Kein Bäumchen, kein Sonnenschirm. Die Menschen spazierten und guckten. Es war eine Stadt zum Anschauen. Die Bauern, die Provinzler trippelten und reckten den Hals. Dann kehrten sie in ihre Dörfer, ihre Kischlaks zurück und trugen die Bilder unter den Lidern. Sie sind stolz, keine Frage. Im Bajterek-Turm, der den Lebensbaum symbolisieren soll, ist auf der Höhe von fünfundneunzig Metern eine Aussichtsterrasse. Dort ist ein vergoldeter Abdruck der Hand des Präsidenten zu sehen – des Mannes, der den Menschen all das geschenkt hat. Die goldenen Türme, die durchsichtige Pyramide des Friedens und der Eintracht, die extravagante blaue Philharmonie und ganz zum Schluss das Einkaufszentrum Khan Schatyr, das wie ein königliches Zelt aus grauem Plastik aussehen sollte, aber eher wie eine neckische Pickelhaube wirkte. Erst dort konnte man sich vor der Hitze schützen, weil das Gebäude eine Klimaanlage hatte.

Aggregatzustände

Mit jedem Jahr schmilzt die Hoffnung dahin, dass er kommt. Früher war es selbstverständlich, aber mit der Zeit schrumpft die Selbstverständlichkeit wie der Mond, wenn er abnimmt.

Denn wie soll man nicht den Glauben verlieren in einem Land, wo Finsternis herrscht, wo es schwarzgrau ist, nass und kalt, wo der eisige Wind hinter der Ecke hervorstürzt wie ein Räuber. In einem Land, wo die Dämmerung im Morgengrauen anbricht und den ganzen Tag dauert. Wie sollen wir den Glauben bewahren, wenn der Kosmos uns auf die Probe stellt? Wie bloß, meine lieben Polen? Wie soll man die langen Februartage aushalten?

Nun ja, wir haben keine Wahl. Wir sind im Karussell der Zeit gefangen wie eine Ratte im Käfig. Wie ein Hamster in seinem Rad. Und glaubt ein trippelnder Hamster ans Ende der Zeit? Nicht für fünf Groschen. Er trippelt. So wie wir, die wir gnadenlos an den Rand des Weltalls gehetzt werden. Festgebunden an der Weide der Ewigkeit.

Aber er wird kommen. Alles weist darauf hin, dass auch diesmal die zyklische Erlösung durch den Frühling kommen wird. Die Schafe glauben auch daran. Sie gehen hinaus in die Welt und stellen sich seitlich zur Sonne. Unter der blauen Unendlichkeit, auf einem weißen Streifen saugen sie die Wärme auf. Wenn man hingeht und die Finger in ihre Wolle steckt, spürt man, dass sie etwas klebrig vom Lanolin, weich und erwärmt ist. Zwar sind es gleichwarme Tiere, aber jetzt sind sie quasi angeschwollen, aufgebläht von der Temperatur, die aus der Tiefe des Kosmos heranzieht. Wie erstarrt saugen sie die Strahlung auf, die das Leben beherrscht. Sie hören sogar auf zu kauen und stehen da wie die perfekten Empfänger der Lichtenergie.

Der Frühling wird also kommen. Schließlich kann er nicht die einfachen und schönen Tiere zum Narren halten. Nicht einmal uns wird er wohl zum Narren halten, obwohl wir es verdient hätten. Permanent über uns selbst schnatternd, ständig kokettierend, in unseren Affenzirkus verliebt, sollten wir das uralte Dunkel eigentlich mit unseren Lichtern zerstreuen, mit unserer Fotovoltaik, unserer Fluoreszenz. Aber wir schaffen es nicht. Halb durchsichtig, ärmlich und blass wie Tiefseefische warten wir auf einen hellen Himmel und lange Tage – wie auf die Wiederkunft des Herrn.

Natürlich gibt es immer wieder Verzögerungen. Die Wettererscheinungen trügen uns wie Irrlichter. Auch jetzt ist das so. Hoffnung ist eine Sache, die Vorhersage eine andere. Morgen wird es wieder Nebel geben. Wieder sagen sie ganztägige Dämmerung voraus, wieder werden Uherec und Mareszka in dunklen Wolken versinken, wieder wird der graue Himmel über dem Tal hängen und uns das Licht nehmen. Wieder wird man durch kalte und feuchte Luft waten müssen, und die Schafe werden nicht darauf erpicht sein, hinauszugehen. Denn so ist es mit dem Glauben: Immer wieder wird er auf die Probe gestellt.

Was für einen heidnischen Artikel schreibe ich da. Ich weiß. Ich betreibe Sonnenkult in einer katholischen Zeitschrift. Durch das Fenster sehe ich weiße Schädel von toten Tieren. Das Wetter hat sie des Organischen beraubt. Regen, Wind und Sonne haben nur das Mineralische übrig gelassen. Ich empfinde keine Angst vor ihnen, auch keinen Ekel. Um die Hütte herum, in der ich schreibe, habe ich Gräber von

Schafen, einer Hündin, einem Hund. Unter dem wilden Birnbaum liegt die eine, am Weg der andere, an der Böschung über dem Bach ein Drittes. Wenn ich jeden Tag dort vorbeigehe, kann ich mir ihre Existenz vorstellen und ihre Namen ins Gedächtnis rufen. Denn wenn der Herr uns ein Zeichen geben wollte, dann hat er zu uns in einer Sprache gesprochen, die wir verstehen können: Leib, Knochen, Licht, Dunkelheit, Kälte. Jahreszeiten und Aggregatzustände der Materie. Wenn er unser Herr ist, dann möchte er lieber, dass wir ihm näher sind, nicht ferner. Daher wird er uns keine Rätsel aufgeben wie die Sphinx.

So denke ich an der Schwelle der Frühlingstage. Ich denke und warte demütig auf Trost. Im Dorf bellen die Hunde. Bald wird der Mond aufgehen. Vor ein paar Tagen, das heißt vor ein paar Nächten, habe ich gesehen, wie ein einsames Reh an der Hütte vorbeiging. Es war kurz nach Vollmond, und das Tier warf einen langen Schatten. Es war vollkommen, absolut still. Ich habe gehört, wie unter seinen Klauen der gefrorene Schnee knirschte. Hundert Meter von mir entfernt. Ich sah das Reh und seinen Schatten, ich hörte das leise Knirschen. Der Mond war golden, hell, fern. Er stand über dem Uherec und sicherlich über hundert oder auch tausend anderen Bergen. Sicherlich, damit die Dinge, die Menschen und die Tiere Schatten werfen konnten in der Nacht. Amen.

Last call

Ich fuhr nachts durch den Wald. Es war zehn, vielleicht elf. Entlang der Straße lagen Schneewehen. Zum einen Dorf waren es drei Kilometer, zum anderen auch etwa drei. Kurzum – für unser Land eher eine menschenleere Gegend. Der Frost war ordentlich, mehr als zehn Grad minus.

Da erblickte ich im Scheinwerfer zwei grüne phosphoreszierende Punkte. Ich freute mich: ein Wolf. Den letzten Wolf hatte ich zwei Jahre zuvor gesehen, morgens um sieben, mitten im Dorf. Er hatte die Landstraße überquert und mich kaum angesehen. Nicht einmal schneller war er gegangen, sondern einfach seines Weges. Ein alter, einsamer Rüde. An einem hellen Sommermorgen. Also freute ich mich, dass hier wohl wieder einer war, und wie es sich gehört, in einer frostigen Winternacht. Doch was ich da sah, war zu klein, zu schmal *en face*, und es hatte große Hängeohren. Und das Tier ging gar nicht auf Wolfsart, sondern schleppte sich Pfote um Pfote vorwärts, wackelig und hoffnungslos. Ich hielt an, stieg aus und ging ihm ein Stück entgegen. Ich hockte mich hin und wartete, bis es kam.

Es war ein Hund. Er näherte sich und blieb dann stehen. Langsam streckte ich die Hand aus. Er stupste sie mit der kalten Nase an und hob den Schädel. Seine Augen waren traurig, trauriger noch als die Hängeohren.

»Wohin gehst du denn?«, fragte ich ihn und strich ihm über den Kopf.

Er versuchte, mit dem Schwanz zu wedeln, aber dann ließ

er es, denn es war klar, dass er durch diese grundlegende Hundegeste das Gleichgewicht verlieren würde. Er hatte ein dünnes Halsband. Ich führte ihn zur hinteren Autotür. Offensichtlich hatte er eine Vorstellung von Autos, denn er versuchte, hineinzuspringen, aber er hatte einfach nicht die Kraft. Ich half ihm, auf den Sitz zu klettern. Er legte sich hin, schaute mich noch einmal an und schlief sofort ein. In einem fremden Auto, mit einem fremden Menschen. Ich hatte noch etwas zu erledigen, also waren wir eine gute Stunde unterwegs. Er schlief die ganze Zeit in derselben Position. Ich hielt an, stieg aus, stieg wieder ein, und er hob nicht einmal den Kopf.

Als wir endlich zu Hause waren, sah ich ihn mir genauer an. Er war relativ klein, ein Hund »mittlerer Größe«, wie es heißt. Das Fell schwarz wie Pech, mit schönen lohfarbenen Abzeichen an den Pfoten und an der Schnauze, auf der Brust ein weißer Pfeil. Das Halsband grau mit einem Motiv aus Hundepfoten. Ich gab ihm zu fressen und zu trinken und ging ins Internet, denn wir hatten immer nur Promenadenmischungen gehabt, und der hier sah aus wie ein Rassehund. Und ich fand ihn: ein slowakischer Jagdhund, eine Schwarzwildbracke, wie sie im Buche steht, auf der anderen Seite der Karpaten *kopov* genannt. Ich wusste gar nicht, dass die Slowaken einen Hund erfunden hatten. Aber hier, bitte schön, und er war sogar gelungen: der Schädel zwar etwas zu groß geraten, der Schwanz zu lang, aber als Ganzes – sehr schön und von unaufdringlicher Anmut. Und er besitze eine sehr gute Orientierung im Gelände, stand da noch. Nun ja.

Eben. Wohin geht ein Hund, der seinen Herrn verliert? Oder ein ausgesetzter Hund? Was empfindet sein Hundeherz, wenn es in der kalten, dunklen Luft nach nichts Bekanntem riecht? Das ist ja, als fände sich ein Mensch innerhalb eines Augenblicks auf einem anderen Kontinent wieder. Als wäre er – sagen wir, in Piotrków Trybunalski – für einen Moment vor seinem Fernseher eingeschlafen und würde in Bamako wieder aufwachen, zu allem Überfluss in der Nacht. Ja, sogar noch schlimmer, denn der Mensch hat immer auch noch irgendwas anderes im Leben, aber der Hund hat nur seinen Herrn. Wohin war er unterwegs? Was hatte ihn durch die paar Tage und Nächte geleitet? Haben Hunde eine Hoffnung, die sie durch das winterliche Dunkel führt?

Ich googelte und dachte nach, und er fraß nur wenig und trank viel Wasser. Auf dem Holzboden rutschten ihm die Hinterpfoten weg. Er kam nicht die Treppe hinauf. Vielleicht hatte er das ganze Leben im Parterre verbracht?

Aber nach ein paar Tagen kehrte sein Appetit zurück. Er fraß und fraß. Ich wusste nicht, dass ein »Hund mittlerer Größe« so viel verschlingen kann. Er sah aus, als hätte er einen Fußball verschluckt. Wie die Boa bei Saint-Exupéry. Sein Fell begann zu glänzen, und wir mussten das graue Halsband lockern. Wir verbreiteten die Nachricht in der Gegend und bei Tierärzten, die wir kannten. Eine slowakische Schwarzwildbracke ist schließlich nichts Alltägliches, kein gewöhnlicher Hund. Wir schauten nach, ob er einen Chip hatte. Er hatte keinen. Natürlich setzten wir ihn auch in Facebook. Facebook war begeistert: Was für ein schöner Hund! Aber das war alles.

Wir wissen immer noch nicht, ob er jetzt unser Hund ist. Denn woran sollten wir das auch erkennen? Schließlich ist er durch diese Winternacht gegangen, um seinen Herrn und sein Zuhause zu finden. Mit dem Bild eines Hauses und eines Menschen in seinem Hundeherzen. Jetzt sitzt er zwar auf dem Sofa, er folgt uns mit dem Blick, und wenn er unsere Gegenwart spürt, schlägt sein schwarzer, etwas zu langer Schwanz rhythmisch auf den Fußboden. Aber wir wissen nicht, ob er unser Hund ist.

Deshalb betrachten Sie dies hier bitte als *last call*. Ich habe ihn im Wald zwischen Banica und Wołowiec in den Niederen Beskiden gefunden oder auch getroffen, einen oder zwei Tage vor Silvester.

Der Dämon der Sehnsucht

Von Nostalgie getrieben, fahre ich bisweilen zu meinem alten Grenzübergang in Konieczna. Er ist verlassen und leer. Die Plane mit der Bekanntmachung »zu verkaufen« ist verschwunden.

Vielleicht hat ihn schon jemand gekauft und wartet in aller Ruhe, bis er zur Ruine zerfällt. Die Buden der Grenzer sind verschwunden, ebenso die Überdachung, unter der das Gepäck ausgeweidet wurde. Die Hundehütte hinter dem Drahtzaun ist auch nicht mehr da. Die zwei kleinen Alkohol-Läden auf der anderen Seite sind dichtgemacht. Der eine hieß *Na Colnicy*, Zum Zollamt, was in meinem Herzen immer eine perfide Freude auslöste. Jetzt steht er in den tauenden Schneewehen und verrottet in aller Ruhe. Nostalgie pur.

Schließlich bin ich von hier aus zum ersten Mal ins Ausland gefahren. Danach fuhr ich Dutzende, vielleicht Hunderte Male in all die Länder, die das *Międzymorze*, das Intermarium oder das »Gebiet mit gemischter Bevölkerung«, bildeten. Hier war es, wo ich Hunderte Male vor dem weiß-roten Schlagbaum anhielt, jedes Mal begleitet von der leichten Unruhe, die uns heimsucht, wenn wir Auge in Auge mit einem Beamten, mit einer Behörde, mit der Staatsmacht stehen. Unruhe, aber zugleich das Gefühl der Perversion, denn es ist ja alles andere als normal, dass fremde Hände deine Sachen, deine intimen Dinge anfassen.

Später konnte ich beobachten, wie die Grenze allmählich

starb. Zuerst gingen die Zöllner, dann die Grenzbeamten, bis der behördliche Teil des Übergangs völlig verwaist war. Am längsten hielten sich die Läden auf der slowakischen Seite. Aber als unsere südlichen Brüder in die Eurozone eintraten, waren die Läden nur noch eine lokale Touristenattraktion, bis sie schließlich geschlossen wurden.

Nostalgie also. Durch Konieczna streicht der Wind, die Schneewehen schmelzen, die wenigen Autos drosseln nicht einmal das Tempo. Irgendwo in einer Schublade liegen die durchlöcherten Pässe, in denen Hunderte slowakischer Stempel prangen. Denn Konieczna war wie ein Tor zur Welt. Man musste klopfen und warten, um sich schließlich irgendwann in Tirana oder Istanbul wiederzufinden. Deshalb stille ich hier manchmal den Dämon der Nostalgie.

So war es auch diesmal. Ich hielt mit den Vorderrädern in der Slowakei, mit den Hinterrädern in Polen und stieg aus, um zu spüren, wie die internationale Luft sich mischte und zur EU-Luft wurde. Aber ich hielt auch an, um Erinnerungen wachzurufen. Zum Beispiel daran, wie sie um zwei Uhr nachts einen Drogenspürhund in unser Auto ließen, der ein Stück ungarischen Speck von einem Mangalica-Schwein fand. Oder wie ich mit Michał Cichy aus Tokaj kam (schon wieder Ungarn). Ich schlief auf einer bauchigen Fünfliterflasche Wein, und als der Grenzer mich brutal nach meinem Geburtsdatum fragte, war ich völlig neben der Spur. Oder …

Ja. Doch kurz darauf dachte ich mir in den schmelzenden Schneewehen von Konieczna: Hej, Junge! Die Welt steht nicht still, alles kann sich ändern! Schließlich könnte mein heldenhaftes Vaterland die Unabhängigkeit wiedererlangen! Dann werden die weiß-roten Schlagbäume zurückkehren, die Häuschen mit den Schaltern, aus denen im Winter elektrische Wärme strömte, der Platz, wo Feldwebel Staszek mit einem Finger bedächtig, beamtenmäßig, in galizischer Manier deine Daten in den Computer tippte, obwohl er dich seit Jahren kannte und häufig im Laden traf. Auch die gute alte Überdachung wird wiederkommen, unter der die Damen und Herren vom Zoll die Autos durchwühlten und um zwei Uhr nachts gierige Deutsche Schäferhunde hineinließen. Und die Schlangen werden wiederkommen. Sonntag nachmittags, wenn alle zu ihrer Arbeit auf den slowakischen Feldern, in den slowakischen Zementwerken oder bei U. S. Steel Košice zurückkehren. Ein Bruder des Hundes mit dem ungarischen Speck wird auf der anderen Seite warten und aus den karierten Taschen billigen polnischen Wodka und billige polnische Zigaretten holen. Und wenn ihm etwas entgehen sollte, dann bieten die slowakischen Zigeuner an der Haltestelle in Zborov einen anständigen Preis. Und der Grenzübergang selbst wird ausgebaut werden: Wechselstuben, Verkauf von Versicherungen. Vielleicht wird es sogar eine Tankstelle geben in unserem Konieczna? Mit solchen schlauen Einrichtungen wie an der Tankstelle in Malyj Bereznyj in der Ukraine, wo die slowakischen Fahrer mit einem Rad auf ein Holzpodest fahren, das Auto sich zur Seite neigt und man dann tatsächlich bis zum Anschlag volltanken kann.

All das sah ich mit den Augen der Phantasie, und der nostalgische Teil meiner Seele erfuhr eine gewisse Linderung.

Übernachtung in Lindau

Seit dem Morgen regnet es an der litauischen Grenze. Der See ist gekräuselt, als liefe ein Schauer darüber. Regenwogen wälzen sich über den grauen Rücken des Wassers.

Zwei Tage zuvor der grüne Bug. Ungestüm, der schönste der Flüsse. Von der Eisenbahnbrücke in Olendry konnte man die mächtigen Strudel sehen. Auf wilden Inseln lagen Haufen von Holz, die das Hochwasser angespült hatte. Dort regnete es ebenfalls. Von Westen her zogen dunkelblaue Wolken voller Regen und Hagel. Scheinbar grünte es schon etwas, leuchtete gelb, stäubte, und doch war die Landschaft schwammig und schwer von kaltem Wasser. Hätte man sie schneiden können, sie hätte getropft und getropft. Es musste Wärme kommen, damit es zu wachsen beginnen konnte. Die Hefe von Temperatur und Licht musste erst in diese noch halbtote Materie eindringen und sich dort auflösen. So war es zwei Tage zuvor, als wir uns eigentlich ohne Ziel entlang dieses unbeherrschten Flusses herumtrieben, mit seinen Altwassern, toten Seitenarmen, Sandbänken, mit seinem schwarzen Schlamm, seinem sumpfigen Gestank und den noch nicht in Betrieb befindlichen Fährverbindungen. Mal von der einen, mal von der anderen Seite ans gegenüberliegende Ufer bis nach Mielnik blickend, bis nach Niemirów, bis an die weißrussische Grenze.

Und jetzt die litauische Grenze mit dem verregneten See. Wenn der Regen nachlässt, glättet sich der Wasserspiegel und schimmert silbern. Die alten Bäume im Park bewächst

Moos. Irgendwo in den Moränenvertiefungen sind Häuser und Gehöfte verborgen. Doch von den Fenstern aus sieht man nichts außer Wasser und nahezu kahlen Bäumen, daher gewinnt die Landschaft eine rätselhafte Tiefe. Vielleicht eine Art enge, strauchige Unendlichkeit, denn man kann sich vorstellen, dass sie sich immer weiter hinzieht mit diesen Wasserspiegeln, mit diesem noch kaum grünenden Dickicht, und dass es außer dieser Landschaft nichts gibt.

»In Lindau stieg ich um vier Uhr morgens aus. Ein feiner Regen nieselte, und die Segelboote im Hafenbecken in der Nähe des Bahnhofs hüpften auf und ab und berührten sich mit den Masten, denn der See war stürmisch. Am Ufer stehend, von Gischt bespritzt, sah ich die Alpen am anderen Ufer nicht. Jede Form, selbst die Berührung der Luft, war hier neu und erstaunlich für mich. Was ich dann tat, zeigt mich als Wilden: Ich rückte die Riemen meines Rucksacks zurecht und brach auf, durch die leeren Straßen, wo das Pferd eines Milchmanns über den Asphalt trampelte, auf zu einem sicheren Ort. Das heißt, in den Wald. Lange kämpfte ich mich durch das Gestrüpp an einem Berghang, um so weit wie möglich wegzukommen von allen Pfaden. Ich schnitt Tannenzweige ab, machte mir ein Lager unter einer Fichte mit tief hängenden Ästen und rollte mich in die Decke ein. Mitten in einem fremden Land konnte ich jetzt schlafen wie zu Hause.«

Dieses Bild des zwanzigjährigen Miłosz stellt sich immer wieder bei mir ein. Auch hier in Krasnogruda. Vielleicht sogar mit doppelter Kraft. Ich sehe, wie er sich wie ein »Wilder« oder ein Tier durchs Dickicht schlägt. Nur immer weiter weg von der Zivilisation, der er nicht wirklich traut, in die Tiefe der Natur, die für ihn wie ein Zuhause ist. Fast ohne Hab und Gut, mit einem Rucksack, der die Bewegung nicht einschränkt, wenn man einen Unterschlupf sucht. Ich stelle mir gerne vor, wie er sich am hohen Ufer des Bodensees ein Loch oder eine Höhle auspolstert, die ihn vor der Berührung der fremden Welt schützen soll – ihn, den zwanzigjährigen Burschen, der aus dem bewaldeten Litauen gekommen ist. Er klettert hoch, hält sich an Zweigen, Gräsern, am Unterholz fest und erklimmt den Hang, wo ihn kein Blick und kein Lärm erreichen.

In der Abenddämmerung klart der Himmel auf. Über die Oberfläche des Sees legt sich ein roter Schein. Er schillert, flimmert, zittert wie eine bewegliche Schuppe. Der blattlose Wald auf der anderen Seite sieht aus, als hätte ein ruhiger, dunkler Brand ihn verzehrt. In der Nacht wird es leichten Frost geben. Ich habe selbst öfter im Wald geschlafen und nie Angst gehabt. Zusammengerollt, lediglich damit beschäftigt, so wenig Wärme wie möglich zu verlieren.

Wenn die Dunkelheit sich nach allen Seiten ausbreitet und nichts sie vom Körper trennt außer der Haut und der Decke, dann ist man unsichtbar. Als hätte das Dunkel einen zwischen den Fingern zerrieben und im schwarzen Wind verstreut, der manchmal nachlässt, aber nie zu wehen aufhört.

Ein Tag im April

Wieder habe ich ein schlechtes Gewissen. Das Land steht in Flammen, und ich sitze, anstatt zu löschen oder nachzulegen, irgendwo abseits. Man könnte sogar sagen, dass mich dieses Feuer kaltlässt.

Das könnte man sagen. Anstatt Wasser oder Holz zu holen, sehe ich aus einiger Entfernung zu. »Ein Arsch mit Ohren ist das, aber kein Bürger«, werden die einen sagen. »Der Schlaumeier, der Lump – er wartet, aus welcher Richtung der Wind weht«, werden die anderen sagen. »Er unterstützt die Reformen nicht, weil sie ihn von seinen Fleischtöpfen vertrieben und ihm seine Privilegien genommen haben«, so die Dritten. »Er geht nicht zu den Protesten, weil er Angst hat, dass sie ihn fotografieren und steckbrieflich suchen könnten oder dass sie ihn im regimetreuen Fernsehen mit einem Kommentar zeigen werden«, behaupten die Vierten. Und ich habe nur mein schlechtes Gewissen als Rechtfertigung, und auch das nur mäßig. Denn einmal plagt es mich, und dann hört es wieder auf. Das war übrigens mein ganzes Leben so, dass es mich plagte, dann aber auch wieder aufhörte. Vielleicht kommt daher eine gewisse Immunisierung.

Das Land steht in Flammen, die Bürger löschen oder legen nach, und ich sitze im Wald, und selbst das Holzfällen tangiert mich sozusagen weniger, als es sollte. Sie haben Bäume gefällt, das heißt, sie werden auch wieder welche pflanzen. Ich selbst habe etwa zweihundert Bäume gepflanzt, aber dafür habe ich so viele gefällt, wie ich zum Bau des Hauses brauchte. Und bevor die neu gepflanzten ordentlich gewachsen sind, so dass man aus ihnen ordentliche Balken und Bretter machen kann, wird etwas Zeit vergehen. Genau so funktioniert mein Gewissen, das um jeden Preis nach Gleichgewicht strebt.

Aber eines Tages stehe ich in meiner Heimatstadt um sechs Uhr auf und fahre los. Es ist noch nicht so viel los, also kann ich in Ruhe an die Zeit zurückdenken, als hier statt der mehrspurigen Verkehrsader zwischen Wiesen, Kohläckern und wilden Triften noch eine schmale asphaltierte Chaussee verlief und, versteckt zwischen Bäumen und Gestrüpp, einstöckige, mit grauer Dachpappe gedeckte Armenhäuschen aus Suporex, Hohlblocksteinen und Spanplatten standen anstelle der jetzigen Wohnblocks. Das war mein Land, genauso, wie das heute mit den Hochstraßen, den Wänden aus schwarzem Glas und den hektarweise gebauten Megasupermärkten mein Land ist. Natürlich mochte ich das alte mehr, aber das heißt nicht, dass ich das neue als Ausland, als Exil empfinde. In Puławy war ich nach acht. Auf der alten eisernen Brücke überquerte ich die Weichsel. Dann fuhr ich nach links, Richtung Janowiec. Ich ließ das Auto auf dem Parkplatz unterhalb der Burg und ging den Pfad am Rande der Böschung entlang. Der Morgen war hell. Durch die gestreifelten Wolken sickerte das Licht. Ein kalter Wind wehte. Breit und reglos lag der Fluss da. Grausilbern, bläulich. Er schluckte das diffuse Licht des Himmels und verwandelte es in eine metallische und zugleich bewegliche Substanz. Der alte Steinbruch schimmerte weiß in dem Grün, das sich den Steilhang hinabzog, um dann am flachen und ausgedehnten Ufer den Rand des Wassers zu berühren. Und dieses Licht, man möchte sagen, das ewige Licht, erfüllte das riesige Urstromtal. Ich schaute nach Süden, in die Tiefe meines Landes, und sah, dass es schön und groß ist. Ge-

221

schaffen aus Wasser, Land, Luft und Licht. Und gut gelungen.

Später, zum Ausgleich, fuhr ich durch das Gewirr schmaler Sträßchen von Dorf zu Dorf: durch ein Brzeście, ein Siekierka Stara, ein Kijanka, ein Baryczka, ein Rudki, ein Kresy Górne und Jarentowskie Pole. In Vertiefungen der Erde kauernd, geschützt vor Blicken und Unwetter, im Schmuck blühender Apfelbäume und Forsythien, mit einem grünen Vlies überzogen, eins ums andere in seiner ganzen Bescheidenheit auf die Schnüre der sandigen Wege gefädelt, in die Umdrehung des Planeten geschmiegt in der Hoffnung, dass es gelingen möge, die Tage ohne Krieg, Feuer und Hunger zu überstehen.

Bei Solec wollte ich mit der Fähre auf die andere Seite, aber sie war noch nicht in Betrieb. Also fuhr ich zur Kirche der Heiligsten Jungfrau Maria und ging auf den Hof, um noch einmal den majestätischen Fluss zu betrachten. Unten, am Fuße der Böschung, wirtschafteten Leute um ihre Häuser herum, in ihren Gärtchen, in ruhiger Frühjahrsgeschäftigkeit harkend und grabend. Der Wind trug den Geruch verbrannter Zweige heran. Wie auf einem Bild von Breughel, die kleinen menschlichen Figürchen vor dem Hintergrund des Marschlandes, der fernen silbrig blauen Strömung und des Himmels, der tief über dem Horizont hing, als wollte er das Tal, die Bezirke und Woiwodschaften umarmen, als wollte er das ganze Land umfassen, umschmiegen und besänftigen, das, solange man zurückdenken kann, keinen Frieden hat finden können. Und dann noch die Heiligste Jungfrau Maria, die vom hohen Ufer aus ihr Volk bewacht, seine Herden und Felder.

Später gelangte ich über die neue Brücke ans andere Ufer und dann direkt am Fluss entlang nach Piotrawin und weiter stromaufwärts, immer wieder schimmerte zur Rechten der Wasserspiegel, und wenn der löchrige Asphalt sich auf eine Anhöhe hochschraubte, konnte man den ganzen Strom und die andere Seite sehen, mit dem langen, grünlichen Wall der masowischen und Kielcer Landschaft, der an eine erstarrte Welle erinnerte, als hätten die Woiwodschaften beschlossen, sich auf den Weg zu machen, aber der Fluss hätte sie aufgehalten. Sträßchen aus weißem Kalkstein schlängelten sich zwischen blühenden Obstgärten durch, fielen ins Tal ab und verschwanden aus den Augen. Sie führten zu unsichtbaren Dörfern direkt am Ufer. Ich stellte mir vor, wie sich im Herbst der schwere Geruch von Äpfeln und Wärme mit dem Geruch des niedrigen Wassers mischt, mit dem Geruch von Schlamm, Tang und Fischen. Die Sonne war schon auf die andere Seite der Weichsel gerollt und stand über der Woiwodschaft Kielce. Ich werde anhalten und unter freiem Himmel einen Kaffee trinken, dachte ich kurz vor Annopol. Und dann kam mir der Gedanke, der mir von Zeit zu Zeit kommt: dass ich für dieses Land sterben könnte, wenn es so weit kommen würde. Einfach sterben mit dem Bild dieses Apriltages unter den Lidern. Aber es ist nicht ausgeschlossen, dass mein schlechtes Gewissen mir hier einen Deal anbot.

Zur Wahl der Hauptstadt

Es war kalt, aber ich ging hin. Am Nachmittag. Und am Morgen des folgenden Tages schaute ich aus dem Hotelfenster auf den hoch aufragenden, in blaues Plastik gehüllten Turm, und so blieb mir schließlich nichts anderes übrig, als hinzugehen.

Um acht Uhr morgens hatte noch alles zu, nur wenige Leute waren unterwegs, die eher zur Arbeit eilten. Man sah, dass sie den Weg als Abkürzung von einem Hügel zum anderen benutzten. Nun, heilige Orte und Sanktuarien besucht man – wie auch Kurorte – am besten in der Nachsaison oder kurz vor der Öffnung.

Sie erscheinen irgendwie menschlicher, wenn das Sacrum ruht. So war es auch jetzt. Die Dame an der Bar beim Haus des Pilgers machte mir einen doppelten Nescafé und wollte nichts extra. In einer Ecke an der Wand schlief ein älterer Mann, an sein Bündel geschmiegt. Außer ihm war nur ein junges Paar da. Die beiden aßen Würstchen, Rührei und Brötchen mit Butter zum Frühstück. Draußen ging ein Herr von der Jasna-Góra-Wache auf und ab, und wir klagten gemeinsam ein bisschen über die Kälte im Mai. Ein eisiger Wind wehte, etwas wie harter Schnee rieselte herab, und da unten breitete sich wunderschön die Stadt aus. Aber es war gut, zusammen mit einem amtlichen Menschen in Uniform ein bisschen zu klagen. Auf den Parkplatz fuhren die ersten Busse mit weiß gekleideten Kommunionskindern. Etwas abseits stand ein Wohnmobil mit italienischem Kennzeichen. Vielleicht schliefen darin Pilger, denn die Scheiben waren beschlagen.

Vor dem Tor Johannes Pauls II. hingen verschiedene Flaggen, aber Eindruck machte nur eine: die pakistanische. Grün mit weißem Halbmond und Stern. Daneben schoben Arbeiter Schubkarren und stellten Gerüste auf, als wäre das ganz normal. An den Schaltern nahmen Nonnen Anträge für Messen entgegen. Man kaufte ein Heiligenbildchen, schrieb hinein, was man zu schreiben hatte, und brachte es vor der Messe in die Sakristei. Ehrlich gesagt, das hat mir an Kultorten immer am besten gefallen – das Drumherum. Wie diese Reihe von kleinen Lädchen, eingelassen in die Mauern, die das Kloster umgeben. Handels- oder Profitgrotten, in den heiligen Felsen gehöhlt. Jetzt waren sie noch nicht geöffnet, aber durch die Fensterscheiben konnte man sehen, dass es dort alles gab. Waffeln, Eis, Rosenkränze, Homilien; und sogar der Film *Die Geschichte von Rój* stand ärmlich und verstaubt in einer Ecke des Schaufensters.

Um neun machten sie auf. Ich trieb mich auf den Treppen und im Hof herum, unentschlossen. Schließlich entschied ich mich für das Arsenal – gab es da doch die rühmliche Überlegenheit, Prior Kordecki, Kmicic, die Feldschlange, kurzum: Ich hatte Lust auf Militaria.* Welch ignorante Naivität! Da waren Votivgaben und Juwelen und eine Ausstellung zum dreihundertjährigen Jubiläum der Krönung des Gnadenbildes. Ich sah sie mir nicht allzu schnell an, um

---

* Anspielung auf die Belagerung des Klosters Jasna Góra im Jahr 1655, wo die Mönche unter Prior Kordecki die Belagerung der Schweden zurückschlagen konnten. Der Nationaldichter Sienkiewicz thematisiert das historische Geschehen in seinem Roman *Potop* (*Die Sintflut*) und fügt fiktionale Elemente hinzu (die Figur Kmicic, die Feldschlange).

den Herrn Wachmann nicht zu kränken, und zog wie ein begossener Pudel ab. Draußen wurde es langsam voller. Die Menschenmenge war gar nicht so groß, und doch wurde es eng. Von außen mächtig und monumental, erzeugte das Kloster innen klaustrophobische Gefühle. Etwa fünfzig Personen befanden sich hier, doch die Mauern, die Geschichte, die komprimierte Würde drängten schon von allen Seiten heran. Es war kalt und stickig zugleich, zwar war die Sonne durchgekommen, aber es herrschte Zwielicht. Nicht allzu viel Platz für die geistige Hauptstadt eines recht großen Landes. Anstatt zu fliegen, zu wachsen, die Flügel auszubreiten, spürte der Geist einen gewissen Druck. Alle Augenblicke kam ihm etwas in die Quere, verdeckte ihm die Sicht, sagte ihm, wie er sich zu verhalten habe. Man könnte sagen, dass der Geist in seiner Hauptstadt gegen die Wand rannte. Jedenfalls mein Geist.

Ich ging hinunter Richtung Stadtzentrum und versuchte, den ketzerischen Gedanken an Licheń zu verscheuchen. An die riesige Basilika, den weiten Raum, obwohl es dort keinen Kordecki und keinen Kmicic gegeben hat. Sie war groß, aber mit Kräften und Geld aus dem Volk errichtet, da hatte keine herrschende Schicht die Finger dringehabt. Hoch, aber auf flachem Grund. Unprätentiös wie ein ländlicher Maialtar in größerem Stil. Das heißt, ein wenig prätentiös durchaus, aber die Patina der Jahre verleiht der Kirche Sinn, sowohl in der Landschaft als auch in der Geschichte. Im Vergleich zu – sagen wir – dem Hochhaus von Daniel Libeskind erscheint sie schon heute durch und durch menschlich und trotz ihrer Größe gemütlich.

Ich ging hinunter zur Stadt und dachte darüber nach, dass ein Volk vielleicht zwei geistige Hauptstädte haben sollte. Wie wir Warschau und Krakau haben. Oder wie es zu Zeiten nomadischer oder halbnomadischer Herrscher eine Sommer- und eine Winterhauptstadt gab. Jedenfalls spürte ich, nicht nur auf meinen Pilgerreisen nach Licheń, dass die Volksseele sich eher in Wielkopolska, in Großpolen, offenbart als am Rande des Krakau-Tschenstochauer Juras. Und mit dieser schwierigen geistigen Wahl lasse ich Sie jetzt allein.

Fin de Siècle

Am Abend zog ich die schwarzen Vorhänge zu, weil ich nicht wusste, in welche Richtung das große Fenster hinausging. Mein Zimmer lag im elften Stock. Ich erwachte gegen sechs in vollkommener Finsternis.

Im Dunkeln tastete ich mich zum Fenster und zog die großen Vorhänge auf. Die Aussicht blendete mich. Als hätte ich über Nacht ein paar Tausend Kilometer zurückgelegt. Nach Bagdad, nach Damaskus, in einen dieser unruhigen Orte, die das Fernsehen zeigt. Die Kamera ist meistens auf die Hügel über der Stadt gerichtet, und in der Ferne steigen Rauchsäulen auf. So war es hier, nur ohne Feuer und Explosionen: blendend weiße Wohnblocksiedlungen, waagerechte, kantige Linien, eine hinter der anderen hervortretend, die in ungleichem, aber deutlichem Rhythmus die Anhöhen erklommen. Und dieses Weiß: hart, scharf, unerbittlich, einen hitzeglühenden Tag verkündend. Denn die Sonne war hinter dem Hotel aufgegangen, und ich schaute in die noch flachen Strahlen, direkt nach Westen, in die Spiegel der Betonwände.

Doch es war Košice. Daher das Fehlen von Explosionen und Feuer. Jeder hat das Bagdad und Damaskus, das er verdient. Auf den grünen, die Stadt umgebenden Hügeln standen irgendwelche Industriekonstruktionen. Silos, Förderbänder, Brechanlagen, weiß der Geier was, jedenfalls düster, schmutzig und riesig. Man braucht keinen Krieg, um die Stadt zu verunstalten, dachte ich, um sich ein kleines

228

Grauen zu bescheren. Es genügt, eine Schrott- und Schutt-
fabrik hinzustellen, die uns jeden Morgen begrüßt, wenn
wir unseren Kaffee trinken.

Aber ich liebte diese Stadt. Ich erinnerte mich an frühere
Zeiten dort, als in der Hlavná, der Hauptstraße, die Zigeuner residierten. Draußen, in den Bierstuben, in den Gassen,
beim Sankt-Elisabeth-Dom, sie waren überall, das ganze
Zentrum gehörte ihnen. Am Abend zuvor war ich bis in
die Nacht hinein spazieren gegangen. Durch die Scheiben
der Schaufenster sah ich Weinkollektionen aus aller Welt,
elegante Espressomaschinen, aus denen afrikanischer oder
brasilianischer Kaffee floss. Argentinische Steaks wurden
serviert. Im Freien saß ein Hipstermädchen mit internatio-
nalem Erscheinungsbild. Zwischendurch streiften ein paar
freundliche Rabauken herum, Schüler, ein Radler in den Händen, die den Passanten zuprosteten. Košice sah aus wie alle
etwas reicheren Städte des Kontinents. Unter langen Mes-
sern fielen Streifen von Dönerfleisch ab.

Ich wohnte im besten Hotel, ich liebte diese Stadt, aber
ich fühlte mich wie ein Dahergelaufener aus Zeiten, da Bürgermeister Schuster die Zigeuner noch nicht in die Beton-
hölle namens Lunik IX vertrieben hatte. Nicht ausgeschlossen, dass es die Abhänge dieser Siedlung waren, die ich von
meinem Vier-Sterne-Hotel aus am Morgen betrachtete.

Du bist wie Sándor Márai, dachte ich. Wie ein Sándor
Márai für die Armen. Er hat sein Leben lang den provinziellen Glanz, den Reichtum und Ruhm der Fin-de-Siècle-Stadt,
die damals Kassa hieß, in seiner Erinnerung beschworen,
und du kehrst in Gedanken immer wieder in die Zeit zurück, als die Zigeuner in der Hauptstraße herrschten.

So war es in der Tat, denn jeder hat das Fin de Siècle, das
er verdient.

An jenem Tag sollte ich nach Poprad fahren. Ich wählte

natürlich den längeren Weg entlang der ungarischen Grenze, durch den Slowakischen Karst. Durch diese seltsamen, unzugänglichen Bergmassive. Niemand wohnt dort, es gibt kaum Eingänge für Autos oder Fußgänger, nur an ganz wenigen Stellen. Die Kalkebenen sind mit üppigem Grün bewachsen. In ihrem Inneren schlängeln sich mit Eis und Stalaktiten gefüllte Höhlen und unterirdische Flüsse. Eine von ihnen, eine internationale, slowakisch-ungarische Höhle, war in früheren Zeiten mit einem Eisengitter versperrt. Ich fuhr auf einer in den Abhang gehauenen Straße. Sie war so schmal und serpentinenreich, dass es schwierig gewesen wäre, ein Motorrad zu überholen. Aber es war Samstag, und zwanzig Kilometer lang begegnete ich niemandem. In Plešivec hörte ich Ungarisch. Die Schönheit dieser Gegend konnte sich mit ihrer Verlassenheit messen. In den Dörfern trugen Jungen in dunkelblauen Anzügen in steifer Haltung weiße Kommunionskerzen.

Am Nachmittag sollte ich eine Lesung in einer Buchhandlung haben, einer Art slowakischem Empik. Um den Kontakt mit der Wirklichkeit zurückzugewinnen, sollten Schriftsteller so viel wie möglich an solchen Orten lesen. Die Leute kamen für einen Moment herein, setzten sich mit ihren Tüten kurz hin, dann gingen sie weiter, denn in dem Einkaufszentrum gab es noch fünfzig andere Plätze, wo man sich für einen Moment setzen konnte.

Irgendwann fragte jemand, was die Polen über die Slowaken dächten. Ich antwortete wahrheitsgemäß, sie dächten gar nichts. Das Gespräch entwickelte sich in die Richtung, dass man dagegen etwas unternehmen sollte.

»Ach«, sagte ich zum Schluss, »ihr müsstet uns einfach etwas antun, ein ordentliches Unrecht. Anders geht's nicht.«

Der Tod ist mein Hirte

Vielleicht sollten alle zusammen beerdigt werden. Damit die Menschenmenge, die sich versammelt, es nicht weit hat. Damit sie, die Toten, die Gebete hören können. Damit weder Wind noch Entfernung die Gebete verwehen.

Schließlich kommen wir deshalb zu den Toten, um für sie zu beten. Damit sie, die sie einsam in kalten Gräbern liegen, unsere Gebete hören. Damit sie wissen, dass jemand sich an sie erinnert, dass jemand sich sorgt um ihr Schicksal nach dem Tod; dass sie nicht vergessen worden sind. Wir kommen an ihr Grab, um ihren Tod zu ehren. Wir kommen auch in der Hoffnung, dass ein Teil des Lebens und ein Teil der Seele in den Knochen verblieben ist. Wozu sollten wir sonst dort erscheinen? Um Mineralien Gesellschaft zu leisten? Oder langsam schwindenden organischen Teilchen?

Wir sollten sie alle an einem schönen, ruhigen Ort versammeln, wo es still ist und Bäume wachsen. Dann müssten wir nicht durchs Megaphon schreien, wenn wir kommen, um zu beten. Dann könnten sie durch die Erdschicht und das allmählich verfaulende Holz hören, wie wir flüstern. Wir, das Volk, das sie anruft, damit alle Lebenden, alle Fremden, alle Völker es hören. Schließlich spricht man flüsternd zu den Toten. Um ihren Frieden nicht zu stören. Um nicht zu sehr mit unserem Leben auf ihrem Tod herumzutrommeln.

Also sollten wir sie einen neben den anderen an einen stillen grünen Ort legen, an den kein Lärm dringt. Wir sollten das tun, da sie zu unserem gemeinsamen Eigentum geworden sind. Um nicht Gebete herausschreien zu müssen, während ringsum Busse fahren und die Leute zu ihren Geschäften eilen. Auf einem Hügel, wo der Wind sanft das Gras wiegt. Damit all jene, die sich erinnern wollen, in Ruhe und Frieden Worte des Trostes und der Hoffnung flüstern können. So stelle ich es mir vor – wenn wir die Toten schon behelligen müssen. Wir, das Volk. Das jeden Monat mitten in der Stadt einen Heidenlärm veranstaltet.

Als wollten wir rufen:

»Steht auf! Erhebt euch! He, hier wird nicht geschlafen! Ausruhen könnt ihr euch später. Jetzt sollt ihr den Tumult der Stadt hören, denn wir versammeln uns, damit ihr nicht vergesst, dass wir uns erinnern. Ihr sollt kein Auge zutun in der Erwartung, dass wir unseren Lärm veranstalten. Der Tod währt lange, bis ans Ende aller Zeiten, ausruhen könnt ihr später noch, jetzt sollt ihr uns zuhören, solange wir noch nicht gestorben sind. Ihr lebt schon nicht mehr, so seid wenigstens dazu gut, dass wir uns versammeln und mitten in der Stadt ein Spektakel veranstalten können. Uns zu einer Herde zusammenrotten können. Um unsere eigene Gegenwart zu spüren, unseren Geruch, unsere Wärme, um unsere Stimmen zu hören, denn wir sind in dieser schrecklichen Welt wehrlos wie Schafe. Weil wir zerstreut sind. Erst der Tod ruft uns herbei und treibt uns zusammen wie ein Hirte. Schließlich gibt es nichts Größeres als den Tod. Daher kommen wir von überall her zusammen, wenn er uns ruft. Wahrlich, es gibt nichts Größeres als den Tod.«

Daher kommt mir diese grüne Anhöhe in den Sinn, mit Körpern darin wie in einem Hügelgrab. Damit wir kommen können und uns vom Gras der Toten nähren, statt mitten in der kalten und nackten Stadt dieses Spektakel zu veran-

stalten. Denn der Tod ist mein Hirte, mir wird nichts mangeln. Er weidet mich auf einer grünen Aue und führt mich
zum frischen Wasser. Er erquickt meine Seele.

Heimat, Rückkehr

Um sechs Uhr morgens kamen Rehe. Zuerst eins. Im hohen rötlichen Gras kaum zu sehen. Dann noch zwei. Cujka wollte sie anbellen, aber dann lief sie am Zaun entlang, verwirrt von der Nähe der Rehe. Abwechselnd bellte sie ein bisschen und wedelte mit dem Schwanz, als wollte sie sich ihnen anschließen. Die Rehe standen eine Weile da, dann liefen sie zum Wald wie rotbraune Schatten. Die Sonne ging gerade erst hinter dem Berg auf, die Landschaft war flach, dämmerig, von dunklem Tau bedeckt, schloss sich spurlos und erstarrte.

Jetzt war ich mit Cujka allein. Sie wedelte immer noch mit dem Schwanz und blickte mich fragend an, als wollte sie sich vergewissern, dass ich das Gleiche gesehen hatte wie sie.

Ich bin also in meine Heimat zurückgekehrt, nach zwei Monaten in der Wüste und Steppe. Sicher sollte ich mit dem Internet beginnen, mit Zeitungen, mit Gesprächen und Fragen, mit Hoffnung oder Grauen, zumindest sollte ich einen klugen Kollegen oder eine Kollegin anrufen, die mir erklären könnten, wie es hier gelaufen ist, ob sich alles zum Guten entwickelt hat oder umgekehrt. Aber ich fange mit diesen Rehen an, obwohl man nicht so recht weiß, ob Polen und das Vaterland sie überhaupt etwas angehen. Ich schaue ihnen nach, sehe, wie sie in der Tiefe meiner heimatlichen Landschaft verschwinden. Mit weiten Sprüngen ziehen sie nach Nordwesten Richtung Mareszka. So ein Pole bin ich.

Ich betrachte das Wild statt das Volk. Zu allem Überfluss mit einem Hund, der einen rumänischen Namen trägt.

Die Schafe sind aufgestanden und herausgekommen, jetzt schauen sie mich an. Sie stehen unter der Fichte – das eine und das andere streckt sich, die Hufe zusammen, die Ohren waagerecht, die Schnäuzchen schwarz, zart, die Wolle nach der Frühjahrsschur wieder schön gewachsen. Sie schauen mich an. Kopf an Kopf, alle blicken in meine Richtung, als wollten sie fragen:

»Zwei Monate in Wüste und Steppe, und jetzt stehst du da, als sei nichts gewesen? Dich interessieren wohl die gesellschaftlichen Spannungen nicht, die Auswirkungen der politischen Kräfte, das momentane und zukünftige Schicksal des Landes, sein Platz auf dem Kontinent und in der ganzen Welt, seine geistige Verfassung, jetzt, da es mit übermenschlicher Anstrengung versucht, den ihm gebührenden Platz wiederzuerlangen, den es zu Unrecht verloren hat? Dich interessieren wohl nicht die Taten seiner, das heißt des Volkes Anführer? Und auch nicht die Worte, die sie zur Aufklärung des Volkes gesprochen haben, während du in der Wüste gesessen hast wie ein Einsiedler? Du guckst dir lieber im Morgengrauen die Hintern der Rehe an? Stellst du dir so deine Bürgerpflicht vor? Mit einem rumänischen Hund dazustehen und zu schauen, wie die Sonne aufgeht?«

Sie standen noch eine Weile da, dann gingen sie weiden. Bestimmt hatten sie Recht mit dem Sonnenaufgang und allem anderen. Nur Mania war etwas abseits geblieben und hatte nicht so richtig mitgemacht. Als Schaf hielt sie sich an die Herde, aber als sie selbst brachte sie diskret ihre Andersartigkeit zum Ausdruck. Ich wartete, bis die anderen weg waren. Nach dieser Lynchrede der Schafe brauchte ich Unterstützung und Trost. Ich ging zu Mania hin und sagte:

»Weißt du, ich war in einer Gegend, wo es mehr Schafe als Menschen gibt.«

Sie sah mich interessiert an:

»Ist das weit von hier?«

»Ziemlich weit«, erwiderte ich.

»Das möchte ich gern sehen«, sagte sie und blickte in die Ferne.

»Ich weiß nicht, ob es dir dort gefallen würde. Da ist sehr viel Platz für Schafe, aber sehr wenig Gras.«

»Kein Gras?«, fragte sie erstaunt. »Und da leben Schafe?«

»Ach«, seufzte ich, »du müsstest viel umhergehen, um satt zu werden.«

»Wie von hier zum Mareszka?«

»Weiter, viel weiter. Du müsstest gehen und gehen und gehen.«

Sie schüttelte ihr schwarzes Köpfchen.

»Das gefällt mir nicht. Da hätte ich ja keine Zeit zum Essen.«

Sie wollte schon weggehen, zu den anderen, aber ich hockte mich hin, sah ihr in die Augen und fragte:

»Kannst du mir sagen, was eigentlich mit denen los ist?«

Sie schielte nach ihren grasenden Schwestern und Brüdern und seufzte ein bisschen:

»Wie ich dir sicher schon gesagt habe, sind wir nicht besonders klug. Außerdem leben wir in einem Land, in dem es mehr Menschen als Schafe gibt, und wir haben nicht genug moralische Unterstützung, um zu widersprechen.«

Sie schaute mich entschuldigend an und ging zu ihrer Herde.

Kasachstan, Urlaub

Urlaub. Dreieinhalbtausend Kilometer in Staub, Hitze, durch trockenes Gestrüpp, über flaches Land. In Russland hatte es zu viele Bäume gegeben. Tagelang Bäume und Sümpfe. Hier waren überhaupt keine Bäume. Kein Schatten. Auf Parkplätzen an der Straße standen kleine Lauben aus Blech, heiß wie Backöfen. Alle hundert, alle zweihundert Kilometer. In Stahlfässern verglomm der Müll. Und dann wieder alles flach, staubig, Wind in leblosem Unkraut. Grauer Sand, grauer Himmel, graue Sonne. Aber ich wollte die Gegend des stillgelegten Atomwaffentestgeländes bei Semipalatinsk sehen. Das Gelände war eigentlich bei Kurtschatow, aber die Leute sagten »bei Semipalatinsk«. Ich wollte sehen, in welcher Landschaft all die Kilotonnen, die Megatonnen detoniert waren, diese über vierhundert Bomben in über vierzig Jahren.

Eine Art Prophezeiung suchte ich, die Enthüllung letzter Dinge. Auf der Straße mit diesen Blechbuden, mit den ausgebrannten Fässern, in der wasserlosen Landschaft mit dem grau überwölbten Himmel. Ich stellte mir vor, wie sie in Gräben liegen, die Generäle, die Wissenschaftler, die Abgesandten der Partei, die Herrscher der Welt, mit Sonnenbrillen; wie sie warten, dass über dem Horizont eine orangene Kugel auftaucht, rot wird, und aus der Tiefe der Wüstensteppe eine Welle heranzieht, glühender als die Hitze. Und von den weidenden Tieren fallen Fell und Fleisch ab und entblößen das rauchende Skelett. Dann fahren die Männer

237

zu einem finsteren Raum mit dunkler Holztäfelung, trinken Wodka, stoßen an und gratulieren einander zum Erfolg. Einer telefoniert nach Moskau. Sie rauchen, essen etwas Fleisch dazu, dann trinken sie wieder, bis ihre Gesichter rot werden und der Raum nach schwitzenden Körpern stinkt. Ohne Problem konnte ich es mir vorstellen: die Täfelung, den Gestank, die Essensreste, das Telefon mit fettigen Fingerabdrücken. »Und es fiel ein großer Stern vom Himmel, der brannte wie eine Fackel und fiel auf den dritten Teil der Wasserströme und über die Wasserbrunnen. Und der Name des Sterns heißt Wermut.«

Urlaub. Den Ort hatten sie gut gewählt. Auf den ersten Blick konnte es hier ebenso vor wie auch nach der Detonation sein. Nie zuvor habe ich eine Einöde gesehen, die weniger spektakulär gewesen wäre. Ein großes, flaches Nichts. Bei jedem Schritt flog Staub auf. Hier und da ein geplatzter Reifen. Und diese Ortschaften in der Ferne, in den Sand gegraben, in derselben Farbe wie alles andere: Leninskij, Kysyl Oktjabr, Komsomolskoje, Solnetschnyj, errichtet aus Lehm, Blech und Schlamm. Jahr für Jahr fiel radioaktiver Staub auf sie, und die Verdammten dieser Erde standen nichtsahnend vor den Türen, horchten auf die entfernten Explosionen und hielten Ausschau nach dem Lichtschein am Horizont. War all das doch für sie geschaffen. Zu ihrer Verteidigung, zu ihrem Sieg. Denn nur sie sollten diesen aufgeschobenen Weltuntergang überleben. Wie jene hundertvierundvierzigtausend aus zwölf Geschlechtern.

Ich hatte schon immer den Verdacht, dass Offenbarungen uns in der Wüste begegnen, an kargen, ja unwirtlichen Orten. Die großen Religionen sind Wüstenreligionen. Natürlich war die R-138 nicht die Straße nach Damaskus oder in die judäische Wüste. Aber diese Landschaft, von der man schwer sagen konnte, ob sie schon von der Vernichtung getroffen oder noch nicht ganz erschaffen worden war, bewirkte, dass mir die Entfernung von meinem Zuhause unendlich erschien. Als wäre ich aus meinem Leben herausgetreten oder daraus vertrieben worden. Aber fahren wir nicht deshalb in Urlaub? Um herauszufinden, was mit uns geschehen wird oder woher wir kommen?

Tschagan, könnte man sagen, strahlte Vernichtung aus. Es war tot wie ein Leichenschädel und weiß wie ein Leichenschädel. Mit schwarzen Löchern statt Fenstern. Es ragte aus einem seltsamen, wilden Grün heraus. Über Dutzende von Kilometern wuchs nichts außer trockenem Unkraut, und hier plötzlich diese Fülle. Als hätten die Überreste der Stadt die Erde mit fruchtbarer Feuchtigkeit gespeist. Entlang der Straßenreste zogen sich Trümmerhaufen. Es war kaum zu sagen, ob sie es mit schwerem Gerät oder mit TNT gemacht hatten. TNT hätte besser gepasst, denn Tschagan war eine Militärstadt und vollkommen geheim gewesen. Es hatte den Flughafen bedient, der mitten in der Steppe lag. Von diesem Flughafen starteten damals die strategischen Bomber Tu-95. Sie waren dafür gebaut, Bomben auf Amerika abzuwerfen. Fünfzehn Tonnen konventionelle Bomben oder Nuklearwaffen. Sie sollten in der menschenleeren Steppe starten und die bevölkerungsreichsten Metropolen der Welt in Wasserdampf und Staub verwandeln. In Tschagan hatte das Militärpersonal mitsamt Familien gelebt. Jetzt sah Tschagan aus, als sei es selbst Opfer eines Luftangriffs geworden. Hinter den Trümmern konnte man stehengebliebene weiße Wohnblocks sehen, besser gesagt, ihre Skelette. Ich fuhr langsam und vorsichtig, denn hier und da ragte aus dem Beton ein Stück Armierungseisen heraus. Ich parkte an einer Stelle, die früher wohl ein Platz gewesen war. Mitten in der reglosen Hitze und der absoluten Stille stieg ich aus. Ja, in früheren menschlichen Behausun-

239

gen ist das Seltsamste die Stille. Durch die Löcher der ehemaligen Fenster konnte man hellere Stellen an den Wänden sehen, wo Möbel gestanden hatten, verblasste Farbe, Spuren herausgerissener Installationen. Kleine Kabuffs, Grau hoch drei, ein Zimmerchen über dem anderen, vier Stockwerke, identisch und eintönig wie im Gefängnis. Und diese Stille. Ich hörte, wie unter meinen Sohlen der Sand knirschte. Zwischen den Wohnblocks waren regelmäßige Absackungen zu sehen, was davon zeugte, dass auch die ganze Infrastruktur herausgerissen worden war, die Kanalisationsrohre, die Wasserrohre, die Heizungsrohre. Die Wände waren dünn, nicht isoliert, also mussten sie mächtig heizen, wenn die Temperatur auf minus dreißig Grad fiel und von der Steppe ein eisiger Wind wehte. Aber jetzt war es still. Ich hörte das Echo meiner eigenen Schritte. Ich fand einen Uniformknopf mit fünfzackigem Stern. Er war aus billigem grauem Metall. Sie wollten die größten Metropolen der Welt in Wasserdampf und Staub verwandeln, und hier gab es nur diesen angelaufenen Knopf? Nur Schutt und die Spuren verzweifelter Plünderung? Denn sie hatten alles abtransportiert: Kabel, Klinken, Wasserhähne, Heizkörper, Kloschüsseln, Fenster- und Türrahmen – wie Erinnerungen an das vergangene Leben, die man später irgendwo auf Silikon, auf Bauschaum kleben, wieder zusammensetzen konnte wie eine melancholische Parodie des vergangenen Ruhms. An einer Straßenbiegung stand eine Gedenktafel mit einem Bild der Tu-95 und der Inschrift, die Herzen seien hiergeblieben. Der Bomber glich einem mageren Fisch mit übergroßen Flossen. Das alles sah nach Suizid aus, nach Harakiri, nach einem Scheiterhaufen, der langsam von der Vegetation überwuchert wurde. Sie hätten die Häuser lieber bombardieren sollen, bevor sie weggingen, dachte ich. Anstatt sie der Plünderung zu überlassen, hätten sie eine letzte Tu-95 schicken und eine überschaubare Ladung abwerfen sollen. Wirklich nicht viel. Eine Kilotonne, mehr nicht. Die Bewohner hätten von ferne zuschauen können, wie über ihren Häusern eine Feuerkugel aufsteigt. Ich glaube, sie hätten sogar die Gegenstände zurücklassen sollen. Ging es doch bei alldem um die Idee, und nicht um Samoware, Kühlschränke und die ersten geschmuggelten Tonbandgeräte. Es ging um die Apokatastasis. Darum, dass wir die ursprüngliche Unschuld wiedererlangen sollten, und nicht um Entsafter und Schnellkochtöpfe. Also hätte das alles dableiben, schmelzen und verdampfen müssen, so wie die sündige Welt verdampfen sollte, die die Teilnahme an dem Rettungsunternehmen verweigerte, allen voran die amerikanischen Metropolen. All die Geräte, das Gerümpel in Küchen, Badezimmern und Schränken hätte untergehen sollen, die verbrannte Erde hätte das Zeug verschlingen sollen, doch allem Anschein nach glaubten die Bewohner nicht an die Verwandlung der Welt und auch nicht an die reinigende Kraft des Feuers, das sie mit solcher Hingabe hüteten. Und so nahmen sie die Steckdosen und Türrahmen mit. Sie wollten nicht zusehen, wie all das – die Steckdosen, die Türrahmen, die Waschmaschinen und Trockner – in einer Wolke ionisierter Materie in den Himmel flog. Es tat ihnen einfach leid.

Ich horchte auf das Knirschen meiner Schritte und begann zu verstehen, dass die Menschheit das Los der Welt nie ändern wird. Selbst wenn sie es versucht – es endet mit Tonbändern, Entsaftern und Smartphones. Und später, zum Schluss, mit ganz gewöhnlicher Plünderung. Außer diesem Knopf hatte ich nichts Erwähnenswertes gefunden. Vorsichtig kehrte ich um und ging zurück zur R-138.

Astana, ach Astana. Denn sie geben keine Ruhe:

»Warst du schon in Astana? Sicher fährst du nach Astana? Du musst Astana sehen!«

Sogar in Kurtschatow, in einer Garküche an der Straße, erwähnte eine nette Frau am Nebentisch gleich im zweiten Satz, sie sei zwar in Semei geboren, wohne jetzt aber in Astana, und wie sie sehe, würde ich ja sicher auch dorthin fahren …

Was sollte ich also tun. Ich fuhr in diese Stadt, die noch vor wenigen Jahren Akmola hieß, was »weißes Grab« bedeutet. Kein Wunder, dass der Präsident, als er sein pharaonisches Vorhaben in Angriff nahm, den melancholischen Namen gegen den Begriff »Hauptstadt« tauschte, weil er vermutlich nicht das Schicksal herausfordern wollte. Und wie es einer Sache gebührt, von der alle sprechen, sah man Astana schon von weitem. Es wuchs einfach aus der Ebene, und man war sich sofort klar darüber, dass nichts anderes in dem Land sich mit dieser Stadt messen konnte. Aus zwanzig, aus dreißig Kilometern Entfernung konnte man sie in der vor Hitze grau flimmernden Luft sehen. Eine vertikale Stadt. Ich war seit anderthalb Monaten unterwegs, aber nirgendwo hatte ich etwas so Hochschießendes gesehen. Sie erhob sich aus der Steppe, die flach war wie ein Wasserspiegel, und sie stieg ohne Vorwarnung aus der Tiefe der Zeit auf. So könnte man es formulieren. Einige Tage zuvor hatte ich mit einem Taxifahrer gesprochen, der mich lange davon zu überzeugen versuchte, dass seine Vorfahren direkt der Blauen Horde entstammten, das heißt der Zeit Batu Khans, und er sprach darüber, als sei Batu Khan gestern gestorben. Und hier plötzlich diese Hochhäuser, der Erde entwachsend, über die gemächlich Kamele schritten und in Staubwolken Fettschwanzschafe trabten. Aus der Vergangenheit in die Zukunft unter Auslassung der Gegenwart. Astana lockte und blendete. Man wollte einfach ins Zentrum all dessen fahren, zwischen die beiden stämmigen goldenen Türme, direkt auf den großen Platz vor dem Präsidentenpalast. Er strahlte etwas Majestätisches und zugleich vollkommen Leeres aus. Der Palast erinnerte an die Basilika in Licheń. Sowohl in den Ausmaßen als auch von der Anmutung her. Er war von einer blauen Kuppel mit einer Spitze gekrönt, und dahinter floss der Fluss Ischim vorbei. Einige Zeit zuvor hatte ich an diesem Fluss mein Lager aufgeschlagen, viele Kilometer nördlich, in Schwärmen von Mücken, zwischen Sümpfen, auf steinigem Gelände, in das man keinen Hering einschlagen konnte, in der völligen Einöde. Und hier umarmte der Ischim sanft hektarweise Blumenbeete, Rasen, zu eleganten Mustern arrangierte Marmorplatten. Und nur der heiße Wind fegte durch diesen Raum, dem jeder Schatten fehlte. Keine Menschenseele, nur ein paar stattliche Typen in schwarzen Anzügen mit Stöpseln in den Ohren standen hier und da herum und versuchten, die Hitze zu überstehen. Und es war schwer zu sagen, ob der Präsident, der all das hatte bauen lassen, überhaupt hier weilte oder ob nur die leerstehenden, blendend weißen, verglasten Gebäude stellvertretend über die Ruhe und das Wohl des Volkes wachten.

Aber natürlich fuhr ich nicht auf den Platz. Da konnte nicht jeder einfach so hinfahren. Einen Propusk hatten nur schwarze Wagen, vom BMW 7-er aufwärts, was sollte da also ich mit meinem grauen Pick-up voller Campingmüll und Hammelfleischkonserven … Der übrigens ungewöhnlich sauber war, denn am Eingang zur Stadt hatte mich ein höflicher, aber energischer Polizist in die Waschanlage geschickt. Also ließ ich das Auto stehen und ging zu Fuß den pfeilgeraden Prospekt entlang, die Hauptstraße, die sich zwischen dem weißen Präsidentenpalast und dem Khan

Schatyr, dem »Zelt des Khans«, erstreckte. Letzteres war ziemlich hässlich, ein hundertfünfzig Meter hoher, zur Seite geneigter Plastikkegel, den Norman Foster erfunden hatte. Er sah aus, als würden die Seile im Zelt nachgeben und das Ding gleich umkippen. Aber drinnen gab es alles, den ganzen globalen Ramsch wie im Arkadia oder auf den Goldenen Terrassen in Warschau, die gleichen Hosen, die gleichen Fummel, die gleichen schäbigen Hemdchen, den gleichen Flitter und Tand. Und ein Betrieb, dass kein Durchkommen war, denn unter dem Dach hatten sie noch einen Rummelplatz draufgesetzt – mit Achterbahn, Dinosauriern, Hamburger, Pizza und deutschem Bier.

Drüben also die Leere, gelindes Grauen, Reglosigkeit, die Typen mit den Stöpseln in den Ohren, und hier, auf unserer Seite ein Trubel wie auf dem Basar, Vergnügungspark und globaler Tante-Emma-Laden. Das war gut durchdacht: Ihr lasst uns regieren, und wir lassen euch Spaß haben. Und das eine war vom anderen aus zu sehen. Nichts verstellte die Aussicht auf den Präsidentenpalast und umgekehrt. Auch der Prospekt war ziemlich leer. Das heißt, er wurde immer leerer, je weiter man sich dem Machtzentrum näherte. Die Leute sahen eher wie Besucher als wie Bewohner aus. Sie spazierten umher und schauten, denn all das war schließlich für sie gebaut. All die Hochhäuser, die Hotels mit den schwarzen Fenstern, die Banken, die keiner betrat, die goldenen Türme, die postmodernen Fassaden mit geschickt integrierten orientalischen Ornamenten, dieser Monumentalismus in Stein und Glas, bei dem die Strenge der Formen sanft ins Gebogene, Fließende, in die Arabesken des Ostens überging. Auf halbem Weg zwischen Frankfurt am Main und Peking. Das größte Gebäude war der Sitz von KazMunayGas, des staatlichen Erdöl- und Gaskonzerns. An die zwanzig Stockwerke hoch, erhob es sich über dem Prospekt wie das Ischtar-Tor von Babylon, und jeder, der zur Jurte des Khans wollte, musste durch dieses Tor gehen. Die im Halbkreis angeordneten Flügel bemächtigten sich des städtischen Raums – unerbittlich und väterlich zugleich. Keine Fluchtmöglichkeit. Aber schließlich will auch keiner fliehen, dachte ich. Du bist ein liberal-demokratisches, chauvinistisches Schwein, führte ich den Gedanken fort, ganz einfach. Du glaubst, das Europa, aus dem du kommst, sei der Nabel der Welt. Das ist es eben nicht. Hier sind alle stolz auf das pharaonische Projekt des Präsidenten, wie sie auch auf ihn selbst stolz sind. Und du – warst du jemals stolz auf irgendeinen Plan irgendeines deiner Präsidenten, fragte mich meine innere Stimme. Hast du jemals leidenschaftlich versucht, jemanden aus dem Ausland dazu zu bewegen, irgendein Werk von irgendeinem Staatsoberhaupt deines Landes zu besichtigen? Meine innere Stimme hatte völlig Recht.

Diskret neigte ich den Kopf in Richtung des hundert Meter hohen Bajterek-Turms, wo sich auf der goldenen Kugel an der Spitze ein Handabdruck des Präsidenten befand.

Aber ich muss noch etwas über das Kaspische Meer, den Kaspisee, sagen, wo das Land endet. Und es endet schön und gnadenlos, denn die unendliche Ebene strebt gegen null und fällt dann in einer Depression ab. Auf minus dreißig, minus vierzig Meter. Der Kaspisee lag unter dem Spiegel der großen Weltmeere. Mitten in der Wüste standen muslimische Friedhöfe. In völliger Einsamkeit. Als hätten sie ihre Toten in die Verbannung geschickt und ihnen dort Städte gebaut. Denn so sahen sie aus: Mauern, Türmchen, Gewölbe, Kuppeln. Dicht gedrängt, wie zum Schutz gegen Wind und Hitze, ähnlich einer arabischen Medina. Alles aus Lehmziegeln, sandfarben. Die Ziegel blätterten, bröselten, die ältesten waren geglättet von Zeit und Wetter und sahen aus, als hätte jemand sie aus flüssigem Mörtel gegossen und nicht gemauert. Alle zehn, zwanzig Kilometer gab es diese Totenstädtchen. Märchenhaft, traumartig; wären sie nicht so nahe gewesen, denn sie standen direkt an der Straße, so hätte man sie für eine Fata Morgana aus Tausendundeiner Nacht halten können. Umso mehr, als die Luft vor Hitze zitterte und am Horizont glasige, wogende Seen und Wälder erschienen. Vielleicht sandten auch die Friedhöfe ihre flimmernden Bilder in die Ferne. Irgendwo zur Linken erstreckte sich das Binnenmeer. Aber statt blauen Wassers sah ich nur die Umrisse von Kamelen. Sie waren gelbgrau wie alles. Langsam und fließend bewegten sie sich in der dichten Tiefe der Luft. Ich verließ die Straße, bog in einen sandigen Weg ein und blieb fast in den Dünen stecken, aber schließlich sah ich in der Ferne das Blau. Es war flach und ruhig. Keine Welle, kein Schaumfetzen, nur der reglose Spiegel. Am sandigen Ufer lag ein Motorboot. Jemand hatte es hiergelassen und machte sich keine Sorgen um den Motor. Offensichtlich gab es keine Diebe in dieser Gegend. Am Wasser aalte sich eine Herde brauner Ziegen. Sonst gab es nichts. Das Kaspische Meer, dachte ich. Die materialisierte Ruhe. Man konnte gehen und gehen, und immer noch reichte das Wasser kaum höher als bis zum Knöchel. Ende des Urlaubs, Ende des Landes. Hundert Kilometer weiter westlich schleppte die Wolga ihr Süßwasser aus der Tiefe des Kontinents über die kalte Erde, um es schließlich in das einsame Kaspische Meer zu ergießen, das keinen Abfluss hatte. In der Ferne zogen als kleine Figuren Trampeltiere vorbei, und es war schwer zu sagen, ob sie im Sand oder im See wateten. Ende des Urlaubs. Ich dachte, hier könnte ich das Zelt aufschlagen und so lange bleiben, bis ich vor Langeweile sterbe. Bis zu dem Moment, da Landschaft, Sand, unbewegtes Wasser und heiße Luft in die Arterien eindringen, unter die Haut gelangen und statt des Marks die Knochen ausfüllen. Bis zu dem Augenblick, da der Körper ganz durchsichtig werden würde und ein anderer irgendwann, auf einer anderen Reise, durch ihn hindurch das Ufer, die Kamele, die Hitze und die Friedhöfe betrachten könnte. Denn darum reisen wir doch – um irgendetwas von der Welt zu begreifen, um endlich den Ort zu finden, da unsere Anwesenheit endgültig versinkt und wir nicht mehr von allem anderen zu unterscheiden sind, von dem, woraus wir gemacht sind.

Ich trug die Sandalen in der Hand, watete durch das warme, unbewegte Wasser und stellte mir mein eigenes Skelett vor.

Mein Land

Ich stehe vor sieben auf und schaue mir mein Land an. Im linken Teil des Fensters ist ein Netz angebracht, damit keine Insekten hereinkommen. Daher ist der Blick auf den Mareszka ein bisschen unscharf. Das Netz hat eine Struktur, die den früheren Sieben ähnelt, durch die man Mehl gestrichen hat. Genau: Der Blick ist quasi gesiebt und setzt sich aus Hunderttausenden einzelnen analogen Pixeln zusammen. Aber weder der Mareszka noch das Land verlieren dadurch etwas von ihrer herbstlichen Pracht. Allenfalls ist das Bild etwas dunkler als das durch den rechten Teil betrachtete. Die Sonne geht gerade erst auf, von unten her wird es heller zwischen dem Mareszka und dem Uherec. In meinem Land.

Auf dem Tisch habe ich einen Globus. Ziemlich alt, denn da gibt es noch die UdSSR, Belgisch-Kongo und Französisch-Westafrika. Es ist ein deutscher, mit einem Birnchen drin, in einer Rumpelkammer gekauft. Aber er genügt mir vollkommen. Ich habe einen roten Punkt gesetzt, um leichter den Ort zu finden, an dem ich aufwache. Natürlich geht es nicht um den Mareszka und den Uherec, die in diesem Maßstab nicht zu sehen sind, sondern um das ganze Land, das so groß ist wie der Nagel meines kleinen Fingers. Es ist einfach gut zu wissen, wo man zum Fenster hinausschaut, während man Kaffee trinkt und den nächsten Artikel schreibt. Ich drehe wie eine Wahrsagerin den gläsernen Ball, und der rote Punkt blinkt immer wieder auf wie die

248

Kugel beim Roulette. Er glänzt im blaugrünen Abgrund des Globus wie ein Blättchen in der reißenden Strömung, wie ein Stäubchen im Wind, wie ein Glühwürmchen in der Tiefe einer Sommernacht. Mein Land.

Und so gehe ich hin und her zwischen dem Globus und dem Fenster, zwischen Mikro und Makro, um einen kühlen Verstand zu bewahren, um nicht ins Abstrakte zu verfallen, um nicht an irgendwelche Märchen zu glauben, dass mein Land dies, dass mein Land das, dass mein Land jenes, dass mein Land sonst was. Denn jeder kennt sich heutzutage aus mit meinem Land, alle haben sie die Weisheit mit Löffeln gefressen, kommen von rechts und von links angetrippelt und scharren mit den Füßen, um zum Zug zu kommen und zu verkünden, wofür mein Herz schlagen und worauf meine Gedanken sich konzentrieren sollten. So ist unsere Zeit, und du musst dich in Acht nehmen, dass sie dich nicht fesseln, dich nicht bändigen, dass sie dir kein Kummet anlegen und dich vor den heimatlich-nationalen Karren spannen. Und dich nicht mit einer Idee peinigen, die sich in ihren leeren Schädeln festgesetzt hat, weil keiner von ihnen je zum Fenster hinaus oder auf den Globus geschaut hat. Und selbst wenn er geschaut hat, dann hat er einen Scheißdreck gesehen.

Solche holprigen Gedanken kommen mir zur Verteidigung meines Landes. Es hat sich zugezogen, und der Mareszka ist etwas blasser geworden. Ein Grünspecht ist zwischen gelben Birkenblättern durchgeflogen. Ich bin kein Schöngeist. Ich betrachte die beleuchtete Kugel. Die Kontinente, die Geographie und die Politik, die Tektonik und die Demographie, die unruhigen Völker und die blauen Gewässer, deren Launen niemand vorhersehen kann. Und das alles im schwarzen Nichts des Weltalls. Und ich weiß, dass der Grünspecht, der Mareszka und ich innerhalb eines

Augenblicks aufhören können zu existieren. Das wird mit größter Wahrscheinlichkeit der Fall sein. Höchstens für den Mareszka wird es ein wenig länger dauern. Kein Russe, kein Jude und kein Deutscher werden uns vernichten. Das müssen sie gar nicht. Wir tragen die Vernichtung in uns. Wir alle – der Grünspecht, der Mareszka, ich und mein Land.

Deshalb ist es mir schade um die Zeit, wenn ich streite. Es wird kein anderes Land geben als das, das heute durch meine Adern fließt. Das Licht der Erinnerung bringt Bilder hervor, die hundertmal älter sind als ich selbst. Aber sie sind mir bekannt, als wäre ich vor Jahrhunderten geboren. Manchmal fahre ich weg, um den Ort meiner Geburt und meines Lebens aus der Ferne zu betrachten. In Wirklichkeit verlasse ich ihn wohl nie. Auf dem Grund meiner Pupillen pulsiert schließlich das erste, ursprüngliche Bild, durch das wir die fernsten Welten betrachten. Es nützt also alles nichts. So viel du auch wegfährst, wohin du auch fliehst, so viele Türen du zuschlägst, du bleibst doch, wo du bist. Ach, ich weiß, das ist poetisch und intellektuell nicht besonders anspruchsvoll. Doch man sollte die fragen, die gestorben sind, ob sie in Gedanken öfter in die Zukunft gewandert sind oder eher in der Vergangenheit Schutz gesucht haben.

Die Dämmerung ist angebrochen, Regen zieht auf. Wie jeden Abend gehe ich auf die Terrasse, schaue in die Dunkelheit und horche in die Stille. Da unten rauscht die Zawoja. Wenn die Blätter gefallen sind, wird das Rauschen deutlicher zu hören sein. Und später, wenn es friert und das Eis sie im Griff hat, wird es fast still sein. So ist es jedes Jahr. Eigentlich könnte ich ohne Ende diese einfachen, wichtigen Veränderungen der Landschaft aufzählen. Das Sichtbare und das, was man nur hören kann. Immer wieder hersagen. Wie ein Mantra oder einen heidnischen Rosenkranz. Eins zu eins mit Worten die Existenz meines Landes rekonstruieren.

Oktober, Almabtrieb

Ich wollte eigentlich über Diktatoren schreiben. Ein Blick aufs Regal zeigte mir, dass sich über die Jahre recht viele Biographien angesammelt haben. Ein paar über Stalin, ein paar über Hitler, zwei über Mao, zwei über Ceauşescu, eine über Pol Pot. Manche in mehreren Bänden, aber alle mindestens fünfhundert Seiten dick. Nicht schlecht, dachte ich. Nicht schlecht für jemanden, der mit der Macht so viel zu tun hat, dass er täglich über eine kleine Schafherde, zwei Hunde und eine Katze gebietet. Mit unterschiedlichem Erfolg übrigens. Lebensläufe von Schriftstellern gibt es auf dem Regal in mikroskopischen Mengen. Dafür die Tagebücher von Goebbels. Grob geschätzt – zweitausend Seiten Hysterie.

Ich schaute also ins Regal und dachte, ich werde etwas schreiben, denn irgendwie kam mir das langsam verdächtig vor. Mein Interesse für Machthaber. Ich habe nämlich einen Albtraum: dass man mich mit einem Politiker in einen Raum sperrt und den Ton nicht abstellen kann. Türen und Fenster verschlossen und so ein – sagen wir – Goebbels erzählt mir seine zweitausend Seiten. Oder jemand aus einer näheren Zeit, um nicht zu sagen, aus der Gegenwart, und zu allem Überfluss jemand, der Polnisch spricht (oder es jedenfalls glaubt). Und ich werfe mich in der Gefängniszelle hin und her, halte mir die Ohren zu, haue schließlich mit den Fäusten gegen die eisenbeschlagene Tür und schreie: »Lasst mich raus, hängt mich auf oder erschießt mich wenigstens!« Denn wenn man über all die Mächtigen liest, dann ist ganz deutlich zu sehen, dass sie all diese schlimmen Dinge getan haben, weil ihnen keiner zuhören wollte. Dass sie diese Dinge getan haben, um Aufmerksamkeit zu erzwingen. Damit es still wird, wenn sie den Saal betreten, damit alle vor Angst und Neugier sterben, was sie sagen werden. Ceauşescu konnte sein Volk sechs Stunden lang zutexten, ohne abzulesen; in seiner Jugend hatte er einen Sprachfehler, und die kommunistischen Genossen behandelten ihn ein wenig, als sei er blöd. Totalitarismus, Leichen, die Hölle der Menschheit – alles nur Mittel, um ein Auditorium zu gewinnen. Um sein sechsstündiges – und nicht vollständig in der Muttersprache vorgetragenes – Geschwätz zu rechtfertigen; damit er sich reden hören konnte. Diese brillante Analyse wollte ich durchführen, aber es hat nicht geklappt.

Es hat nicht geklappt, weil Józek mit den Schafen weggezogen ist und ich beschlossen habe, ihm den Vorrang zu geben. Er ist nach Hause zurückgekehrt, nach Podhale. Der letzte Schafhirte. Früher gab es in der Gegend sechs oder sieben Góralenhütten. Zehntausend Schafe haben hier geweidet, und jetzt ist nur noch Józek übrig. Jedes Frühjahr halte ich Ausschau, ob er kommt, wie man nach der Ankunft der Gänse Ausschau hält. Nach der winterlichen Bewegungslosigkeit sind die Schafe im Frühjahr schwach, und sie werden mit Lastwagen gebracht. Im Herbst, nach acht Monaten auf den Wiesen, gehen sie zu Fuß nach Hause. Sie gehen eine knappe Woche. Einige Tage zuvor nahm Józek mich mit in den Schuppen neben seiner Hütte. Dort standen etwa zehn Säcke. Er öffnete sie und zog ganze Bündel von Glocken heraus. Größere und kleinere, von der Größe eines Weinglases oder einer bauchigen Flasche, silberne, vernickelte, angelaufene, abgenutzte, neue und alte, jede an einem soliden Lederband. Ganze Armvoll Schafglocken.

»Vierhundertsechzig«, sagte er. »Mittwochmorgen gehen wir.«

Ich kam zu spät. Die Hütte war schon verschlossen, aufgeräumt, es roch nach Winterrauch. Ringsum auch alles weggeräumt, geordnet, zugedeckt, bereit für Winter und Schnee. Und eine Stille, die in den Ohren dröhnte, der Nebel dicht wie Abschiedsmelancholie. Aber ich wusste, welchen Weg sie nehmen. Ich jagte über die Schotterstraße Richtung Radocyna. Vor der alten Schule fand ich die Einfahrt zu den Wiesen und schlitterte über die glitschige Erde bis zum Waldrand. Anfangs war durch den Nebel nichts zu hören. Nichts. Materialisierte, dichte, reglose Stille. Erst nach einer Weile hörte ich ein wogendes, flimmerndes Geräusch. Wie Fischschuppen, wie ein reißender Bach, der über Steine fließt. So klang es. Ganz sichtbar, schimmernd, flackernd. Vierhundertsechzig Schafglocken im Nebel. Vierhundertsechzig berstende Töne, die zu noch kleineren Tönen zerbröselten, denn eine Glocke hat ja mehrere Klänge, je nachdem, wo das Glockenherz auf die Metallschale schlägt. Und dann waren sie zu sehen. Das heißt, nicht ganz, denn sie hatten die Farbe des Nebels. Kaum sichtbar und nur ein wenig dichter als der Nebel. Wie eine ruhige Welle glitten sie dahin. Mit kleinen Schritten, die Schnauzen an der Erde, denn auch auf dem Heimweg muss man etwas essen.

Vorneweg ging Józek. Stattlich, würdevoll, mit breiten, langsamen Schritten. Damit es besser aussah, stützte er sich auf einen Ahornstock. Er lächelte. Vierhundertsechzig Schafe nach Hause zu führen, ist kein Pappenstiel. In tiefster Seele muss er gewusst haben: Solange die Schafe wandern, gerät die Welt nicht aus den Fugen. Und dieses Wissen, diesen Glauben teile ich mit ihm von ganzem Herzen.

Vor sechs, Kreis Gorlice

An Allerheiligen regnet es vor Tagesanbruch. Biedronka, Lidl und Kaufland leuchten in der Finsternis. Keine Autos. Das Laternenlicht sickert in den nassen Asphalt. Ich werde nach Osten fahren, denke ich, und bei der früheren Statoil-Tankstelle, die jetzt Circle K heißt, biege ich rechts ab, auf die 993. Auch die Circle K leuchtet in ihrem Licht wie Lidl und alle Übrigen, denn eine andere Unsterblichkeit als die elektrische wird es nicht geben. Unter den letzten Laternen der Stadt schleppen zwei alte Frauen Taschen. Sie gehen mühsam, mit dem Schirm gegen den Wind. Sie können nicht schlafen, also sorgen sie sich schon vor dem Morgengrauen, dass die Kinder und Enkel haben, was sie brauchen. Danach ist es nur noch Nacht; kaum glimmt sie an den Rändern, kaum wird sie angetastet von dem dunklen Schein, der von Komańcza her, von Wolgograd und Astana kommt. Als würde dort ein dunkelgraues Feuer leuchten an Allerheiligen, als würde die Akkerman-Steppe unterirdisch brennen.

Links auf dem Cieklinka sandte das Kreuz aus Neonlicht seinen violetten Schein aus. Auf dem Gipfel des dunklen Berges erinnerte es an ein Irrlicht. Ich kann's nicht ändern. Es führte weder in Versuchung noch zur Rettung. Ganz wie die frühere Statoil und der Lidl. Und in der Ferne, über dem Kreis Krosno, konkurrierten hier und da tief über dem Horizont die roten Sterne der Handymasten mit dem Kreuz auf dem Cieklinka. Ich wusste, dass von Norden her der Liwocz das endlose Tal abschließt. Sehen konnte ich ihn nicht, aber ich kannte seine Form ja auswendig. Breit, massiv, ausladend. Wie ein heidnischer, tektonischer Schutzpatron, der die Dörfer, die Weiler, die neogotischen Türme, die Handymasten und die Neonkreuze in seine Obhut nimmt, die zu seinen Füßen verstreut sind. Immer wenn ich den Berg von weitem sehe, habe ich Lust anzuhalten und niederzuknien, einen Moment innezuhalten und in einem vorchristlichen Reflex wenigstens den Kopf zu neigen. Aber jetzt konnte ich ihn mir nur vorstellen.

Schon gingen die Lichter an. Hier und da einzelne gelbliche Rechtecke. An einem Feiertag ohne Eile; sich strecken, noch fünf Minuten liegen, noch einmal auf die andere Seite drehen, in Zimmern, in denen die Wärme des Schlafs steht. Das hat mich immer gereizt: hineinzuschauen, wie ein unsichtbarer Geist von Fenster zu Fenster, und zu beobachten, wie die Menschen das Leben beginnen. Noch halb blind, in der Gewissheit, dass sie allein sind in diesen einfachsten Tätigkeiten, die wir alle ausführen: Augen reiben, mit dem Fuß tasten, ob es warm ist, gähnen, scheinbar schon wach, doch noch im Zwielicht, im Fruchtwasser des Schlafs. Ja, diesen Beginn wollte ich immer beobachten, wenn ich vor dem Morgengrauen aufbrechen musste. Genauso übrigens in der späten sommerlichen Abenddämmerung, wenn die Fenster in fremden Häusern golden leuchten. »Du solltest am Leben anderer teilnehmen, statt zu beobachten«, höre ich. »Ich weiß, aber das Teilnehmen ist ermüdend und langweilig«, erwidere ich ausweichend in Gedanken. Deshalb breche ich an Allerheiligen vor Tagesanbruch ohne konkretes Ziel auf, bevor die anderen aufstehen.

Auch Żmigród war leer. Nur ein einsamer Mann kämpfte gegen Wind und Regen. Er ging die Jasielska hinunter und trug zwei Töpfe mit Chrysanthemen. Eigentlich waren nur die weißen Blumen zu sehen, der Mann blieb eine Vermutung. In dunkler Jacke und dunkler Hose war er kaum vom Żmigróder Dunkel zu unterscheiden. Er wirkte wie ein Gespenst, das keine Ruhe findet und Blumen zum eigenen Grab trägt, weiß wie Knochen. So stellte ich mir das vor, obwohl erst am Tag darauf Allerseelen sein sollte.

Aber am Tag darauf wollte ich weit wegfahren, ins Ausland, und so wollte ich quasi auf Vorrat eilig den Brauch absolvieren. In Żmigród bog ich rechts ab und fuhr geradeaus in den Süden auf der Straße Nr. 992. Ins Reich der Toten, das ich seit Jahren jeden Herbst gewissenhaft aufsuche. Nach Rozstajne, Nieznajowa, Czarne, Długie, Radocyna, zu den ausgesiedelten, verwüsteten Dörfern der Lemken, von denen nur Friedhöfe geblieben sind, denn die waren aus Stein, nicht aus Holz. Sie ließen sich nicht verbrennen oder in Teile zerlegen, um später etwas anderes daraus zu bauen. Und zu meinen Soldaten aus dem Ersten Weltkrieg fuhr ich. Zu all den Polen, Russen, Deutschen, Kroaten, Bosniaken, Slowaken, Tschechen und Ungarn, und wer da noch 1914 und 1915 seine Knochen in den Beskiden gelassen hat während der großen, denkwürdigen Schlacht bei Gorlice. In Rozstajne bog ich rechts ab und fuhr den Rest des Weges die Wisłoka hoch. Bei jedem Friedhof zündete ich im Herzen ein Flämmchen an. Im Nebel, in Eile, denn tags darauf sollte ich weit wegfahren; mit meiner heidnischen Seele, die nicht besonders an all die Heiligen glaubt, aber sehr wohl daran, dass wir aus den Körpern und den Leben all derer kommen, die vor uns gestorben sind.

257

Zug 750 IC+

Vor Tagesanbruch eine große Stadt zu verlassen ist keine Kleinigkeit, und Kiew zu verlassen umso weniger. Von der Peripherie aus, schon fast an der Grenze zu Wyschhorod, direkt am Dnjepr, der eine Woche lang schwer und grau vor dem Fenster lag. Er schien ja zu fließen, doch er war so breit, dass nur die Haut seiner Wellen sich kräuselte, während das Innere unbewegt geblieben sein muss. Ein bisschen wie das Meer. So oder so hatte ich Glück, denn vom anderen Ufer trennte mich eine sandige Insel, also sah ich seine Riesenhaftigkeit nur von weitem, quasi in Verkleinerung. Eine Woche lang habe ich ihn jeden Morgen betrachtet, unter dem tiefhängenden Himmel, der die Weite noch potenzierte.

Und jetzt sitze ich im Zug, halte nach der Morgendämmerung Ausschau und erinnere mich an Kiew, eine Stadt, die ihren Fluss wert ist. Mit den Steilhängen der Hochhäuser am linken Ufer, mit dieser unversöhnlichen felsigen, ungleichmäßigen Struktur, als hätten die Häuser sich geologisch aufgetürmt, tektonisch sozusagen, umgekehrt zu den Gewässern, die sich nach innen höhlten. Aber zugleich auch gläsern, hell, gekrönt von goldenen Kuppeln, die den Helmen der Steppenreiter ähneln. Oder pfeilerartig, simsartig, pilasterartig, geschwungen, spitzenförmig und dreißig Stockwerke hoch. In Peking habe ich so etwas schon gesehen, im neureichen Kasachstan. Hohn und Spott auf die europäische Sparsamkeit, auf die geraden und messerscharfen Ränder, die die Zivilisation vom unbegreiflichen Kosmos trennen sollen.

Die Stadt gefiel mir, obwohl sie mich deprimierte. Morgens um halb fünf führten die verlassenen Prospekte ins Nirgendwo. Da leuchtete irgendwas, blinkte rötlich auf oder zeigte die globalen Offenbarungen auf dem Gebiet der Produktion, des Handels sowie einmaliger Gelegenheiten an, aber all das versank, ging unter im dunklen Raum. Nun ja, letztendlich war es eine Stadt in der Steppe, und gegen eine Steppe, die in der Mandschurei beginnt und in Ungarn endet, kann schließlich niemand und nichts gewinnen, keine Festung, keine Urbanistik, keine sesshafte Zivilisation. Allenfalls erlangt sie vorübergehend, wenn sie alle Lichter, Neonlampen und Reklame anzündet, die Illusion eines Sieges. Doch dann bricht die Steppennacht an, die sogar den Chreschtschatik mit seiner imperialen Monumentalität erledigt, mit seiner wunderbaren Kolossalität, mit diesen Fassaden, als wären sie gleich in den Steinbrüchen aus dem massiven Fels gehauen und erst später an Ort und Stelle transportiert worden. Die mandschurische Steppe zieht heran und versenkt alles. Sie ergießt sich ins Innere des Pharaonen-Palastes und füllt ihn aus wie dunkelbraun gefärbtes Wasser. Die Menschen schweben in diesem Gemisch wie eingemummte Skalare, leichtes Gepäck hinter sich herziehend. Ich mag diese Stadt, weil sie tapfer ist. Im November ist sie düster und bitter im Geschmack, aber sie stellt sich gegen die Dunkelheit und die leere, rasende Luft aus den Ebenen. Und jetzt erinnere ich mich an sie.

Es ist hell geworden, das heißt hellgrau, den Zug wirft es hin und her, und ich treffe kaum die Tasten. Draußen ist es flach, bisweilen sumpfig, in einer Stunde sind wir in Lemberg. Gepflügte Felder, manchmal ein Pferd auf dem späten Gras, Teiche in der Farbe von gebrochenem Eisen, das letzte

Gold der Birken, Pfützen auf Feldwegen, ein bisschen Müll, ein Grüppchen Hunde im gelben Gras der Einöde, eingefallene orthodoxe Kirchen mit neuer Vergoldung auf den Kuppeln, blauer Rauch über einem Kiefernwäldchen. All das, womit das Land bedeckt ist, wenn wir von einer großen Stadt zur anderen fahren. Ich sah mal auf den Bildschirm, mal durchs Fenster, mal nach den Leuten. Kaum jemand interessierte sich für die Landschaft. Fast alle starrten ohne Pause auf ihre Bildschirme. So kam es mir vor. Aber vielleicht kannten sie diese – zugegeben recht monotone – Landschaft ja auswendig. Manche verschliefen sie einfach. Nicht ausgeschlossen ist auch, dass sie sie so schnell wie möglich verlassen wollten, im wörtlichen und zugleich symbolischen Sinn. Dass sie sich losreißen wollten, weil sie hier zur Welt gekommen waren und den Anblick des grauen Wassers satt hatten, das die aus dem Nichts kommenden Winde kräuselten. Sie warteten all diesen Raum einfach ab, um sich am Ende irgendwo vor ihm zu verstecken. Dieser Zug war gut für sie. Er hielt zwischen Kiew und Lemberg nur ein einziges Mal.

Ein Sohn meines Landes

»Weißt du, ich war in einem anderen Land, ziemlich weit
weg, ich bin gefahren und gefahren. Es ist flach dort, hier
und da Bäume, ein Holzhäuschen, noch eins, ein paar Stän-
gel, ein bisschen Gestrüpp, ein Teich, ein Flüsschen, ein
Weg windet sich und verschwindet in der Ferne, man weiß
nicht so recht wo. Auch Kühe gab es, Pferde, manchmal
eine Ziege, einen Zaun, dann wieder ein Wäldchen, Kiefern,
ein Beet, immer wieder, immer wieder, ohne Pause, nur kleine Unterschiede, scheinbar immer ein bisschen anders, aber
irgendwie doch das Gleiche. Wie mit der Hand gestreut:
Wäldchen, Häuschen, Zaun, Kuh, und es war klar, so wird
es auch weitergehen. In der weiten, flachen Landschaft verstreut. Gras, Sand, Weg, Ziege. Ohne Ende. Das könnte dir
gefallen. Wenn die Sonne schien, war es ganz schön. Ein
Pferd, ein Häufchen von irgendwas. Grau. Braun. Rötlich.
Man kann bis zum Horizont gehen, und nichts ändert sich.
Alles ruhig. Es würde dir gefallen. Du gehst, und überall
wächst etwas. Du springst über ein Flüsschen oder findest
einen Steg. Und der Himmel zieht und zieht und zieht sich,
endlos über die ganze Erde, und hört nicht wie bei uns hinter dem nächsten Berg auf. Könntest du über ein Flüsschen
springen?«

Sie stand in einem Sonnenfleck und betrachtete den ersten Schnee, der in dieser Nacht gefallen war. Es war nur
ganz wenig, und die Erde war gefroren, daher gab der Boden unter ihren Hufen nicht mehr dieses schmatzende, ein-

tönige Geräusch von sich, das im vergangenen Monat überall zu hören war. Jetzt ertönte sogar ein leichtes Klacken auf der weiß bestäubten Erde.

»Kommt auf das Flüsschen an«, erwiderte sie und zupfte an einem unter dem Schnee hervorstehenden Rest Grün.

»Es kommt immer drauf an, weißt du. Sprich weiter.«

»Nun ja«, sagte ich, denn sie hatte wie immer Recht. »Das war im Ausland, weißt du, in einem anderen Land. Im Osten. Wenn du Richtung Uherec gehst, würdest du wohl nach einiger Zeit hinkommen.«

Sie sah mich über die Schulter an und schüttelte leicht ihr schwarzes Schafsköpfchen.

»Ich glaube, ich höre lieber zu, weißt du. Die ganzen Flüsschen …«

»Ja, das ist ziemlich kompliziert. Aber ich bin mit dem Zug gefahren, und als wir wieder zu Hause ankamen, in dem Land, wo wir beide wohnen, war es ein bisschen anders, aber eigentlich sehr ähnlich. Von allem etwas mehr, Häuser, Zäune und Felder, quasi enger und alles besser gestrichen, aber im Grunde genommen das Gleiche. Statt Zaunlatten – Blech oder Schmiedekunst. Statt Holz, wie es sich gehört – Plastik und Farben. Und weder Kuh noch Pferd. Alles quasi neu, aber nicht so ganz klar, woher es kommt. Andererseits auch wieder klar: Es kommt daher, dass alles anders sein soll, als es vorher war. Die Pferde und Kühe irgendwo versteckt, und statt Kohl wachsen jetzt Thujen.«

»Kann man Thujen essen?«, fragte sie plötzlich interessiert.

Sie tut nur so, als interessierte sie sich für meine Geschichte, dachte ich, aber ich gab mich nicht geschlagen und fuhr fort:

»Und zufällig, weißt du, bin ich zwei Tage später in ein

anderes Land gefahren. Das heißt in die entgegengesetzte Richtung, nach Westen ...«

»Ich hab's bemerkt. Du bist kaum zu Hause in letzter Zeit. Wir Schafe haben ein schlechtes Gedächtnis, und es kann passieren, dass ich dich eines Tages nicht mehr erkenne«, sagte sie wie beiläufig.

»... und dort, weißt du, da war es doch etwas anders, obwohl es gar nicht weit weg ist. Hügel am Fluss, Burgen, Kirchen, Häuser, alles sehr alt, und trotzdem wie neu. Eins neben dem anderen, elegant angeordnet, alles passt, es hat sich ja seit Jahrhunderten ausgebreitet. Der Himmel scheinbar wie überall, aber er übt keinen Druck aus. Vielleicht wegen der Burgen auf den Hügeln. November, also lagen überall gelbe und orangerote Kürbisse. Von riesengroßen bis zu ganz kleinen. An den Hügeln Weinberge, gleichmäßig einer über dem anderen. Weißt du, was Weinberge sind?«

»Ja, weiß ich. Man kann davon essen, aber wenn du Wein trinkst, dann kommst du später als sonst, und wir sind ziemlich hungrig«, sagte sie gleichgültig.

»Entschuldigung«, sagte ich demütig.

»Ach, kein Thema«, erwiderte sie. »Aber sprich weiter, ich merke, dass du auf etwas hinauswillst.«

»Ich will darauf hinaus, dass ich nicht weiß, in welche Richtung mein Land gehen soll, und auch nicht, woher es kommt«, sagte ich leicht resigniert und machte eine dramatische Pause. »Soll es sich im Nichts auflösen, um endlich Erleichterung zu erfahren in seinen ewigen Leiden, zu denen die Welt und das Schicksal es verurteilen, oder umgekehrt: Soll es als deutliche Form hervortreten, um das Schicksal in die eigenen Hände zu nehmen und sich der Welt unbestreitbar aufzudrängen. Anders gesagt, soll es ungerührt zusehen, wie der tiefhängende Himmel immer tiefer sinkt, oder aber Kürbisse zurechtlegen, ordentlich vom größten bis zum kleinsten. Ich möchte das endlich wissen, bin ich doch ein Sohn meines Landes, aber manchmal fühle ich mich wie eine Waise.«

Mir war, als sehe sie mich mitfühlend an. Sie trippelte ein paar Schritte auf ihren schlanken schwarzen Hufen und sagte:

»Du tust mir leid mit deinen verschiedenen Ländern.«

Und seufzend fügte sie hinzu:

»Ihr tut mir alle leid.«

Und sie ging auf einen Heuhaufen zu, um ein bisschen zu zupfen.

Silvestergeschichte

Manchmal stehe ich vor Tagesanbruch auf. Das ist gar nicht so schwer im Winter. Vor allem sonntags mache ich das gern. Da kann ich sicher sein, dass es ringsum still und reglos ist. Ich stelle mir vor, dass nur ich wach bin, gehe in die Küche, mache Kaffee und starre auf das schwarze Fenster. Der Rest der Welt schläft noch, wälzt sich von einer Seite auf die andere, zieht die Decke hoch, sucht Wärme im Innern des Bettes. Die Hunde schlafen in ihren Hütten, die Katzen in den Ecken, das Vieh in den Ställen schläft, die wehrlosen Rehe schlafen und die Raubtiere im Wald, die Vögel auf den Zweigen, die Maulwürfe unter der Erde, die Insekten in ihren Kokons, das Wasser an den Ufern der Bäche friert vor sich hin, und selbst das Licht hat es nicht eilig aufzustehen – blass, gedämpft, mit Grau bestreut, geduckt hockt es mucksmäuschenstill im späten Dezember. Kurzum – die ganze Welt schläft tief und fest. Wie bei Brodsky in der *Großen Elegie an John Donne*. Nur ich mache mir Kaffee, lausche und starre auf das schwarze Rechteck des Fensters, hinter dem – so stelle ich es mir vor – all das stattfindet, zumindest innerhalb unserer Zeitzone.

Ja. Vor allem am Sonntag, wenn die Leute nicht früh aufstehen müssen. Ich trinke den Kaffee aus, ziehe mich an und gehe zum Auto. Ich wische den Schnee weg, lasse den Wagen an, warte ein bisschen, bis er warm wird. Dann fahre ich runter zur Landstraße. Der Asphalt ist mit schwarzem Schlamm bedeckt. Langsam, so leise wie möglich, verlasse ich das Dorf. Wie ein Flüchtling, wie ein Dieb. Um niemanden zu wecken. Im Licht der Scheinwerfer sieht der Wald märchenhaft weiß aus, aber nach ein paar Minuten, unten, verschwindet der Schnee, und da ist nur noch das Schwarz der Nacht mit all den Häusern irgendwo da drinnen. Mit den schmiedeeisernen Toren, den Balustraden, mit den Hecken, mit den eingeschweißten Heuballen, mit den Steinfiguren von Piłsudski, dem Papst und der Muttergottes in dem schlafenden Garten zur Rechten. Zuerst fahre ich nach Norden, um nach fünfzehn Kilometern Richtung Nordosten abzubiegen. Auch hier kenne ich fast jedes Haus, jeden Hof auswendig, jeden Steg über den Bach, jedes Anwesen auf den Hügeln auf der anderen Seite des Wassers und den weißen Ford Fiesta, der seit Jahren an derselben Stelle steht, mit einem Zettel, er sei zu verkaufen. Ja, aber all das kann man nicht sehen. Ich stelle mir die in der Dunkelheit versunkenen warmen Innenräume vor, die Baue, die Höhlen, die menschlichen Lager, die überheizten und stickigen Unterschlüpfe. Paneele, Teppiche, Tapeten, Kelims, Bilder an den Wänden, Regale mit Firlefanz und Kinkerlitz, all das Bezogene, Beschlagene, Gepolsterte, Ausgelegte, die Bildschirme an der Wand, das Flackern der Leuchtdioden, das lautlose Pochen – all das ist da und wacht. Damit bloß der kalte, schwarze Kosmos nicht eindringt, damit sich nicht etwas fremdes Menschliches einschleicht. Nur hier und da glänzen luziferisch die Lichterketten, wenn sie nicht aus Sparsamkeit abgeschaltet wurden.

Ich fuhr weiter. In Rozdziele bog ich zur 993 ab, die direkt nach Osten führt, nach Żmigród. Den heraufziehenden Tagen entgegen, denn daher kommen sie ja, dort gehen sie auf und rücken vor, um uns dem Tod zu nähern. Der Berg Cieklinka verdeckte den in einer sanften Senke gelegenen Weiler Wałaskie, der seinen Namen von den walachischen Hirten hat, die vor Jahrhunderten in diese Gegend gewandert sind. Gerade mal ein paar Häuser, die nach Norden schauten, in das schöne, abgründige Tal, das der mächtige, ausladende Liwocz abschloss. Als würde er all die Häuser, Kirchen und Feuerwachen in die Arme schließen und schützen. Aber letztendlich ist er ein Zeichen des Untergangs, denn eines Tages, eines Jahres wird er alles einsaugen, in Mineralien, in Staub verwandeln, in Verbindungen und Elemente, und er selbst wird auch verschwinden und sich ins Innere der Erde verkrümeln. Doch ich sah weder den Liwocz noch die Kirchtürme oder die Feuerwachen. Ich stellte sie mir einfach vor. Ich wusste, dass sie dort sind, in dieser Vertiefung, hinter diesem Vorsprung. Vielleicht wird so der Tod aussehen? Dass man etwas wissen, aber nicht sehen wird? Das waren ernsthafte Gedanken, aber wenn man vor Tagesanbruch aufsteht, scheinbar ohne Grund, dann schließlich nicht, um Zeit zu vergeuden. Vielleicht würde ich wissen, aber nicht sehen. Weder den Cieklinka noch Wałaskie noch die Straße 993, noch die Kreuzung nach Folusz, von wo sich eine der schönsten Aussichten der Welt bietet. Vielleicht würde ich gefangen sein wie ein Insekt in schwarzem Bernstein.

So tröste ich mich auf dieser Fahrt zur Begegnung mit dem Tag und bei Gelegenheit zur Begegnung mit einem neuen Jahr. Irgendwo hinter Pielgrzymka leuchtet die Nacht dunkelblau. Selbst als ich ein Jungspund und Faulpelz war, wartete ich manchmal auf den Anbruch des Tages, um auf die leeren Straßen hinauszugehen und zuzusehen, wie – woher eigentlich? – das Licht hereinzusickern begann. Wie es irgendwie durchsickerte. Die ersten, noch leeren Straßenbahnen auf der Grochowska sahen aus, als führten sie dieses

267

Licht mit sich, als transportierten sie es von Żeran nach Gocławek und wieder zurück. Fast ohne Passagiere, nur mit diesem goldenen, zu Würfeln geformten Lichtschein drin. Ich stieg in eine der Straßenbahnen und fuhr Richtung Ostbahnhof, um den gelb-blauen Vorstadtzug in irgendeine Richtung zu erwischen. Zum Beispiel nach Żyrardów oder Skierniewice. Von der Bahnbrücke über der Targowa aus wirkte die Stadt düster und schön. Halb tot, schwärzlich, als kröche sie dahin. Mitte der achtziger Jahre. Es konnte in der Tat so sein. Deshalb verließ ich sie gern. Ich fuhr mit dem kalten Zug davon, blickte aus dem Fenster und wartete, dass die Dunkelheit sich lichtete. Dass die Häuser, die Bahnanlagen, die Gleise, die Lagerhallen, diese ganze Verzweiflung der Vororte verschwinden und trockenes Gras, kahle Bäume, Nebel erscheinen würden, und ein Ersatzhorizont, hundert, zweihundert Meter von den Gleisen entfernt. Die Leute fuhren zur Arbeit. Sie sahen müde aus, als kämen sie von der Arbeit. Unterwegs, an kleinen Stationen, stiegen sie zu. Nach einer durchwachten Nacht war auch ich müde und konnte vor mir selbst so tun, als wäre ich ein Vertreter der Arbeiterklasse. Ein »geistiger Proletarier« im Vorortzug auf dem Weg zu einer vagen Aufklärung. Nach Żyrardów, nach Skierniewice, in Fahrtrichtung sitzend, mit der Sonne im Rücken. Die Männer spielten Tausenderschnapsen auf einer flach liegenden Mappe, die Frauen saßen schweigend da, die Hände auf den Täschchen geflochten, der Schaffner kam nicht. Ich hatte keine Fahrkarte. Damals gab man einen oder zwei Zloty. Allmählich wurde es hell, und ich stellte mir vor, dass ich einer weiteren Erschaffung der Welt zusah. Dass die Welt sich wieder auftat, dass sie die nächtliche Vernichtung überlebt hatte. Die Betonpfeiler entlang des Bahndamms hatten überlebt, das graue Gras, die Oberleitungen, die Zäune, die Häuschen,

ein auf ein schwarzes Fahrrad gestützter Mann am Bahn-
übergang, die Weiden entlang der trüben Flüsschen, die
Rechtecke der erleuchteten Fenster, die Hunde vor ihren
Hütten, die Bahnwärterin, die mit einem orangeroten Fähnchen salutierte, die unerforschliche Weite der Ebene von
Łowicz und Błonie, und wir in diesem Zug hatten überlebt.
Aber außer mir hatte das wohl niemand bemerkt. Die Männer spielten immer noch, leise klatschend fielen die Karten.
Die Frauen saßen da wie Statuen. Nur mein von der Schlaflosigkeit erregter Geist hielt in der Gegend von Żyrardów
nach Zeichen Ausschau.

Und jetzt Pielgrzymka und gleich danach Samoklęski.
Lange bergauf, dann hinter der Erhebung links der Biedronka-Markt in einem Vorort von Żmigród. Gelb brennt er
und erlischt nie. Wie ein Leuchtturm. Damit wir uns nicht
in der Dezembernacht verirren. Damit wir sicher an den
Rand des Jahres gelangen, an sein Ufer, wie an den Rand
einer Eisscholle, von wo aus wir nach der nächsten schauen,
die uns ins Unbekannte führen wird. Aber heute öffnen sie
erst um acht. Der Parkplatz ist leer, schwarz. Schneereste.
Sekt und Sushi für jeden Geldbeutel. Ich erinnere mich an
die Hühner auf dem Marktplatz von Żmigród. Sie trippelten, stöberten, pickten etwas aus dem Gras. Das liegt viele
Silvester zurück. Die Tage hatten damals kein Ende. Träge zogen sie heran, einer nach dem anderen, doch die Zeit stand
still, reglos wie die Sommerhitze über dem Marktplatz von
Żmigród. Man wartete. Auf den Bus nach Rozstajne, nach
Grab, nach Jasło. Oder auf nichts. Auf den heißen Ostwind,
der von Dukla her wehte. Ich hatte noch keine Ahnung, aus
welcher Ferne er kam. Ich saß auf einer Bank und trank Bier
aus der Flasche. Die Leute sahen total anders aus als heute,
und es waren nicht viele. Wie ich stiegen sie aus und hielten
Ausschau nach den Ereignissen. Die Ereignisse hatten es

nicht eilig, sie kamen langsam oder auch gar nicht. Zum Beispiel 1988. Sogar 1995 drängten sie nicht allzu sehr. Deshalb zog der Wind, die beschleunigte Luft, so große Aufmerksamkeit auf sich. Man kann sagen, er fesselte den Blick. Man wollte in die Tiefe des riesigen Tals schauen, obwohl man es von der Bank auf dem Marktplatz aus nicht sehen konnte. Aber ich wusste, dass es da war, dass es sich schon hinter der letzten Bebauung so weit öffnete, dass der Himmel kaum reichte, es zu bedecken. Links versuchte der Liwocz es zu umfassen, aber selbst seine Macht reichte nicht aus. Ja. 1995 hatte ich keine Ahnung, woher der Wind und die Weite kamen. Ich saß da, trank Bier und dachte, die Welt beginne und ende in Dukla. Von dort komme das ewige Licht. Vielleicht nicht direkt aus diesen viereinhalb Straßen, aber eben aus dieser Richtung. Woher konnte es kommen? Ich wusste es nicht, aber ich dachte mir, es müsse von weit her kommen, aus fernen Zeiten, und an die Unsterblichkeit erinnern. Es werde Dukla und seine viereinhalb Straßen erfassen, das Tal, den Berg Liwocz, wie eine Flamme über den Marktplatz von Żmigród züngeln, Häuser und Hütten zu Asche verbrennen, den weiß-gelben Bus nach Grab, die pickenden Hühner, den Kiosk in der kleinen Betonbaracke, die den heiligen Aposteln Peter und Paul geweihte Kirche und auch mich mit dem Bier auf der Bank, um alles als durchsichtige Luftbilder in die Unendlichkeit zu tragen, wo nie die Dunkelheit anbricht und die Dinge keine Schatten werfen. Ich saß da und hielt Ausschau nach dem heißen Sturm, nach der Feuerwelle, die Vernichtung und Erlösung zugleich bringen würde. 1995, vielleicht auch ein Jahr früher.

Und jetzt der Biedronka-Markt wie ein Leuchtturm, über dem der Tag anbrach. Grau. Das ärmliche Licht drang kaum durch. Unser polnisches Licht. Ich war siebenundfünfzig, ich kannte mein Land gut und erwartete nicht viel. An Zwielicht war ich gewöhnt. An die Feiertage im November und Dezember. Die gelbe Schrift leuchtete wie die Flamme über einer Raffinerie, wie eine unbewegte Flagge, in den Boden gerammt am Rande des Sanoker Flachlands. Damit wir uns nicht verirrten. Damit wir nicht vorbeifuhren. Ich fahre rein und warte, bis sie aufmachen, dachte ich. Ich halte dort an und erinnere mich ein bisschen an 1995 und andere Jahre voll von mystischem Überschwang. Das tat ich. Ich parkte ein wenig abseits und machte leise Keith Jarrett an, wie er mit Charlie Haden *Round Midnight* spielt. Das schien mir zum Morgengrauen im Kreis Jasło zu passen. Der Motor brummte ganz leise, ich saß im Warmen und beobachtete, wie es hell wurde. In der Ferne läutete die Glocke von Peter und Paul. *Round Midnight* wogte sanft, und ich muss eingedöst sein.

Als ich erwachte, fuhren nach und nach Autos vor. Aus der Stadt kamen auch Fußgänger. Hauptsächlich Frauen. Sie trugen leere Taschen. Hatten den Kragen hochgestellt und gingen gebückt gegen den Wind. Aus den Autos stiegen ganze Familien. Die Kinder schnappten sich die Wagen und schoben sie in den hellen Schlund des Ladens. Es war immer noch ziemlich dunkel. Weder Morgen noch Abend, als hätte die Sonne es sich anders überlegt und wäre irgendwo hinter den sieben Bergen geblieben. Jarrett und Haden hatten aufgehört zu spielen. Ich dachte, ich sollte aussteigen und etwas kaufen, aber ich wusste nicht was. Manche kamen schon mit vollen Wagen heraus, packten die Waren in den Kofferraum und fuhren weg, an ihrer Stelle trafen neue ein. Es schien, als hätte die Einwohnerzahl von Żmigród zugenommen. Aber es war Feiertag, die Familien kamen zusammen, und sicher fanden sich Leute aus der ganzen Gegend

271

ein, denn der Verkehr aus Samoklęski war recht lebhaft. Alles normal, dachte ich. Nur schien es immer dunkler zu werden, jedenfalls nicht heller. Eine Art Stagnation der Tagesbeleuchtung. Darüber dachte ich eine Weile nach, aber auch darüber, ob ich nicht doch etwas kaufen sollte und nicht dasitzen und mich mit Hilfe von Erinnerungen an 1995 und andere schöne Zeiten zu distanzieren. Ich brauchte zwar nichts, aber kaufen konnte ich etwas. Nur fürchtete ich ein bisschen, dass man mich erkennen könnte. Dass man merken könnte, dass sie alle wirklich einkauften und ich nur scheinbar. Es kam mir sogar so vor, als schauten sie mich schon an. Weil ich hier saß und nichts tat. Womöglich etwas im Schilde führte.

Ein schwarzes Auto kam. Elegant, lang und flach. Das Fahrgestell war rot beleuchtet, wie es die Jungs in den Dörfern jetzt machen, um sich am Samstagabend den nötigen Schick zu verleihen. Aber die Jungs haben in der Regel Violett, und dieser hatte Rot, und das Licht war von besserer Qualität. Nicht so ein Kram aus China. Er drehte eine Runde über den Parkplatz, ließ auf dem Rückweg die Reifen qualmen, und aus den vier Auspuffrohren schoss Feuer. Die Supermarktkunden hielten ihre Wagen an und glotzten bewundernd. Er fuhr noch eine Runde, als würde er jemanden suchen, oder vielleicht, damit alle ihn sahen. Ich kannte diese Marke nicht, aber Tuning bewirkt schließlich Wunder. Auch das Nummernschild war seltsam, rot-schwarz. Wie die isländischen provisorischen. Er musste mit der Fähre gekommen sein. Nun ja, Weihnachten, er hat das Auto gebracht, prahlt damit vor der Familie, dann lässt er es in der Zulassungsbehörde in Jasło registrieren und kann Rennen mit anderen Typen veranstalten. Aber jetzt gab er nur beim Umkehren richtig Gas, dann fuhr er ganz ruhig zwischen den Fahrzeugreihen durch, ohne eine Bedrohung darzustellen. Schließlich parkte er. Auf der linken Seite, neben mir. Die Scheiben waren schwarz wie glänzendes Pech. Die vordere ging runter. Ich sah eine Hand, die mir bedeutete, ich solle meine auch runterfahren. Das tat ich. Aus dem Wagen kam eine Stimme:

»Steig ein.«

Die Tür öffnete sich lautlos.

»Was heißt, steig ein? In ein fremdes Auto?«

»Steig ein. Mit so einem bist du noch nie gefahren«, sagte die Stimme.

Aus dem Inneren leuchtete es ein bisschen rosa, ein bisschen rot, und ein edler Duft strömte heraus. Um Zeit zu gewinnen, fragte ich:

»Was ist das überhaupt für eins?«

»Steig ein, das wirst du sehen. Kein schlechtes.«

Meine Gedanken überschlugen sich, aber was soll ich sagen, die Versuchung war groß. Ich stieg aus, schloss ab und ging rüber. Auf der Kühlerhaube hatte er ein Emblem im Stil von Maserati, aber ein bisschen anders, und es blinkte ebenfalls rötlich. Ich stieg ein, die Tür schloss sich selbsttätig mit einem leisen, sinnlichen Geräusch. Er war um die vierzig und passte zu dem Auto. Das Hemd passte, der Anzug und die Manschettenknöpfe passten. Ich spürte das warme rote Leder unter dem Hintern. Wir fuhren los. Ach, das war kein Fahren, das war ein Fließen, ein Schwimmen. Vielleicht schwebte es wie ein Luftkissenboot und hielt zugleich die Route ein, wie angeklebt. Wir bogen zum Marktplatz ab und dann links Richtung Dukla.

»So einen möchtest du.« Es war eher eine Behauptung als eine Frage.

»Ich habe meinen«, erwiderte ich, wie mir schien, gleichgültig.

»Das ist doch Schrott«, brummte er.

273

»Schrott? Der war in der Gobi. Deinem würde es fünf Kilometer hinter Ulan Bator den Arsch abreißen, oder schon im Ural.« Er sagte nichts, gab nur mehr Gas. Diesmal löste das Auto sich tatsächlich von der Straße. Ich sah den Kirchturm in Stary Żmigród, und es kam mir vor, als sähe ich in der Ferne den Cergowa.

»Genau darüber wollte ich mit dir reden«, sagte er ernst.

»Über das Fliegen? Kannst du überhaupt landen? Fliegen kann jeder«, übertrieb ich.

»Nein, über die Gobi«, antwortete er und trat wieder aufs Gas, und wir führten über dem Weiler Piotrówka eine akrobatische Figur aus.

»Interessierst du dich für Dinosaurier?«

»Ich wollte dich fragen, wozu du da hinfährst. In diese Einöde, auf diese Hochebene von viertausend Metern, wo weder Gras noch Kornrade wachsen und das Wasser nicht kochen will. Wozu? Und dann schreibst du noch Bücher darüber und verwirrst die Leute.«

»Wieso? Hast du sie gelesen?«, fragte ich beiläufig.

»Abends. Zum Vergnügen, aber auch als Pflicht. Meine Arbeit«, seufzte er kaum merklich und korrigierte den Kurs. »Wozu fährst du dorthin und schreibst dann diesen Quatsch, dass dort nichts ist, alles eitel und Haschen nach dem Wind, wie ein Klassiker sagt. Schließlich lesen dich junge Leute.«

Ich wusste nicht so recht, was ich antworten sollte, aber ich hatte schon Übung, dank meiner Lesungen.

»Ich fahre einfach gern, weißt du, und es ist nicht meine Schuld, dass es dort nichts gibt. Ich fahre einfach gern Auto.«

»Du könntest mit einem besseren fahren«, sagte er und machte eine diskrete Pause.

»Es ist ziemlich gut.«

»Du könntest mit dem besten fahren.«

»Ich weiß nicht, ob du das weißt, aber das beste wird dir hier sofort gestohlen«, erwiderte ich mit leichter Überheblichkeit in der Stimme.

»Deins würde keiner anrühren«, sagte er mit lautlosem Lächeln. »Keiner. Selbst wenn es aus Silber wäre und zwölf goldene Auspuffrohre hätte und Felgen aus Magnesium.«

Ich wartete kurz ab und stellte mir vor, wie ich mit der Kutsche in Ulan Bator einfahre. Noch einen Moment hielt ich ihn hin, dann sagte ich:

»Das ist ein Angebot, ich verstehe. Wie sind die Bedingungen?«

Er trat stärker aufs Gas, und wir machten eine Fassrolle beziehungsweise Spirale, ich kenne mich da nicht aus. Es drückte mich in den Sitz, und diesmal sah ich wohl wirklich den Cergowa, wenn auch auf dem Kopf stehend.

»Es geht darum«, sagte er, »dass du ein wenig die Perspektive wechselst. Dass du statt über Sand, Staub und Schafsköttel zum Beispiel mal über die Schönheit des menschlichen Genies schreibst.«

»Das heißt was?«, fragte ich. »Dass wir das Penizillin und den Turbolader erfunden haben?«

»So was Ähnliches. Dass wir immer bessere und schönere Dinge erfinden, die wir besitzen sollten, weil wir ohne sie sind wie die Schafsköttel in der Wüste. Du solltest das Wunder der Schöpfung und der sichtbaren Welt rühmen, statt dieser gottverlassenen Nester in der Pampa, wo du angeblich eine Offenbarung erlebst. Das ist eine Sackgasse. Schau dir die jungen Schriftsteller an! Womit sie fahren, wie sie aussehen, wie sie im Fernsehen auftreten. Genau – in letzter Zeit sieht man dich gar nicht ...« Spöttisch ging er mit dem Ton nach oben.

»Na jaaa«, brummte ich. »Die haben auch keine Lust mehr auf Staub und Schafsköttel.«

Er ging etwas vom Gas, und wir flogen jetzt mehr oder weniger horizontal über das Dorf Łysa Góra. Ich sagte, er solle etwas nach links drehen, weil ich den Liwocz gern sehen würde; wer weiß, ob nicht zum letzten Mal.

»Schon wieder Natur«, schnaubte er. »Wenn wir uns einig werden, kommt das Fernsehen von selbst zu dir. Du musst nur die Perspektive wechseln. Scheiß auf die Natur, was zählt, ist die Zivilisation! Die Biotechnologie zum Beispiel. Du könntest was über Biotechnologie schreiben. Würdest du nicht gern dreihundert Jahre leben? Oder vierhundert? Das lässt sich übrigens auch machen ...«

Ich schwieg eine Weile, als würde ich überlegen, und sagte:

»Aber was würde ich in diesen dreihundert Jahren machen?«

»Wie bitte? Alles, was du willst! Du würdest zum Beispiel auf Magnesium-Felgen fahren und nicht mit dieser alten Blechkiste ...«

»Na, na, na«, sagte ich drohend.

Er hob beide Hände, und ich wollte in einem Reflex nach dem mit rotem Leder überzogenen Steuer greifen.

»Gut, gut, gut«, sagte er. »Fahr, womit du willst und wohin du willst, aber schreib anders. Die Jungen lesen dich. Du verdirbst ihnen den Charakter. Vergiftest ihre Herzen mit trüber Mystik. Unendlichkeit, Ewigkeit, Kuhfladen. Wen interessiert das?«

Es rüttelte ein wenig, als wir über die Kirche von Stary Żmigród flogen. Er griff nach dem Steuer und beschleunigte, um den Turbulenzen zu entgehen.

»Ich habe eingesehen, es gibt kein Glück, es sei denn, der Mensch kann durch sein Tun Freude gewinnen«, sagte er eindringlich. »Deshalb solltest du das Tun und die menschliche Potenz rühmen.«

In der Ferne waren Dukla und das Bernhardiner-Kloster auf dem Hügel zu sehen.

»Du hast den zweiundzwanzigsten Vers etwas aus dem Kontext gerissen, er erinnert mich an den Kommunismus«, sagte ich.

In Teodorówka fackelten ungeduldige junge Typen ein grünes Feuerwerk ab.

»Der Kommunismus war gar nicht so schlecht«, sagte er, eher zu sich selbst. »Der Kapitalismus ist auch nicht schlecht. Am besten ist beides zusammen.«

Wir beschrieben einen weiten Bogen und flogen jetzt nach Süden, die Wisłoka entlang.

»Ich weiß nicht, wie oft du hier bist, aber in letzter Zeit sieht es sehr danach aus.«

Interessiert schielte er zu mir herüber.

»Findest du wirklich? Darüber könntest du schreiben. Diskret natürlich, weißt du …«

Wir landeten etwa einen Kilometer vor der Stadt. Die Straße war gerade leer, und er machte das ganz geschickt. Langsam fuhren wir über den Marktplatz, dann nach links auf den Parkplatz.

»Na, was meinst du?«, fragte er.

»Ich muss drüber nachdenken«, antwortete ich. »Das ist nicht so einfach, weißt du, ein anderer Stil, neue Leser, sicher auch ein neuer Verlag. Das Schreiben ist eine heikle Sache.«

»Ich weiß. Ich kann ein bisschen warten«, erwiderte er.

Ich spürte, dass er die Hand zu mir ausstreckte, aber für alle Fälle tat ich so, als sähe ich es nicht.

»Ein glückliches neues Jahr«, sagte er.

»Gleichfalls«, erwiderte ich.

Mit einem leisen, tiefen Schmatzen ging die Tür auf. Wie in einem riesigen Kühlschrank.

Ich sah ihm nach. An der Ausfahrt zur Landstraße setzte er keinen Blinker, als könnte er sich nicht entschließen, wohin er fahren wolle. Schließlich fuhr er Richtung Gorlice. Ich stieg in mein Auto, ließ den Motor an und wartete, bis er ein bisschen warm wurde. Die Leute schleppten aus dem Supermarkt Feuerwerkbatterien, sie hießen Meister des Feuers und Nosferatu.

Am Dreikönigstag

Das Jahr hat begonnen, und man weiß nicht, wie es wird. Acht Uhr morgens, tiefhängende Wolken, Schlamm. In der Ferne brüllt das Vieh in der nebligen Luft. Tief, flach, wie aus dem Wasser heraus. Als wäre Anfang Januar die Welt untergetaucht und würde Gott weiß wann wieder auftauchen. Eine sanfte Sintflut. Zur Erinnerung. Und die Stimmen der Kühe in der Nachbarschaft rufen uns die Stimmen der ausgestorbenen Seekühe oder Meeressirenen ins Gedächtnis. So stelle ich es mir vor. Wir ziehen uns zurück, wir verlassen das Land, weil sich alles als zu schwierig, zu gefährlich erwiesen hat, als zu groß für uns. Das Leben an der Luft, im Tageslicht, im Sonnenschein, das Leben in Freiheit, wo jede Geste, jede Bewegung leicht erscheint, belanglos und schwer zu sagen ist, wohin sie führt. Es war wohl doch besser in der Tiefe des Wassers, unter Druck, unter einer Last, ohne Kontakt, in stummen Schwärmen, von unerbittlichen Strömungen getrieben, nach unten, in Dunkelheit und Kälte, ganz auf den Grund, in den Sand, in den Schlamm, um in verlassenen Muscheln zu überleben, in Unterwasserhöhlen, fern von den anderen.

Man weiß nicht, wie es wird, obwohl das Jahr schon begonnen hat. Schnee fällt für einen Moment und verschwindet wieder. Ganz so, als würde der Kosmos Katz und Maus spielen und selbst Vergänglichkeit, Altern und Tod hätten etwas von ihrer unabänderlichen Grausamkeit verloren, die vorher für Ruhe sorgte. »Ein Wintereinbruch droht uns«, liest du, und dann stellt sich heraus, dass es in der Gegend von Suwałki nachts minus fünf Grad geben soll. Man weiß nicht so recht, ob das Weltall aus den Fugen gerät oder ob wir die Hysterie produzieren wie die Biene den Honig und die Spinne den Faden. Jedenfalls sieht es so aus, als würden wir mit jedem Atemzug Angst ausatmen und sie dann wieder zurück in die Lungen ziehen. Sicher ist es früher irgendwann so gewesen, aber später verschwand die Angst irgendwo, etwas verschlang sie, so wie Pflanzen Kohlendioxid verschlingen und in Sauerstoff umwandeln. Doch jetzt ist sie wieder da. Jetzt werden wir ganz blau und lassen uns auf dem Grund nieder. Wie Organismen in schwülen Gewässern, wo das Leben langsam absinkt, sich in Fäulnisschichten absetzt, die Schwefelwasserstoff absondern.

Ich schreibe dies am Dreikönigsfest. Fröhliche Horden ziehen durch die Stadt wie beim Maskenball. Unschuldige Tiere werden an Stricken geführt. Die Leute schwarz geschminkt, mit Turbanen auf dem Kopf, in idiotischen Gewändern. Für ein paar Stunden sind Fremde bei uns zu Gast. Dann wischen sie sich das dunkle Make-up weg, ziehen die Kaftane und Pluderhosen aus, und die Tiere kehren in die Käfige und Gehege zurück. Und wir tauchen wieder in unser Januardunkel ein und in unsere Angst, dass ein wirklicher Fremder kommen könnte, denn wir haben weder die Kraft noch den Mut, ihn aufzunehmen und ihm gerecht zu werden. Nichts haben wir für ihn. Über uns leuchtet kein Stern, der den Weisen, den Astrologen oder Königen den Weg gewiesen hat. Wir müssen uns selbst die Gesichter schwärzen und Pluderhosen anziehen. Den Fremden führt kein Stern mehr. Der Hunger treibt ihn, der Krieg treibt ihn, die Angst treibt ihn, die gleiche wie unsere; sie lässt uns in Krippenspielen Trost suchen, die den früheren Ruhm und den früheren Mut besingen. Wir unterscheiden uns in nichts von den Ankömmlingen. Wie sie wollen auch wir nur überleben.

In der Nacht rieselt ein bisschen Schnee, und am Tag verschwindet er in der ärmlichen Wärme der unsichtbaren Sonne. Ich lasse die Schafe raus, damit sie etwas Bewegung haben und von den grünen Brombeeren fressen können, die sogar in den strengsten Wintern in der Schlucht des Baches wachsen. Ohne Begeisterung kommen sie heraus. Mal die eine, mal die andere, drehen sie das Köpfchen und gucken, ob das ernst gemeint ist. Doch schließlich gehen sie auf die Wiese. Eigentlich sind sie schwarz, aber jetzt graubraun wie Nebel, Himmel und Erde. Träge streifen sie umher, zupfen hier und da etwas ab, suchen nach Grün zwischen Verfaultem. Mehrere Meter voneinander entfernt, als hätten sie in der feuchten, kalten Luft ihre Zusammengehörigkeit verloren. Doch manchmal genügt eine Bewegung, die ich nicht wahrnehme, oder ein Laut, den nur sie hören, und sie schließen sich in drei Sekunden zu einer engen Gruppe zusammen. Seite an Seite, Kopf an Kopf, dicht gedrängt, wie ein warmes, wolliges Inselchen inmitten der Endlosigkeit der Beskiden. Wie erstarrt halten sie Ausschau nach einer wirklichen oder vermeintlichen Gefahr. So stehen sie eine ganze Weile, und ich stelle mir vor, wie sich ihre erschrockenen Herzen allmählich beruhigen und wieder in gleichmäßigem Rhythmus schlagen.

Ich will damit nicht sagen, wir seien Schafe. Trotzdem – wenn es um die Einschätzung einer subtilen Mischung aus imaginierten und wirklichen Gefahren geht, sind wir dieser Gattung sehr ähnlich oder sogar noch schlimmer. Nur haben wir keinen Instinkt, der uns das Überleben erlauben würde. Nicht einmal in der kurzen Perspektive des Jahres, das soeben begonnen hat und dessen Ende wir nicht kennen.

Letzten Sommer im Altai

In der Politik Langeweile, in der Kultur Käse, draußen vor dem Fenster (um drei berühmte Dichter zu paraphrasieren) von einem Thema keine Spur. So sieht das Leben eines Feuilletonisten aus. Du schaust raus und keine Spur von irgendwas. Langeweile, Käse, Nebel. Da bleiben nur die Erinnerungen. Je älter der Feuilletonist ist, desto mehr Erinnerungen hat er. Junge Feuilletonisten haben es nicht so gut. Wie im Übrigen alle Jungen.

Jedenfalls bauten wir vergangenes Jahr im Juli am Fluss Katun irgendwo hinter Kuptschegen das Zelt ab. Der Fluss hatte eine Farbe, als würde schwedischer Grünspan darin fließen. Wir fuhren auf dem Tschujatrakt, natürlich in die Mongolei. Durch diesen ganzen wunderbaren Altai mit seinen Dörfern wie im Traum, mit den Hügelgräbern, den steinernen »Weibern«, auf der uralten Route der Nomaden mit ihren Sturmhauben und Schuppenpanzern, die vor Jahrhunderten dem Westen eine Erfindung brachten: die Hose. Tujekta, Ongudai, Jaloman, Tschibit, Aktasch … Schon von den Namen wurde einem schwindlig. Etwa dreihundert Kilometer hatten wir zur Grenze. Auf der leeren, glatten Straße zwischen Bergen und Flüssen. Wir wollten noch in Kosch-Agatsch Halt machen, »dem trockensten Ort in der Russischen Föderation«. Ich habe so viele Male dort Halt gemacht, dass ich eine Monographie schreiben könnte. Von der uigurischen Kneipe gegenüber vom Basar wäre da die Rede. Von dem kleinen Hotel »Transit«, das so aussah, als hätte Jewgeni es ganz ohne mechanische Werkzeuge und ohne einen Besuch in irgendeinem Baumarkt gebaut, das aber sehr sympathisch war. Von der Tankstelle, an der man den letzten Kaffee aus der Maschine trinken konnte – den nächsten würde es erst nach sechshundertachtzig Kilometern in Ulan Bator geben. Aber jetzt kauften wir nur ein bisschen Essen und ab ging's nach Taschanta zum Grenzübergang und dann in die endlose Steppe.

Doch der Übergang war geschlossen. Ein netter Grenzer von kasachischer Schönheit kam aus dem Häuschen und sagte auf Russisch:

»Nicht in Betrieb.«

»Wie – nicht in Betrieb?«

Ganz normal. Er würde noch fünf Tage lang »nicht in Betrieb« sein, weil die Mongolen wegen des größten nationalen Feiertags Naadam ihr Land dichtgemacht hätten. Wenn die Feiern zu Ende sind, würden sie wieder aufmachen. Wenn geschlossen ist, ist halt geschlossen, dachte ich. Ich liebte dieses Land und konnte ihm alles verzeihen. Kein Problem, wir würden durch den wunderschönen Altai fahren. Aber wie? Das war Grenzgebiet, hier regierte der FSB, ich würde ein Papier brauchen, eine Anmeldung. Also zurück in mein Kosch-Agatsch, die Erben des NKWD suchen. Sie hatten das größte und vornehmste Gebäude. Aus rotem Backstein, vier oder fünf Stockwerke hoch, ganz am Rande des Städtchens. Sicher, damit man die Schreie nicht hört. Wir fanden das entsprechende Zimmer, und dort sitzt eine hübsche junge Frau von östlicher Anmut, in Uniform, hört sich an, worum es geht, und bittet zum Schluss höflich um die Papiere. Ich gebe ihr den Pass, den Führerschein, den Fahrzeugschein, den polnischen Personalausweis und den Presseausweis vom *Tygodnik Powszechny*. Meine Hände zittern.

»Und die *Migraschka*?«, fragt sie.

Mein Gott! Die *Migraschka*! Dieser heilige Beleg, der Schein, den man an der Grenze ausfüllt und dann bei der Ausreise abgeben muss. Falls nicht, drohen Lubjanka und Deportation oder umgekehrt. Das Ding ist winzig, sieht nach nichts aus, und man kann nichts reinschreiben, denn die Felder sind wie für einen Zwerg. Immer geht es verloren, immer kann man es nicht finden, deshalb bedeutet eine Reise in die Russische Föderation nie Urlaub, sondern immer Taschen durchsuchen, ob das Ding da ist oder nicht, ob der Wind in Barnaul oder Tschita es nicht weggeweht hat. Aber da war es! Ich gebe es ihr, die Schöne streicht es glatt, schüttelt den Kopf, dann blickt sie mir in die Augen: Nicht gut. Statt Tourismus hast du Transit unterstrichen, du polnischer Depp. »Ich hab's unterstrichen, weil die am Grenzübergang in Sudscha mir das geraten haben.«

»Was wissen die in Sudscha denn schon!«, platzte sie heraus.

Dann nahm sie Tipp-Ex, fuhr über den heiligen Beleg und unterstrich das Richtige.

»Aber dass das klar ist, ich weiß davon nichts.«

»Gut«, antwortete ich. »Sollen sie mich foltern, ich werde nichts verraten.«

Ich bekam ein schönes Lächeln und die Erlaubnis für fünf Tage.

Ach, der Altai! Zelt, Lagerfeuer, ein Bach wie Kristall. Silbern blitzen Fischbäuche. Heißer Juli. Eines Tages kam ein mandeläugiger Reiter an und sagte seufzend: »Der Sommer geht zu Ende.« Dann ritt er weiter. In der Gegend von Ulagan gelangten wir auf eine Schamanen-Hochzeit. Das Brautpaar trug schöne Kleider wie vor tausend Jahren. Der Schamane die sowjetische Mütze einer rätselhaften Formation, die an die DDR erinnerte. Ich war gerührt und schenkte dem Brautpaar eine der drei Flaschen Żubrówka, die ich dabeihatte. K. tauschte zum Zeichen der Brüderschaft mit dem Bräutigam das Unterhemd. Er bekam ein phosphoreszierendes Grün. Sie bewirteten uns mit Hammelfleisch. Niemand konnte es essen, also blieb es an mir hängen. In der Ferne erhoben sich verschneite Gipfel. Wir fuhren zum Telezker See. Mit zehn Stundenkilometern über eine Art Straße. Auf der einen Seite war Fels, auf der anderen ein steiler Abhang von Hunderten Metern. Zwei Fahrräder wären kaum aneinander vorbeigekommen. Ich betete. Wir schliefen in einer sechseckigen Holzjurte mit einem Kerzenstummel. Am Morgen sagte die blasse T.:

»Ich hab kein Auge zugetan.«

»Warum?«, fragte ich.

»Weil ich wusste, dass wir denselben Weg zurückmüssen.«

Zu dem Übergang in Taschanta kamen wir einen Tag früher, um uns in die Schlange zu stellen. Dasselbe hatten sich die Leute in etwa zweihundert Autos und auf zwanzig Motorrädern gedacht.

Feuer brannten, jemand brachte Wasser, Frauen suchten in der nackten Steppe nach abgelegenen Stellen. Wir ließen uns bei den Motorradfahrern nieder. Sie waren aus Russland, aus dem Westen, auch Polen waren dabei. Auf riesigen bepackten Maschinen von BMW und Suzuki, auf Enduros wie Africa Twin von Honda. Ich war ein bisschen neidisch auf ihre schöne Kleidung, die an Rüstungen erinnerte. Wir lagen da und tranken aus Flaschen, wie Männer. Auf der anderen Seite begannen sie, die Leute durchzulassen. Jemand kam zu uns gefahren. Auf einem Motorroller. Einem für die Stadt. Vorne hatte er ein Schild: »Seoul – Lissabon«. Die

Motorradfahrer sahen einander an. Der mit dem Moped stieg ab, nahm den Helm ab, er war nicht größer als einen Meter fünfzig.

»Mongolia, fucking country, fucking roads, not roads, fuck!«, schrie er.

Er sprach Englisch etwa wie ich oder sogar schlechter.

»Fuck!«

Er musste aus Kjachta kommen, also hatte er etwa zweitausend Kilometer gemacht, den Großteil davon auf schlechten Straßen, wo es sogar ordentliche Geländewagen schwer hatten. An dem Motorroller blitzten farbige Lämpchen, aus den Lautsprechern kam fröhliche koreanische Musik. Er zeigte nach Westen, tief in die Russische Föderation, und fragte mit Hoffnung in der Stimme:

»Asphalt?«

Dann ging er in die Hocke, klopfte auf die Erde und sagte wieder:

»Asphalt?«

»Asphalt … At least to Warsaw«, sagte ich.

Die Motorradfahrer nahmen wortlos Habtachtstellung ein und machten Ehrenbezeugungen.

Kaspisches Meer

Ich wollte über mein Heimatland schreiben, wie alle, da öffnete sich unwillkürlich Google Maps. »Ach, was soll's«, dachte ich. »Ich werde das Pulver nicht erfinden und das Land nicht retten.« Und ich klickte mit der Maus, dann zog ich nach links und nach rechts. Du klickst, und bitte schön. Du stellst um auf Satellit. Eine Hundehütte kannst du finden in Koluszki, den Sportplatz Orlik in Iwonicz-Zdrój, ein Schönheitsstudio in Kazimierz Wielki, wenn dir danach ist. Aber wie schon erwähnt, war mir die Lust auf mein Heimatland zeitweise vergangen, und ich landete irgendwo zwischen Tandaj und Akkustaj.

Die Fahrer hatten uns gesagt, es sei eine gute Abkürzung, und ich wollte so schnell wie möglich ans Meer. Auf der Karte war es vielleicht wirklich eine Abkürzung, in Wirklichkeit aber eine Strafe Gottes. Irgendwann hatte da wahrscheinlich einmal Asphalt gelegen, aber jetzt sah die Straße aus wie nach einem Erdbeben oder einem Bombardement. Zwanzig, dreißig Stundenkilometer, und man musste sich am Lenkrad festhalten, um nicht mit dem Kopf gegen die Decke zu stoßen. Hinter dem Auto zog sich eine Staubwolke hin. Das Thermometer zeigte 35 Grad. Die Navigation – minus fünfundzwanzig Meter. Zum ersten Mal im Leben fuhr ich durch eine Depression. Ich stellte mir vor, es sei eine Mulde, eine Vertiefung in der Erde, in der sich Hitze und Staub sammeln. Und diese lehmige, staubige Farbe von allem. Sie stieg aus der Erde auf und verdeckte den Himmel.

Über Dutzende Kilometer nichts, nur diese Löcher, diese Krater in der Straße und von Zeit zu Zeit ein Strauch, der aussah wie versteinert. Und Friedhöfe. Keine Häuser, keine Siedlung, nur Friedhöfe, keine Ahnung woher, als hätten sie ihre Toten hinter dem Horizont hervorgeholt.

Nekropolen. Das war ein gutes Wort, denn diese Friedhöfe erinnerten an Städte. Eigentlich waren sie Städte. Häuser, Türme, Tore, Mauern, durchbrochene Kuppeln aus Eisenstäben, gekrönt von verrosteten Halbmonden. Alles zusammengedrängt, getürmt, eins auf dem anderen, dass man kaum durchkam. Ja. Kleine Städte mit Behausungen von drei mal drei Schritten. Mit drei Meter hohen Grabtürmen. Ein Miniaturpark des Todes. Und alles in dieser gelbgrauen, schütteren Farbe, aus Lehm gebaut, der im heißen Wind allmählich verwehte. Die Ziegel, früher sicher kantig und geometrisch, hatten mit der Zeit ihren Umriss verloren, und die älteren Gräber sahen aus, als wären sie aus Sand aufgeschüttet oder aus einer flüssigen Materie gegossen. Seltsam war diese enge Bauweise, dass ein Grab dicht am anderen lag – und ringsum Unendlichkeit bis zum Horizont. Vielleicht sollte der Friedhof einem realen Dorf gleichen, damit die Toten sich nicht einsam fühlten? Aber weit vom Dorf entfernt, damit die Geister die Lebenden nicht heimsuchten.

Wir fuhren durch eine Siedlung und hielten an, um das letzte kasachische Geld auszugeben. Vor dem Laden stand der Sand knöcheltief und brannte. An der Tankstelle Helios fühlte sich die Luft wie ein erhitztes Blech an. Wir fuhren weiter. Ich hielt links nach dem Wasser Ausschau, aber es war nichts zu sehen, nur der Himmel schien dunkler. Ich wartete, bis eine Kurve kam, und fuhr durch einen Streifen von Dünen. Das Auto rutschte hin und her wie in tiefem Schnee, aber schließlich erblickte ich den größten See der Welt, der auch als Meer bezeichnet wird. Er sah aus wie ein bläulicher, etwas matter Spiegel. Reglos lag er da. Ohne Falte, ohne Makel. Ich mied den verräterisch sumpfigen, mit weißem Salz bedeckten Grund und fuhr auf den harten, von der Flut geglätteten Sand. In der Ferne konnte man Kamele sehen. In der ideal flachen Wüsten- und Wasserlandschaft sahen sie schön und unwirklich aus. Die heiße Luft zog ihre zitternden Silhouetten nach oben. Das Wasser war seicht und warm. Ich ging hinein, immer tiefer, es reichte bis zu den Knöcheln. Nach hundert Metern kaum bis zu den Knien. Ans Ufer kam eine Herde gescheckter Ziegen. Sie legten sich in den Sand. Nirgends gab es eine Spur von Schatten, aber vom Meer her kam eine kühlere Brise. Hier könnte ich bleiben, dachte ich. Das Zelt aufschlagen, oder auch nicht, und diese einfachste Landschaft betrachten. Schauen, wie die mit erhitztem Licht vollgesogene Zeit vergeht und vom Grund der Kaspischen Niederung Trugbilder aufsteigen. Zwischen den abgelegenen Friedhofstädten, mit Trampeltieren am flimmernden Horizont, zehn Schritte vom warmen, reglosen Wasserspiegel. Und ich dachte, es wäre gut, an einem solchen Ort auf das Ende zu warten. Denn auf rätselhafte und unwiderstehliche Weise erinnerte dieser Ort an den ersten Kindertraum von fernen Ländern, von Tausendundeiner Nacht, daran, wie sehr wir uns wünschten, einmal eine Fata Morgana zu sehen. Wahrhaftig.

Zwei Kirchen

Es war kalt. Minus zehn Grad mindestens. Ich konnte nicht früher kommen und schaffte es zur letzten halben Stunde. Also fror ich nicht so wie alle anderen. Sie standen fast drei Stunden in der eisigen Kirche, denn so lange dauert der orthodoxe Trauergottesdienst. Etwa zwanzig Leute waren gekommen. Es waren zu wenige, um den Innenraum zu erwärmen. Aus dem Mund des Priesters kam ein Dampfwölkchen und vermischte sich mit dem Rauch aus dem Weihrauchfass. Früher war es anders, denn vor der »Aktion Weichsel« zählte das Dorf fast hundertdreißig Häuser. Und selbst beim strengsten Frost reichten die Körper aus, um die Holzkirche mit Wärme zu füllen. Ja. Eine Holzkirche, gemütlich, mit Vergoldungen, mit Reihen von Ikonen und einer dreitürigen Ikonostase.

Die orthodoxen Kirchen der Lemken in den Niederen Beskiden erinnerten mich immer an alte Segelschiffe. Im Sommer waren sie in der wogenden grünen Landschaft versunken. Im Winter im reglosen Weiß gefangen wie die Schiffe der Entdecker des Nordens. Aber drinnen war es vom übernatürlichen Glanz der Ikonen immer warm. Sogar bei Frost.

Als ich das erste Mal in die Beskiden kam, war gerade das orthodoxe Osterfest. Vor vielen, vielen Jahren. Am Abend des Karsamstags machte ich mich mit Freunden auf den Weg in das Dorf Bartne. Bartne ist ein außergewöhnliches Dorf im Gebiet der Lemken. Das Dorf ist nach der »Aktion

Weichsel« in den fünfziger Jahren fast vollzählig aus der Vertreibung zurückgekehrt. Wir gingen drei Stunden durch die Dunkelheit, auf schlechten Wegen, durch ausgesiedelte, nicht mehr existierende Dörfer, von denen nur Steinkreuze, Reste von Fundamenten und verwilderte Obstgärten übrig geblieben waren. Gegen Mitternacht waren wir da. Die Kirche war erleuchtet, voller Menschen, in der Luft hing der Duft von Weihrauch. Wir gingen hinein, und schon nach kurzer Zeit begriffen wir, dass wir vor dem Ende der Frühmette nicht mehr herauskommen würden, denn es kamen immer mehr Gläubige. Das Schiff war voll, der Frauengebetsraum war voll, am Eingang drängten sich die Menschen. Der Chor von Bartne sang eindrucksvoll. Der Duft von Kerzen und Weihrauch stieg in den Kopf. Die zusammengedrängten Körper dünsteten den Geruch nach Parfüm und Schweiß aus, strahlten Hitze ab, und diese Hitze kam von den Menschen und den Kerzen, aber auch von dem Gold in der Kirche, sie kam auch von dem Glanz der Ikonen, diesem paradiesischen Feuer aus der Welt des ewigen Lichts, wo es nie mehr Finsternis geben und kein Ding Schatten werfen wird. Und dort hatte ich vor vielen, vielen Jahren die Vision einer orthodoxen Holzkirche, die einem Segelschiff gleicht, einer alte Galeone, und die Seelen durch die stürmischen Gewässer des Zeitlichen führt. Zusammengepfercht, dicht gedrängt standen wir da, die Gesichter schweißglänzend, und man konnte sich nicht einmal bekreuzigen oder niederbeugen. Aber ich stellte mir vor, dass das Gotteshaus durch die dunkle Weite der Beskidennacht fährt und schaukelt, dass sein Dachstuhl knirscht wie die Spanten eines Schiffsrumpfes und der Wind gegen die drei Türme wettert wie gegen drei Masten. Vielleicht erschien mir in meiner Einfältigkeit ein lemkischer Chagall in wundersamer Kommunion mit dem Feuerwagen des Elias. So können ja lange und erschöpfende Riten wirken, die unsere Seelen und Sinne auf die Probe stellen.

Und jetzt Frost und dieser fast leere Innenraum, eine andere orthodoxe Kirche. Die Nachbarin war fünfundneunzig geworden. Der Tag war bewölkt, und durch die Fenster sickerte trauriges Licht. Die Flämmchen der Kerzen sahen blass darin aus, als wollten sie gleich erlöschen. Und der Dampf, der mit jedem Vers der Liturgie aus dem Mund des Pfarrers kam. Zu Kälte, zum Frieren, zur letztendlichen Stille verurteilte Worte. Wie im wirklichen Tod. Vielleicht sollte so eine Beerdigung aussehen. Die Begleitung der Toten aus dem Leben. Nicht wie auf einem alten Segelschiff, sondern ein bisschen wie im Untergrund, in einer Höhle, in der Tiefe, wenn der Lichtschein allmählich erlischt und die Stille die letzten Laute verschluckt. Und wir allein zurückbleiben. Der Tote und wir.

Wołkow

Meistens heize ich mit Buchenholz. Aber ich habe auch Vorräte von Esche, Erle und Süßkirsche. Auf Süßkirschen trifft man manchmal mitten im Wald. Vögel, die sich in Obstgärten ernähren, verbreiten sie. Auch Weidenholz habe ich, das kaum Wärme gibt. Doch ich werfe trotzdem manchmal ein paar Scheite in den Ofen, weil es einen anderen Geruch hat. Wie auch Buche, Esche, Erle usw. unterschiedliche Gerüche haben. Und auch Holz derselben Gattung riecht unterschiedlich, je nachdem, wie trocken es ist. Am besten riecht teilweise getrocknetes Buchenholz. Jedenfalls für mich.

In unserem Dorf am Bug heizte man hauptsächlich mit Kiefernholz. Jedenfalls im Sommer den Herd, wenn man fürs Mittagessen kochte. Gas gab es nicht, elektrische Platten kamen erst allmählich in Gebrauch. Was hätte man auf so einer Platte auch kochen sollen? Daher habe ich den harzigen Duft des Kiefernholzes in Erinnerung. An heißen und windstillen Tagen hing er dicht und sämig zwischen den Häusern, vermischt mit dem öligen Geruch von Gebratenem. Öl, Schmalz, Zwiebeln. Das Essen armer Leute. Und dann noch der staubige Geruch des Sandes; wenn man zum Fluss ging, wich er den kühlen, schlammigen Ausdünstungen des Wassers. Denn dort begann das Wilde, das Schattige, von dunkler Feuchtigkeit Unterfütterte. Die grüne Strömung wälzte sich langsam nach Norden, und dieses Grüne, wenn auch bewegt, erschien wie die Fortsetzung des Festlandes, des Gestrüpps auf unserer Seite und der Wiesen am anderen Ufer; so schwerfällig und dicht war es. Im Hochsommer sank der Wasserspiegel und entblößte helle Sandinseln. Es war ein bisschen, als zeigte der Fluss sein Innenleben. Fließend, flüssig und zugleich fest, denn die Strömung trug und transportierte ja die ganze Zeit Quarzkörner, Schlammpartikel, Pflanzenreste, Fischskelette, leere Muscheln, um das Flussbett immer wieder neu zu gestalten. Eines Tages ging ich auf die andere Seite, wobei ich nur bis zur Brust eintauchen musste. 1973 oder 1974. Ich ruhte mich immer wieder an seichten Stellen aus und spürte den beweglichen Sand unter den Füßen.

Jetzt ist Februar, und in der Nacht hat es minus zwanzig Grad, das Feuermachen ist also ganz wichtig. Der Tag beginnt damit, dass ich Scheite auf die restliche Glut lege. Vor dem Schlafengehen muss man möglichst dicke Klötze auflegen. Ich nehme auf dem niedrigen Schemel Platz, öffne die Glastür und betrachte die glimmenden Reste. Manchmal rieselt etwas heraus, fällt auf den Steinboden, und in der Küche schwebt dann ein Geruch, der an ein erlöschendes Lagerfeuer erinnert. Den mag ich. Ich mag es, wenn er sich mit anderen Gerüchen im Haus vermischt, ich mag es, wenn er sich verbreitet. Wie etwas Uraltes und Wildes hängt er zwischen all den Waschmaschinen, Spülmaschinen, Computern, Telefonen, verflicht sich mit dem WLAN, dringt in die Buchrücken ein, geht in die Schränke, sickert in die Kleider, und das Haus verwandelt sich ein wenig in einen Hühnerstall. Ich sitze also auf diesem niedrigen Schemel und starre in die Glut. So wie mein Großvater, wie meine Großmutter, wenn sie Holz nachlegten. Auf dem Dorf gab es noch keine Elektrizität. Im Halbdunkel erhellte der rote Lichtschein ihre Gesichter. Das Haus stand abseits, zwischen anderen ungleichmäßig verteilten Anwesen. Der Fluss und das Dorf lagen etwas weiter weg. Am Abend war es vollkommen still. Irgendwo in der Ferne bellte ein Hund, ratterte eine Haspel am Brunnen, schepperte ein Eimer.

Das sind meine ältesten Erinnerungen. Jedenfalls kehrt das Gedächtnis fast automatisch immer wieder genau zu ihnen zurück. Dabei bin ich in Warschau geboren. An der Peripherie, aber vor unserem Haus fuhren Straßenbahnen. Vollkommene Stille herrschte nie. Nachts ließ der Lärm nur unmerklich nach. Es gab keine einzelnen Geräusche, nur das ununterbrochene, gleichförmige Brummen der Stadt. Ich war ein verstädterter Junge, wenn ich damals aufs Land fuhr. Aber ich empfand nicht die Überheblichkeit der Städter, die der Generation der aus der dörflichen Knechtschaft Entlassenen eigen war und der meine Eltern angehörten. Vielleicht war mir unbewusst klar, dass wir Vertriebene waren? Dass wir zwar diese Straßenbahnen, die Laternen, die das periphere Viertel bis zum Morgengrauen erleuchteten, den unablässigen Puls der Stadt erhalten hatten, uns dafür aber etwas verloren gegangen war, was wir nie wiederbekommen würden? Anders kann es nicht gewesen sein. Jedenfalls hatte ich, wenn ich mit dem blauen Bus die gut hundert Kilometer nach Nordosten zurücklegte, eher das Gefühl, auf dem Weg nach Hause zu sein, als von zu Hause wegzufahren.

1983 oder 1984 kaufte ich einen Bildband von Wiktor Wołkow. Ich hatte mir nie zuvor Fotobildbände gekauft, weil ich kein Geld hatte. Jetzt ging ich in die Buchhandlung am Plac Leńskiego, heute Plac Hallera, und kaufte ihn einfach. Gleich daneben befand sich ein Geschäft mit »Propaganda-Artikeln«, das so gut wie leer war; dort konnte man Schwarz-Weiß-Porträts von Marx, Engels, Lenin und von polnischen Parteigrößen kaufen. Aber ich ging in die Buchhandlung, wo es ebenfalls kein reiches Sortiment gab, und nahm den Wołkow-Band direkt vom Ladentisch. Großes Format, brauner Schutzumschlag, monochromatische Fotos. Auf dem Umschlag stand handschriftlich »Wołkow«, er zeigte eine Bruchlandschaft, Grasbüschel, ein Boot mit einer einsamen Gestalt. Grobkörnig. Die Gestalt im Boot trug eine dicke Jacke, das heißt, es war Herbst oder Frühling. Das Boot erinnerte an die Stocherkähne, die ich vom Bug kannte. Sie lagen am Ufer oder brachten sonntags die Leute von der anderen Seite des Flusses zur Messe herüber. Denn nur auf unserer Seite war eine Kirche, auf der anderen nicht. Deshalb vielleicht. Schnell und verschämt blätterte ich den Band durch, denn das Anschauen von Fotos wie auch das Lesen sind intime Tätigkeiten. Vor allem, wenn man jung ist. Ich nahm die weißen Flächen und die schwarzgrauen Figuren kaum wahr, die nicht viel zu tun hatten mit der Wirklichkeit, an die wir in unserem damaligen Alltag gewöhnt waren. Ich zahlte, klemmte das Buch unter den Arm und ging. Vielleicht wollte ich es mir schon in der Straßenbahn näher ansehen, aber – wie schon gesagt – das Anschauen hat etwas Beschämendes; und der Bildband war groß, auf den ersten Blick waren keine Fotos zu erkennen, es sah eher nach abstrakten Graphiken oder Tafeln aus einem Rorschach-Test aus, und was sollte ich hier, in diesem proletarischen Fabrikviertel, mit abstrakter Graphik oder Schweizer Psychologie …

Aber zu Hause, als ich allein war, konnte ich mich von diesen Bildern kaum losreißen. Krähen. Zäune. Heuhaufen. So die Titel der einzelnen Kapitel. Da hatte jemand die Landschaft meiner Kindheit fotografiert und sie auf ganz ursprüngliche Bilder, auf elementare Formen reduziert. Als wären die Dinge gerade erst an der Grenze des Sichtbaren angelangt, als wären sie soeben aus der Nichtexistenz herausgetreten. So einfach also war diese Landschaft? So roh, so ungehobelt? Wie schwarze Tusche, wie Risse im Weiß, durch die das Dunkel schien, das älteste Schwarz? Und erst später waren all die Dinge dazugekommen, die der Geist hervorbringt? Farben, Gefühle, Erinnerungen, Vorstellungen davon, was die Welt ist, was wir selbst sind? Ich kam aus dem Staunen nicht heraus über diese Einfachheit, diese Kargheit, die mein Gedächtnis ordneten. Schau, Junge, dachte ich, das ist das Skelett des Sichtbaren. Das ist das Knochengerüst, auf dem das Fleisch deiner wunderbaren Phantasien wächst.

Aber das war alles auf der anderen Seite des Flusses. Hatte Wołkow jemals den Bug überquert? Hatte er ihn mit der Kamera überquert? 1979 hat er ein Foto der Überschwemmung in Drohiczyn gemacht: eine Frau und ein Mann auf einem Boot zwischen kahlen Bäumen. Drohiczyn ist ein Städtchen am Fluss, aber immer noch auf der anderen, auf der Seite von Podlasie. Und mich hielt das Wasser zurück. Ich stellte mir das Land jenseits des Bugs als Fortsetzung des Dorfes vor, das mir bisher als der Nabel der Welt erschienen war. Es war wie das gelobte Land, in das ich zurückkehren sollte. Dort war alles größer, älter und schöner. Vielleicht war es sogar ein anderes Land, und ich als armer Verwandter oder Dahergelaufener hatte mir eine falsche Genealogie ausgedacht. Ich sollte mich im *Liber chamorum* wiederfinden, das die geistigen Findelkinder verschiedenster Reiche demaskiert.

Also vielleicht so: Ich betrachtete von meinem Ufer aus die Fotografien von Wołkow. Das horizontal ausgebreitete sumpfige, dunstige Tiefland, die unter Wasser stehende Landschaft, aus nasser Materie noch kaum geschaffen, als wollte sie sich gleich wieder schließen, damit keine Spur bleibt von all den

Booten, Menschen- und Tiergestalten, von den Behausungen aus Holz und Stroh, die die Feuchtigkeit aus der Tiefe der Erde ziehen, wie Pflanzen es tun, als wollte die dichte, langsame Strömung gleich die Welt verdecken, die nur für einen Moment erschienen ist, um uns zu trügen, um in unseren Herzen, in unseren Seelen ein Irrlicht zu nähren, das uns Gott weiß wohin führen wird; aber wir müssen ihm nachgehen, denn etwas anderes haben wir nicht. Wir folgen ihm, bis es verblasst und bläulich wird und der schwarze Spiegel der Sümpfe sich für immer über ihm schließt.

Ich betrachtete mein Land, das nichts vortäuschte. Ohne klare Kontur, verschleiert wälzte es sich langsam einem unsichtbaren Rand entgegen, würde ruhig über diesen Rand hinausfließen und untergehen und wie in einer majestätischen Überschwemmung alle Gegenstände und Ereignisse, die Wołkow fotografiert hatte, mit sich reißen, und auch alle anderen, die nicht von ihm festgehalten worden waren. Die waagerechten Striche der Zäune, die schrägen Umrisse der Dächer, die einen wie die anderen mit Schnee bestäubt. Im Frühjahr verschwindet das Weiß, das Schwarz bleibt und wird weiterhin das Licht schlucken, Widerstand leisten der Welt, vielleicht auch dem Kosmos und der Ewigkeit, die gleichgültig lauert, ihrer Sache sicher. Bisweilen schickt sie, zur Unterhaltung gleichsam, in einer Laune Feuer, Wasser und Luft, um zu prüfen, wie zerbrechlich das Menschengemachte ist. Diese Zäune, die Umrisse der Felder, die Behausungen, all die Materie, fürsorglich zu Stapeln, Stößen, Haufen geordnet. Vielleicht, denke ich manchmal, langweilt die Ewigkeit sich ein bisschen und sendet ihre übermütigen Kinder aus, um etwas zu haben, was sie sich ansehen kann.

Nach einiger Zeit begriff ich, was mich an diesen Fotografien so faszinierte: die Menschen, die sich absolut natürlich in der Landschaft bewegten. Eine Familie auf einem Fuhrwerk, eine Frau mit Tasche zwischen Winterbäumen, zwei Gestalten, die in den Spurrillen eines sandigen Weges gehen. Kein Anthropozentrismus. Dieselbe Materie, dieselbe Grobkörnigkeit der Bilder, dieselbe brüchige Existenz am Rande des Sichtbaren. Kein Hochmut. Als wären die Menschen aus Sand, aus Schnee, aus Lehm gemacht, bereit, ihr Schicksal anzunehmen.

»Ich habe niemanden nachgeahmt, bin meinen eigenen Weg gegangen. Aus Prinzip habe ich nichts fotografiert außer Podlasie. Einmal hat mir Wiesiek Kazanecki gesagt, dass ich eigentlich nur Luft fotografiere. Das hätte keinen Sinn, nicht für fünf Pfennig. Aber es wirkt wie eine Droge: Wenn ich eine Aufnahme mache, fühle ich mich, als wäre ich high.« Das sind Wołkows Worte auf dem Umschlag seines 2012 erschienenen Bildbandes.

Es ist wärmer geworden. Der Schnee verschwindet, das Dunkle kriecht unter dem Hellen hervor, und die Landschaft erinnert an eine große Fotografie. Ich mache das erste Feuer in diesem Jahr. Ich lege mal Buchenholz auf, mal Erle, mal Weide und wiederhole meine Lektion der Gerüche. Dieses Mal kommt es mir vor, als würde feuchtes Weidenholz am besten riechen: bitter, würzig, ein bisschen wie zerstäubtes Metall. Ich sehe zu, wie das Holz zu Glut wird, dann zu Rauch, und Asche zurückbleibt. Der blaue Rauch vermischt sich mit der Luft, und manchmal denke ich, ich könnte ewig zusehen.

Inhalt